독자의 1초를 아껴 주는 정성!

세상이 아무리 바쁘게 돌아가더라도
책까지 아무렇게나 빨리 만들 수는 없습니다.
인스턴트 식품 같은 책보다는
오래 익힌 술이나 장맛이 밴 책을 만들고 싶습니다.

길벗이지톡은 독자 여러분이
우리를 믿는다고 할 때 가장 행복합니다.
나를 아껴 주는 어학 도서,
길벗이지톡의 책을 만나보십시오.

독자의 1초를 아껴 주는

정성을 만나보십시오.

미리 책을 읽고 따라해 본 2만 베타테스터 여러분과
무따기 체험단, 길벗스쿨 엄마 2% 기획단,
시나공 평가단, 토익 배틀, 대학생 기자단까지!
믿을 수 있는 책을 함께 만들어 주신 독자 여러분께 감사드립니다.

홈페이지의 '독자마당'에 오시면
책을 함께 만들 수 있습니다.

(주)도서출판 길벗 www.gilbut.co.kr
길벗이지톡 www.eztok.co.kr
길벗스쿨 www.gilbutschool.co.kr

리듬을 실으면 영어 발음이 완성된다!

영어발음&리듬 훈련노트

리듬을 실으면 영어 발음이 완성된다!

영어발음&리듬 훈련노트

이성엽 지음

영어발음&리듬 훈련노트
English Pronunciation & Rhythm Training Booklet

초판 1쇄 발행 · 2012년 10월 18일
초판 10쇄 발행 · 2020년 2월 25일

지은이 · 이성엽
발행인 · 이종원
발행처 · (주)도서출판 길벗
브랜드 · 길벗이지톡
출판사 등록일 · 1990년 12월 24일
주소 · 서울시 마포구 월드컵로 10길 56(서교동)
대표 전화 · 02)332-0931 | **팩스** · 02)323-0586
홈페이지 · www.gilbut.co.kr | **이메일** · eztok@gilbut.co.kr

기획 및 책임 편집 · 신혜원(madonna@gilbut.co.kr) | **디자인** · 박수연
제작 · 이준호, 손일순, 이진혁 | **영업마케팅** · 김학흥, 장봉석 | **웹마케팅** · 이수미, 최소영
영업관리 · 김명자, 심선숙 | **독자지원** · 송혜란, 홍혜진

편집진행 · 강윤혜 | **감수** · Mark Holden | **일러스트** · 김학수 | **전산편집** · 조영라
동영상 촬영 • 편집 · 후미디어 | **오디오 녹음 • 편집** · 와이알 미디어
CD • DVD 제작 · 멀티미디어테크 | **CTP 출력** · 북토리 | **인쇄** · 북토리 | **제본** · 신정문화사

ISBN 978-89-6047-635-6 03740 (도서번호 300543)

가격 18,800원

독자의 1초를 아껴주는 정성 길벗출판사

길벗 | IT실용서, IT/일반 수험서, IT전문서, 경제경영서, 취미실용서, 건강실용서, 자녀교육서
더퀘스트 | 인문교양서, 비즈니스서
길벗이지톡 | 어학단행본, 어학수험서
길벗스쿨 | 국어학습서, 수학학습서, 유아학습서, 어학학습서, 어린이교양서, 교과서

페이스북 | www.facebook.com/gilbuteztok
네이버 포스트 | http://post.naver.com/gilbuteztok
유튜브 | www.youtube.com/gilbuteztok

혀만 굴리면
영어 발음이 좋아질 거라는 착각!

개별 발음을 완벽히 한다고 해도
띄어쓰기를 무시하고 말하면 무슨 말인지 혼란스럽죠?
영어도 마찬가지입니다.
개별 발음뿐 아니라 영어 특유의 리듬까지 살려 말해야
비로소 유창한 스피킹을 할 수 있습니다.

발음 훈련과 리듬 훈련으로
영어 발음을 완벽하게 정복하세요!

 영어 발음의 1/3은 개별 발음: 꼭 필요한 발음만 골라서 훈련하세요.

영어에는 모두 41개 발음이 있습니다. 이 많은 발음을 모두 훈련해야 영어 발음을 잘할 수 있는 걸까요? 아닙니다. 우리가 영어 발음을 제대로 하기 위해 연습해야 할 발음은 딱 12개뿐입니다. 41개 발음 중 우리말에 없는 발음만 집중적으로 훈련하면 되니까요. 우리는 우리말에 없는 영어 발음을 비슷하게 소리 나는 우리말로 발음하는 경향이 있습니다. 예를 들어, 영어의 [f]는 우리말에 없는 발음입니다. 하지만 우리는 [f] 발음을 편의상 비슷하게 소리 나는 [ㅍ]로 발음하죠. 이렇게 우리말에 없는 12개의 발음들은 체계적으로 훈련을 하지 않으면 비슷한 우리말로 대체해 잘못 발음하기 십상입니다. 이 발음들을 제대로 발음하기 위해서는 발음 원리를 알고 체계적으로 훈련을 해야 합니다.

 다른 1/3은 리듬: 발음으로 부족한 부분은 리듬으로 채우세요.

12개 발음을 모두 익혔다면 이제 영어 리듬을 훈련할 차례입니다. 모든 단어를 또박또박 말하는 우리말과는 달리 영어는 중요한 단어만 강조해 말합니다. 중요하지 않은 단어는 약하고 부드럽게 발음하죠. 그래서 네이티브가 말하는 것 잘 들어보면 강약 리듬을 타는 것을 알 수 있습니다. 이러한 영어의 리듬 때문에 연음(자음과 모음이 만나 한 단어처럼 읽히는 현상), 약음(중요하지 않은 단어를 약하게 발음하는 현상) 등의 발음 현상도 생기게 된 것이죠. 이 리듬을 훈련해야 영어 발음을 자연스럽게 할 수 있게 됩니다. 리듬 훈련은 어렵지 않습니다. '모나리자' 훈련법과 di Da di Da 훈련법으로 재미있게 영어의 리듬을 훈련할 수 있으니까요.

 나머지 1/3은 훈련: 완벽한 발음은 끊임없는 훈련으로 완성됩니다.

우리말에 없는 영어 발음을 한다는 것은 평소에 움직이지 않던 방식으로 혀를 움직이는 것을 말합니다. 마치 새로운 운동을 배울 때 몸이 마음대로 움직이지 않듯이 우리말에 없는 영어 발음을 할 때도 혀가 생각처럼 움직이지 않죠. 혀도 훈련이 필요한 근육이기 때문입니다. 꾸준한 훈련으로 근육을 단련시켜 동작을 익히듯 영어 발음도 매일 반복해 연습해야 혀를 길들일 수 있게 되죠. 잊지 마세요. 아무리 이론을 완벽히 이해한다고 해도 훈련하지 않으면 혀를 자유자재로 움직일 수 없습니다. 완벽한 발음은 끊임없는 훈련으로 완성됩니다.

앞서 말했듯 영어의 개별 발음과 리듬을 꾸준히 훈련하면 네이티브도 부럽지 않은 매끄러운 발음을 구사할 수 있습니다. 하지만 발음을 무작정 반복해서 따라하기만 하면 효율적이지 않을 뿐더러 지루해서 금방 포기하기 쉽습니다. 《영어발음&리듬 훈련노트》는 개별 발음 훈련-단어 리듬 훈련-문장 리듬 훈련-섀도우 스피킹 훈련의 체계적인 시스템으로 영어 발음을 훈련할 수 있게 구성했습니다. 또한 다양한 훈련 방법으로 지루하지 않게 영어 발음을 익힐 수 있죠. 자, 이제 《영어발음&리듬 훈련노트》와 함께 네이티브도 부러워하는 영어 발음을 만들어 볼까요?

이성엽

Part 1 12개 발음 익히기

Part 1에서는 우리말에 없는 12개 발음을 훈련합니다. 그림으로 발음 방법을 한눈에 확인하고 **단어 소리내기 → 문장 소리내기(텅 트위스터) → 이야기 소리내기**로 단계적인 훈련을 합니다.

Part 2 비슷한 발음 익히기

Part 2에서는 유사한 발음을 집중 훈련합니다. [p] 발음과 [f] 발음처럼 비슷하게 소리 나는 발음 한 쌍을 묶어서 발음하는 '미니멀 페어 훈련'으로 두 발음을 완벽히 구분해 발음할 수 있습니다.

Part 3 단어 리듬 익히기

Part 3에서는 본격적으로 영어 리듬을 훈련합니다. 먼저 '모나리자 훈련'으로 손가락에 노란 고무줄을 끼우고 늘였다 줄였다 할 때의 긴장감과 속도감을 느끼며, 자연스럽게 단어의 강약 리듬을 체득할 수 있습니다.

Part 4 문장 리듬 익히기

Part 4는 문장의 리듬을 훈련합니다. 'di Da di Da 훈련'으로 자주 등장하는 영어 문장의 리듬 패턴을 확인하고 **덩어리 표현 소리내기 → 문장 소리내기 → 이야기 소리내기**로 단계적인 훈련을 합니다.

Part 5 섀도우 스피킹 훈련

12개 발음, 단어 리듬, 문장 리듬을 충분히 훈련한 다음 Part 5에서는 섀도우 스피킹으로 발음과 리듬을 한 번에 훈련합니다. 이야기 한 단락을 네이티브의 발음을 듣고 따라 말하는 '섀도우 스피킹 훈련'으로 **개별 발음과 리듬을 종합적으로** 훈련할 수 있습니다.

발음기호만으로는 정확한 발음을 익힐 수 없습니다. 다음의 다양한 방법으로 자연스럽게 발음을 익혀보세요.

❶ 그림으로 확인하기 🔍

입모양 사진과 그림만 보고 발음을 따라하기 참 힘들죠? 이 책은 발음의 매 단계를 재미있는 그림으로 표현했습니다. 이해하기 쉬운 그림을 보며 발음을 따라하세요.

❷ 오디오 파일로 확인하기 🎧

백문이 불여일청! 오디오 파일을 듣고 네이티브의 발음을 따라해보세요. 처음 한 번은 듣기만 하고 그 다음부터는 듣고 곧바로 입으로 소리 내어 따라해 보세요. 책에 수록된 CD로 들을 수 있으며 www.eztok.co.kr에서 무료로 다운받을 수도 있습니다.

❸ 동영상으로 확인하기 💿

이 책의 백미는 네이티브의 발음을 눈으로 확인할 수 있는 동영상입니다. 오디오 파일을 들었는데도 따라하기 어려운 발음은 네이티브의 입모양을 보며 따라해 보세요. 발음 동영상은 책에 수록된 DVD로 확인할 수 있습니다. 또 스마트폰이 있다면 QR 코드를 찍어 바로 볼 수 있습니다.

이 책은 총 10주 코스로 구성했습니다. 훈련 일지를 만들어 목표한 날짜에 훈련했는지 체크하면
학습에 더욱 효과적이겠죠?

1주차	트레이닝 01	트레이닝 02	트레이닝 03	트레이닝 04	트레이닝 05	트레이닝 06	복습
목표일	월 일	월 일	월 일	월 일	월 일	월 일	월 일
확인	✓✓✓						
2주차	트레이닝 07	트레이닝 08	트레이닝 09	트레이닝 10	트레이닝 11	트레이닝 12	복습
목표일	월 일	월 일	월 일	월 일	월 일	월 일	월 일
확인							
3주차	트레이닝 13	트레이닝 14	트레이닝 15	트레이닝 16	트레이닝 17	트레이닝 18	복습
목표일	월 일	월 일	월 일	월 일	월 일	월 일	월 일
확인							
4주차	트레이닝 19	트레이닝 20	트레이닝 21	트레이닝 22	트레이닝 23	트레이닝 24	복습
목표일	월 일	월 일	월 일	월 일	월 일	월 일	월 일
확인							
5주차	트레이닝 25	트레이닝 26	트레이닝 27	트레이닝 28	트레이닝 29	트레이닝 30	복습
목표일	월 일	월 일	월 일	월 일	월 일	월 일	월 일
확인							

6주차	트레이닝 31	트레이닝 32	트레이닝 33	트레이닝 34	트레이닝 35	트레이닝 36	복습
목표일	월 일	월 일	월 일	월 일	월 일	월 일	월 일
확인							

7주차	트레이닝 37	트레이닝 38	트레이닝 39	트레이닝 40	트레이닝 41	트레이닝 42	복습
목표일	월 일	월 일	월 일	월 일	월 일	월 일	월 일
확인							

8주차	트레이닝 43	트레이닝 44	트레이닝 45	트레이닝 46	트레이닝 47	트레이닝 48	복습
목표일	월 일	월 일	월 일	월 일	월 일	월 일	월 일
확인							

9주차	트레이닝 49	트레이닝 50	트레이닝 51	트레이닝 52	트레이닝 53	트레이닝 54	복습
목표일	월 일	월 일	월 일	월 일	월 일	월 일	월 일
확인							

10주차	트레이닝 55	트레이닝 56	트레이닝 57	트레이닝 58	트레이닝 59	트레이닝 60	복습
목표일	월 일	월 일	월 일	월 일	월 일	월 일	월 일
확인							

: 책으로 학습

: 오디오 파일

: DVD동영상

Prologue ┊ 준비학습

Part 1 ┊ 영어 발음은 우리말 발음과 다르다!
우리말에 없는 발음 집중 훈련

Part 4 　영어 문장에는 리듬이 있다!
di Da di Da 리듬 훈련

Prologue

준비학습

영어 발음을 제대로 하지 못하면 네이티브와 원활한 의사소통을 할 수가 없어요. 아무리 적절한 표현들을 올바른 문법으로 연결해 의미가 통하는 말을 만들었다 하더라도 정작 발음이 정확하지 못해 네이티브가 알아듣지 못하면 결국 도로아미타불입니다. 그럼 도대체 영어의 발음을 정복하려면 뭘 어떻게 공부해야 하는 걸까요? 본격적인 훈련에 들어가기에 앞서 잠시 살펴보도록 하죠.

영어 발음을 정복하기 위한 미션 4!

 미션1 **우리말에 없는 12개 영어 발음을 정복하라!**

영어에는 41개 발음이 있습니다. 문제는 그 중 무려 12개 발음이 우리말에 없다는 것이죠. 이렇게 많은 발음이 우리말에 없는데 영어를 제대로 말하고 있다고 할 수 있을까요? 그리고 우리말에 없는 12개 영어 발음을 우리는 어떻게 말하고 있을까요?

우리말에 없는 영어 발음 12개

발음기호	[f]	[v]	[θ]	[ð]	[z]	[ʃ]	[ʒ]	[r]	[l]	[æ]	[ɔ]	[iː]

우리는 우리말에 없는 12개 발음을 우리말에 있는 비슷한 소리로 말합니다. 그래서 [f]와 [p] 발음을 둘 다 [ㅍ]로 발음하죠. 비슷하게 들리지만 [f]와 [p]는 엄연히 다른 발음입니다. 이 두 발음이 모두 우리말 [ㅍ] 소리로 들리게 되면 어떻게 될까요? fee(수수료)와 pea(완두콩)를 모두 [피]로 발음하니까 듣는 사람은 혼란스러워하게 됩니다.

우리말 발음으로 잘못 발음하는 예

[f, p]	[v, b]	[θ, s]	[ð, d]	[z, ʒ, dʒ]	[ʃ]	[r, l]	[æ, e]	[ɔ, ou]	[iː, i]
ㅍ	ㅂ	ㅆ, ㅅ	ㄷ	ㅈ	쉬	ㄹ	애, 에	오(우)	이

그러면 어떻게 해야 영어를 제대로 발음할 수 있을까요? 우선 우리말에 없는 12개 영어 발음을 마스터해야 합니다. 발음 원리를 제대로 이해하고 발음을 하는 것에 익숙해질 때까지 연습해야 하죠.

미션2 **비슷하게 들리는 두 발음을 구별하라!**

앞서 말한 fee, pea처럼 서로 같은 소리로 들리는 두 단어를 '미니멀 페어 (Minimal Pair)'라고 합니다. 두 단어는 네이티브에게 완전히 다른 소리이지만 우리에게는 같은 소리로 들리죠. 우리말에 없는 12개 발음을 마스터하는 최고의 방법은 바로 비슷하게 들리는 두 개의 발음을 서로 비교해서 구별하는 훈련을 하는 것입니다.

미니멀 페어

fee	pea
수수료	완두콩

이 훈련을 함으로써 두 발음을 확실하게 구별할 수 있게 되고 12개 발음 원리를 확실하게 알 수 있게 되죠. 미니멀 페어 훈련은 단어로 시작하고 점차 단문, 장문 순서로 강도를 높입니다. 한번에 장문, 단문을 모두 훈련하는 것보다는 일정 분량을 나누어 매일 꾸준히 훈련하는 것도 좋은 방법입니다. Part 2에서 여러분은 바로 이 '미니멀 페어 훈련'을 하게 됩니다.

 미션3 **영어에 리듬을 실어라!**

대부분의 학습자들이 12개 발음을 모두 익힌 후에도 어딘지 모르게 네이티브의 발음처럼 매끄럽지 않다는 것을 느끼게 되죠. 12개 발음의 훈련을 모두 하고 나서도 2% 부족하다고 느끼는 이 시점이 바로 영어 발음을 완성할 비장의 기술을 훈련할 때입니다. 바로 영어의 리듬이죠. 2% 부족한 영어 발음은 영어의 리듬 때문에 생깁니다. 영어의 리듬이란, 영어 발음의 강약을 말합니다.

우리나라 사람이라면 한 번쯤 '웅얼거리지 말고 또박또박 말해!'라고 선생님께 꾸중 들었던 기억이 있을 거예요. 또박또박 말한다는 것은 자음과 모음을 있는 그대로 발음한다는 말입니다. 그런데 영어로 말할 때는 오히려 또박또박 말하면 꾸중을 들을지도 모릅니다. 바로 영어 발음에는 강약, 즉 리듬이 있기 때문이죠. 그렇다면 영어에는 왜 강약의 리듬이 생기게 된 것일까요?

❶ apple   bananas   pear   grapes 4단어
❷ an **apple** and **bananas** and a **pear** and **grapes** 9단어

❶번에는 4개 단어가, ❷번에는 9개 단어가 있습니다. 우리말처럼 또박또박 읽으면 두 번째 문장을 첫 번째 문장보다 두 배 이상 길게 읽겠지만 영어는 두 문장을 똑같은 시간에 읽습니다. 중요한 단어들만 정확하게 말하는 영어의 특성 때문이죠. 두 번째 문장을 읽을 때 네이티브들은 중요한 단어만 정확하게 읽고 관사 a(n), 접속사 and 등 중요하지 않은 단어는 약하게 읽습니다. 뒤에 오는 소리와 함께 이어서 읽기도 하구요.

이런 식으로 중요한 단어만 제대로 발음하다 보니 강약의 리듬과 연음, 약음, 생략, 변화의 4가지 발음 현상이 생기게 된 것이죠. 이러한 리듬의 원리를 이해하고 강약의 리듬을 타며 말할 수 있어야 비로소 네이티브 같은 자연스러운 영어 발음이 완성됩니다.

영어 발음을 완성하는 가장 쉽고 빠른 방법은 '듣고 따라 말하기'를 반복 훈련하는 것입니다. 물론 이 훈련을 하기 전에 우리말에 없는 12개 발음을 정확히 소리 내는 요령과 영어 리듬의 원리에 대해 이해하고 익숙해지는 것이 우선이죠. 하지만 이론을 아무리 완벽하게 알고 있어도 발음 연습을 하지 않는다면 머릿속에서만 유창하게 발음할 수 있을 뿐입니다. 반복 훈련으로 영어 발음을 편하게 할 수 있는 혀 근육으로 단련해야 영어를 우리말처럼 유창하게 말할 수 있는 막강한 힘이 생깁니다.

자, 그럼 이제 본격적으로 영어 발음과 리듬을 훈련해 볼까요?

Part

1

영어 발음은
우리말 발음과 다르다!

우리말에 없는 발음 집중 훈련

[f]	[θ]	[ʃ]
[v]	[ð]	[z]	[ʒ]
[r]	[l]	
[æ]	[ɔ]	[iː]

영어를 읽고 쓰는 것은 26개 알파벳을 읽고 쓰는 것으로 시작합니다. 그러면 영어를 듣고 말하는 것의 시작은 무엇일까요? 당연히 영어에 있는 모든 발음을 제대로 듣고 말하는 것이겠죠. 영어에는 모두 41개의 발음이 있는데, 이 중에서 우리말에 없어서 특별히 훈련이 필요한 발음은 위의 12개입니다.

이번 파트에서는 우리말에 없는 이 12개의 발음을 중심으로, 함께 알아둬야 할 영어 특유의 발음에 대해 훈련해 보도록 하겠습니다.

팡당할 때 절로 나오는 [f] 발음!

진정한 웰메이드 시트콤 〈안녕, 프란체스카〉, 기억하시는 분들 많을 텐데요. 여기서 우리말의 'ㅎ'과 'ㅍ'으로 시작하는 단어만 나왔다 하면 모두 영어의 [f]로 발음해버리는 팡당한 능력의 소유자, 안성댁을 잊을 수가 없죠. 걸핏하면 아랫입술을 깨물며 침이 튈 것처럼 강렬한 바람을 내뿜던 [f] 발음의 종결자 안성댁처럼 우리도 오늘 [f] 발음의 종결자로 거듭나볼까요?

[f] 발음은 이렇게!

① 편안하게 살짝 입을 벌립니다.

② 아랫입술을 살짝 위로 올려, 윗니를 아랫입술 안쪽에 가볍게 깨물듯 얹어주세요.

③ 이 상태에서 바람을 내보내되~

④ 아랫입술과 이 사이로 바람이 새어나가는 것을 느끼며 '길~게' 내보내야 해요. 아셨죠?!

⑤ 잠깐~! 너무 격하게 발음하면 다른 사람들에게 피해를 줄 수 있답니다.

Tip
입술을 꽉 물면 절대 [f] 소리가 나오지 않아요. 문 듯 만 듯 살~짝만 아랫입술 안쪽에 윗니를 올려놓는다는 느낌으로요!

바람 소리만 나오는데 이게 [f] 발음이라구요? 네, 바람 소리로만 들리는 이 발음이 바로 [f] 맞습니다. [f] 발음을 할 때 당연하다는 듯 우리말 'ㅍ' 또는 'ㅎ' 소리를 내는 사람들이 많은데 이것은 잘못된 발음이에요. 바람 소리처럼 들리는 [f] 발음이 다음에 오는 소리들과 합쳐지면 비로소 평소 우리 귀에 들리던 그 [f] 발음이 되니까 걱정하지 말고 그저 바람만 길~게 내뿜으세요!

발음훈련 01 : 단어 소리내기

🎧 01-1.mp3 / 01-2.mp3　　📀 01-1.wmv

Step 01　[f] 를 충분히 길게 발음하는 것에 주의해서 다음 단어들을 읽어보세요.

1회☐ 2회☐ 3회☐ 4회☐ 5회☐

🔊 이렇게 해보세요!

1회 | 오디오 들어보기

2회 | 오디오 듣고 따라읽기

3회 | 자신의 목소리를 녹음하면서 혼자 읽어보기

4, 5회 | 단어를 보지 않고 오디오만 듣고 따라읽기

01	face	02	fall
03	family	04	farm
05	fat	06	father
07	fear	08	feather
09	feeling	10	female
11	fiction	12	field
13	fight	14	finger
15	fire	16	first
17	fish	18	flag
19	flight	20	flower

· ⁰¹face를 우리말 [페이스]로 발음하면 pace(걸음걸이)가 되어버립니다. [f] 발음을 앞서 연습한 요령에 따라 정확히 해보세요.

· ⁰⁹feeling의 -ee-는 충분히 길게 발음하지 않으면 filling이 되어버립니다.

· ¹⁹flight의 [f]를 정확히 발음하지 않으면 '역경, 어려움'을 뜻하는 plight로 들리게 됩니다. 또, fl-의 [fl] 발음 시 [f] 발음에서 바로 [l] 발음으로 넘어가야지 [으] 소리를 끼워 넣어서는 안 된다는 점, 주의하세요.

· ¹³fight, ¹⁶first, ¹⁹flight는 모두 자음 t로 끝나는데, [으] 발음을 섞어서 [트]로 발음하지 않도록 하세요.

Step 02　오디오를 듣고 따라읽으며 단어를 써보세요.

01	_____	02	_____
03	_____	04	_____
05	_____	06	_____

Step 01 해석

01	얼굴		
02	가을, 떨어지다		
03	가족	04	농장
05	지방	06	아버지
07	두려움	08	깃털
09	감정	10	여성
11	소설	12	들판
13	싸움	14	손가락
15	화재, 불	16	첫 번째(의)
17	생선	18	깃발
19	비행편	20	꽃

Step 02 정답

01	flight	02	fat
03	field	04	feeling
05	face	06	feather

 발음훈련 02 : 문장 소리내기   ♪ 01-3.mp3 / 01-4.mp3   01-2.wmv

Step 01 텅 트위스터로 문장 속에서 [f] 발음을 익혀보세요.

1회 ☐ 2회 ☐ 3회 ☐ 4회 ☐ 5회 ☐

01 Flies fly but a fly flies.

02 Four free-flow pipes flow freely.

03 Frank's peers who fear pranks

04 Freckle-faced Freddie fidgets.

05 Fresh French fries

06 Frog feet, flippers, swim fins

07 Freshly fried flying fish, freshly fried flesh

08 Fred fed Ted bread, and Ted fed Fred bread.

09 Flee from fog to fight flu fast.

10 Four furious friends fought for the phone.

- ⁰¹but a에서 but의 -t는 [r] 발음으로 아주 살짝, 약하게 발음하고 but과 a는 마치 하나의 단어처럼 연결해 읽어보세요.
- ¹⁰phone의 ph-는 [f]로 발음됩니다. shepherd를 제외한 ph- 스펠링은 모두 [f]로 발음되죠. *ex.* phrase [freiz] 구   graph [græf] 그래프
- ¹⁰for의 -o-는 [어]로 약하게 발음하세요. -o-를 [오]로 발음하는 사람들이 많은데 이러면 for가 숫자 four로 들리게 돼요.

Step 02 오디오를 듣고 따라읽으며 문장을 써보세요.

01 ....

02 ....

03 ....

이렇게 해보세요!
1회| 오디오 들어보기
2회| 오디오 듣고 따라읽기
3회| 자신의 목소리를 녹음하면서 혼자 읽어보기
4. 5회| 문장을 보지 않고 오디오만 듣고 따라읽기

표현
free-flow 막힘없이 흐르는
peer 동료
prank 거친 장난
freckle-faced 얼굴이 주근깨 투성이인
fidget 초조해서 계속 꼼지락거리다
flipper (잠수용) 오리발
fin (잠수용) 지느러미
flesh (동물의) 살점, 고기
furious 엄청나게 화난

Step 01 해석
01 파리들은 날지만 파리 (한 마리)는 난다.
02 막힘없이 흐르는 파이프 4개가 거침없이 흐른다.
03 거친 장난을 무서워하는 프랭크의 동료들
04 주근깨투성이 프레디가 초조해서 계속 꼼지락거려.
05 갓 튀긴 감자튀김
06 잠수용 개구리 다리, 오리발, 지느러미
07 갓 튀긴 날치, 갓 튀긴 고기
08 프레드가 테드에게 빵을 먹였고, 테드가 프레드에게 빵을 먹였다.
09 독감을 빨리 이기려면 안개에서 벗어나.
10 무진장 화 난 친구들 4명이 그 전화기를 가지려고 싸웠어.

Step 02 정답
01 Frog feet, flippers, swim fins
02 Fresh French fries
03 Four free-flow pipes flow freely.

Step 01 짧은 이야기를 읽으며 [f] 발음을 연습해 보세요.

1회☐ 2회☐ 3회☐ 4회☐ 5회☐

Gone with Burfy!

Fiona named her penguin Burfy because he burps a lot after eating fish. After a full meal, Burfy burps, flaps his flippers, and dances joyfully. It's always fun watching him when he is full. One day Burfy looked flustered and kept on burping. Fiona wondered why because she hadn't fed him yet. Then the aquarium caught her attention. Her goldfish were gone! "Burfy!" Fiona screamed.

· Burfy가 burp하는 것을 상상하면서 [f] 발음을 해보세요. 처음에는 [f] 발음을 조금 과장되게 길게 발음하도록 합니다. 그래야 실제 회화에서 정확한 발음을 할 수 있으니까요.

· looked처럼 [k] 발음으로 끝나는 동사의 -ed는 [t]로 발음됩니다.
ex. packed 짐을 쌌다 cooked 요리했다 checked 확인했다

· flustered의 fl- 발음을 주의해서 들어보세요. f와 l 사이에 [으] 소리를 내지 않도록 하는 것이 중요합니다.

· her goldfish were gone에서 were 발음은 [wər]입니다. [ə]는 [어]를 약하게 살짝 발음하면 되죠. 참고로 fish는 단수, 복수 모두 fish입니다. 따라서 be 동사 were(과거 복수형)가 쓰였으니 금붕어 한 마리가 아니라 여러 마리가 사라졌다는 뜻인 거죠.

이렇게 해보세요!

1회 | 오디오 들어보기

2회 | 오디오를 들으며 한 문장씩 따라읽기

3회 | 자신의 목소리를 녹음하면서 혼자 읽어보기

4, 5회 | 오디오를 들으며 네이티브와 거의 동시에 읽어보기

표현

name A B A를 B라고 이름짓다
burp 트림하다
flap (날개 등을) 퍼덕거리다
look flustered 허둥거리는 듯 보이다
keep on + -ing 계속 ~하다
wonder why 이유를 궁금해 하다, 의아하게 여기다
aquarium 어항
catch one's attention ~의 주의를 끌다

해석

버피와 함께 사라지다!

피오나는 펭귄을 '버피'라고 이름지었어요. 왜냐하면 버피는 생선을 먹고 나면 트림을 아주 많이 하기 때문이에요. 든든하게 식사를 하고 난 버피는 트림을 하고, 지느러미를 퍼덕거리며, 즐겁게 춤을 추죠. 배가 부른 버피를 지켜보는 일은 항상 재미있어요. 하루는 버피가 허둥대며 계속 트림을 하는 것이었어요. 피오나는 어리둥절했죠. 아직 버피에게 먹을 것을 주지 않았거든요. 그때 어항이 피오나의 눈에 들어왔어요. 금붕어들이 사라져버리고 없었던 거예요! 피오나는 "버피!"라며 소리를 꽥 질렀어요.

[   ] named her penguin [   ] because he burps a lot [   ] eating [   ]. [   ] a [   ] meal, [   ] burps, [   ] his [   ], and dances [   ]. It's always [   ] watching him when he is [   ]. One day [   ] looked [   ] and kept on burping. [   ] wondered why because she hadn't [   ] him yet. Then the aquarium caught her attention. Her [   ] were gone! "[   ]!" [   ] screamed.

Step 03 오디오를 듣고 따라읽으며 문장을 써보세요.

01 ....

02 ....

03 ....

Step 02 정답

Step 01의 지문을 참조하세요.

Step 03 정답

01 Fiona named her penguin Burfy.

02 He burps a lot after eating fish.

03 It's always fun watching him when he is full.

한마디더! '노스 페이스' 아세죠~! North Face죠!

유명 아웃도어 브랜드 중 하나인 North Face. 지금까지는 그냥 '노스 페이스'라고 읽었지만 이제는 제대로 된 [f] 발음으로 읽어보세요. 여기에 North의 [r]과 [θ]까지 제대로 발음하면 진짜 North Face가 되겠죠. 소셜 네트워크의 대명사인 Facebook도 이제는 제대로 발음해서 Add me to your Facebook!(네 페이스북에 추가해줘!)이라고 외국인 친구들에게 자신 있게 말해 보시구요. Faceshop에 갈 때도 [f] 발음 연습하는 것, 잊지 마세요. 생활 속에서 [f] 발음이 담긴 단어를 접할 때마다 부끄러워 말고 안성댁처럼 과감하게! 아셨죠?

※ [θ]와 [r] 발음은 각각 <트레이닝 05>와 <트레이닝 09>에서 집중 훈련하게 됩니다.

최불암 아저씨처럼 '퐈~'하고 웃으면 [p] 발음!

혹시 〈전원일기〉라는 국민 농촌 드라마 아세요? 너무 오래 전 드라마라 모르는 분들도 많겠지만, 이 드라마에 출연했던 최불암 어르신의 '퐈~'하는 웃음소리는 아직까지도 개그맨들 사이에서 이따금 개그의 소재가 되곤 하죠. 여기서 '퐈~'라고 웃을 때 나오는 바람 소리, 이게 바로 오늘 훈련하게 될 [p] 발음이에요.

[p] 발음은 이렇게!

① 입 앞에 손바닥을 가까이 둡니다.

② 두 입술을 꽉 다물었다가~

③ 갑자기 팍 벌리면서 한 번에 강하게 공기를 내보세요.

④ 입 앞에 둔 손바닥에 강한 바람의 숨결이 느껴지죠?

⑤ 나무라도 뽑을 기세로 '한 번에 강하게' 바람을 내뿜는 것. 그것이 바로 [p] 발음의 핵심이랍니다.

> **Tip**
> 입 앞에 손바닥을 대고 있는 것은 공기가 손바닥에 '탁~'하고 닿는 것을 느껴보기 위해서입니다. 실제로 말을 할 때는 이럴 필요가 없겠죠.

[p] 발음은 입술을 다물었다 벌릴 때 한 번에 강하게 나오는 공기가 만들어내는 소리예요. 그러니 [p] 발음을 내려고 일부러 [ㅍ] 소리를 낼 필요가 없답니다. 우리가 '푸하하하'라고 웃을 때를 생각해 보세요. 글로 쓸 때야 어쩔 수 없이 'ㅍ' 표기를 하지만, 입 모양을 가만히 그려보면, 입을 다물었다 벌릴 때 공기 소리가 나죠? 그 소리가 바로 영어의 [p] 발음입니다.

Step 01 　강한 바람을 내뿜는 [p] 발음에 주의해서 다음 단어들을 읽어보세요.

1회 ☐ 　2회 ☐ 　3회 ☐ 　4회 ☐ 　5회 ☐

01 **p**age
02 **p**ain
03 **p**aper
04 **p**arcel
05 **p**art
06 **p**ast
07 **p**en
08 **p**erson
09 **p**icture
10 **p**ipe
11 **p**lease
12 **p**ocket
13 **p**ossible
14 **p**ower
15 **p**resent
16 **p**rice
17 **p**rofit
18 **p**roperty
19 **p**ublic
20 **p**ump

이렇게 해보세요!

1회 | 오디오 들어보기

2회 | 오디오 듣고 따라읽기

3회 | 자신의 목소리를 녹음하면서 혼자 읽어보기

4. 5회 | 단어를 보지 않고 오디오만 듣고 따라읽기

· 단어 첫 소리로 나오는 [p]는 특히 강하게 발음합니다.

· ¹³possible의 -i-는 [어]를 약하게 발음하세요. 모음은 강세가 없으면 원래의 소리보다 약한 소리로 바뀌게 된답니다. i에 강세가 실릴 경우는 보통 [이]로 발음하죠.

· ¹⁵present는 품사에 따라 다음과 같이 발음이 달라집니다.

n. 선물 a. 현재의	v. 제출하다
present [prézənt]	pre**sent** [prizént]

Step 02 　오디오를 듣고 따라읽으며 단어를 써보세요.

01 ....
02 ....
03 ....
04 ....
05 ....
06 ....

Step 01 해석

01 쪽, 페이지　　02 고통
03 종이　　04 소포, 꾸러미
05 부분　　06 과거
07 펜　　08 사람
09 그림, 사진　　10 파이프
11 즐겁게 하다　　12 호주머니
13 가능한　　14 힘
15 선물, 현재의, 제출하다
16 가격
17 이윤　　18 재산
19 대중의　　20 펌프

Step 02 정답

01 past　　02 property
03 pipe　　04 profit
05 present　　06 paper

 Step 01 텅 트위스터로 문장 속에서 [p] 발음을 익혀보세요.

1회 ☐ 2회 ☐ 3회 ☐ 4회 ☐ 5회 ☐

이렇게 해보세요!

1회 | 오디오 들어보기
2회 | 오디오 듣고 따라읽기
3회 | 자신의 목소리를 녹음하면서 혼자 읽어보기
4. 5회 | 문장을 보지 않고 오디오만 듣고 따라읽기

01 Please pay promptly.

02 Pirate's private property

03 Purple pelicans pooped.

04 Plain bun, plum bun, bun without a plum

05 Paul, please pause for proper applause.

06 Peter Piper picked a peck of pickled peppers.

07 Picky people pick Peter Pan peanut butter.

08 A proper cup of coffee from a proper copper coffee pot

09 Pretty Peggy plants pumpkins in a patch.

10 The fancy-pants lapped, laughed, leapt, and left.

표현

poop 똥을 싸다
bun (햄버거용 등의) 둥근 빵
plum 자두
peck (단위) 펙(약 9리터 정도 됨)
pickled 식초에 절인
picky 까다로운
patch 밭뙈기
lap 핥다
leap 껑충 뛰다

Step 01 해석

01 즉시 지불해 주세요.
02 해적의 개인 재산
03 자주 빛 펠리컨들이 똥을 쌌어요.
04 담백한 빵, 자두맛 빵, 자두가 없는 빵
05 폴, 청중들이 적절히 박수를 칠 수 있도록 잠시 틈을 줘.
06 피터 파이퍼가 절인 고추 한 펙을 집었어요.
07 입맛이 까다로운 사람들은 피터 팬 땅콩버터를 고른다.
08 적당한 구리 커피포트에서 만들어낸 적당한 커피 한 잔
09 예쁜 페기가 호박을 밭에 심는다.
10 멋진 바지를 입은 사람이 핥고, 웃고 뛰고, 그리고는 떠났다.

· 동사의 과거 및 과거분사형인 -ed의 발음이 종종 헷갈리죠. 다음 표를 보며 간단히 정리해 보도록 합니다.

유형	동사의 마지막 발음	-ed 발음	예
❶	[t], [d]	[id]	invited
❷	[p], [f], [k], [s], [ʃ], [tʃ]	[t]	lapped
❸	그 이외	[d]	pickled

Step 02 오디오를 듣고 따라읽으며 문장을 써보세요.

01 ....

02 ....

03 ....

Step 02 정답

01 Please pay promptly.
02 Paul, please pause for proper applause.
03 Picky people pick Peter Pan peanut butter.

Step 01　짧은 이야기를 읽으며 [p] 발음을 연습해 보세요.

1회☐ 2회☐ 3회☐ 4회☐ 5회☐

Apple, What's Your Charm?

Apple came to town to see her
friend Grape. When Apple met
Grape, she noticed the white
powder on Grape's face. "What
happened to your face? It's powdery," asked Apple.
"Oh, that's sugar that I made. People like me when
my face is powdery. What about you, what makes
people like you?" Grape asked. Apple couldn't think
of an answer and her face turned shiny red. "I think
it's your shiny red face!" Grape exclaimed.

이렇게 해보세요!

1회 | 오디오 들어보기

2회 | 오디오를 들으며 한 문장
씩 따라읽기

3회 | 자신의 목소리를 녹음하면
서 혼자 읽어보기

4, 5회 | 오디오를 들으며 네이티
브와 거의 동시에 읽어보기

표현

notice 발견하다, 알아차리다

powder 가루, 분

powdery 분칠한

What makes people + 동
사원형 ~? 왜 사람들은 ~하나?

turn shiny red 붉게 변해서 반
들반들거리다

exclaim (기쁘거나 슬프거나 감
격에 겨워) 소리치다

해석

사과야, 네 매력은 뭐니?

사과가 포도 친구를 만나려고 마을
에 왔어요. 사과가 포도를 만났을
때, 포도의 얼굴에 하얀 가루가 있
는 것을 발견했어요. "네 얼굴에 무
슨 일이 있었던 거야? 분을 바른
거 같은데."라며 사과가 물었어요.
"아, 그거 내가 만든 설탕이야. 얼굴
에 분칠을 해야 사람들이 좋아하더
라고. 너는 어때? 무엇 때문에 사
람들이 널 좋아해?" 포도가 물었어
요. 사과는 아무런 대답도 떠오르지
않아서 얼굴이 빨갛게 반짝였어요.
"내 생각엔 말야, 빨갛게 빛나는 네
얼굴 때문이야!" 포도가 소리쳤어
요.

- to는 아주 약하게 마치 [t]만 발음하듯이 하세요. 너무 강하게 발음하면 too 또는
  two처럼 들리게 됩니다.

- grape처럼 단어 끝에 오는 e는 발음을 하는 경우가 거의 없답니다. 따라서 -pe를
  [프]로 발음하지 않도록 주의하세요.

- that I에서 that의 -t는 [r] 또는 [d]로 아주 약하게 발음하고 뒤에 오는 I와 이어서
  한 단어처럼 발음되죠.

- couldn't의 마지막 -t 발음은 소리가 생략되네요.

- turned의 -ed는 [d]로 발음하는데, 문장 속에서 워낙 약하게 발음되다 보니 소리가
  거의 안 들리는 경우가 많아요.

[_____] came to town to see her friend [_____].
When [_____] met [_____], she noticed the white
[_____] on [_____] face. "What [_____]
to your face? It's [_____]," asked [_____]. "Oh,
that's sugar that I made. [_____] like me when
my face is [_____]. What about you, what makes
[_____] like you?" Grape asked. [_____] couldn't
think of an answer and her face turned shiny red. "I
think it's your shiny red face!" [_____] exclaimed.

Step 03 오디오를 듣고 따라읽으며 문장을 써보세요.

01 ....
02 ....
03 ....

정답

Step 01의 지문을 참조하세요.

정답

01 Apple came to town to see her friend Grape.
02 She noticed the white powder on Grape's face.
03 People like me when my face is powdery.

한마디더! 그건 배(pear)가 아니에요? ●●●●●●●●●●●●●●●●●●●●●●●●●●

입만 한번 뻐끔거리며 강풍만 내보내면 되는 [p] 발음, 이제 문제없겠죠? 하지만 이렇게 쉬운
발음도 자칫 [f] 발음과 구분하지 않으면 아주 창피한 일이 생길 수 있답니다. "불공평해요!(It's
not fair!)"라며 자신의 불합리한 처지를 어필하는데, fair의 [f]를 [p]로 잘못 발음해버리면, 졸
지에 "그건 과일 배(pear)가 아니에요!"라는 뜬금없는 얘기가 되어버리니까요.

03 단어 끝 파열음 집중 훈련

반만 발음해도 충분한 단어 끝 파열음!

동영상을 보며 따라해 보세요

무엇이든 시작한 일은 끝을 봐야 하지만 반만 하면 충분한 발음이 있습니다. 바로 단어 끝에 오는 파열음들인데요. [p], [t], [k], [b], [d], [g] 6개 발음들이 그 주인공들입니다. 단어가 이 6개 발음으로 끝나는 경우에는 발음을 준비만 했다가 멈추게 됩니다. 말 그대로 반만 하면 되는 것들이죠. 원리는 복잡해 보이지만 실제로 발음해보면 간단하답니다.

단어 끝 파열음 발음은 이렇게!

❶ 단어 끝 [p], [b]

두 입술을 다문 채로 그대로 멈추세요. 이것이 바로 단어 끝 [p], [b] 발음입니다.

❷ 단어 끝 [t], [d]

혀끝을 윗니 뒤쪽 잇몸이 시작되는 곳에 댄 채 멈추면 됩니다.

❸ 단어 끝 [k], [g]

혀 뒷부분으로 목구멍을 막은 채 멈추세요.

파열음이란 '터지면서 나오는 발음'이란 뜻인데, 이런 발음들이 단어 끝에 오면 터지기 전에 멈춰버리는 거죠. 그림을 보면서 발음 요령을 잘 따라해 보세요. 단, [b], [d], [g]는 성대를 울려 말하는 울림소리랍니다. 울림소리의 발음 요령에 관해서는 〈트레이닝 04〉에서 그림을 보며 구체적으로 설명할 거예요.

[p], [b] 발음은 원래 두 입술을 다물었다가 벌릴 때 공기를 힘차게 내보내면서 만드는 발음인데, 단어 끝에 오면 입술을 다문 채로 발음을 끝맺게 됩니다. [t], [d] 발음은 혀끝이 윗니 뒤쪽에 닿아다가 떨어지면서 나는 발음이지만, 단어 끝에 오면 윗니 뒤쪽에 댄 채 발음을 멈추게 되죠. 또한 [k], [g] 발음은 혀 뒷부분이 목구멍을 막았다가 놓으면서 나는 발음인데, 단어 끝에 오면 막은 상태에서 그대로 발음을 맺게 됩니다.

발음훈련 01 : 단어 소리내기

🎧 03-1.mp3 / 03-2.mp3

DVD 03-1.wmv

Step 01 단어 끝 파열음에 주의해서 다음 단어들을 읽어보세요.

1회☐ 2회☐ 3회☐ 4회☐ 5회☐

🐾 이렇게 해보세요!

1회 | 오디오 들어보기

2회 | 오디오 듣고 따라읽기

3회 | 자신의 목소리를 녹음하면서 혼자 읽어보기

4, 5회 | 단어를 보지 않고 오디오만 듣고 따라읽기

01 hot dog

02 paint shop

03 book stand

04 desk lamp

05 bed bug

06 white cake

07 textbook

08 Stake and Shake

09 put and take

10 bed and breakfast

11 fork and knife

12 soft rock

13 wood pulp

14 stupid hat

15 gold tooth

16 short break

17 sweetheart

18 hand pump

19 at a pub

20 hot tub

· ⁰³book과 ¹³wood의 -oo-는 [u] 발음으로 [우]를 약하게 발음하면 돼요. 반면, ¹⁵tooth의 -oo-[u:]는 [우]를 길고 강하게 발음해야 하죠.

· ⁰⁶white의 whi-는 [화이-]가 아니라 [와이-]처럼 발음됩니다.

· ⁰⁸Stake and Shake와 같이 A and B 형태의 표현에서 and는 [n] 정도로만 발음합니다.

해석

01 핫도그   02 페인트 가게

03 책꽂이   04 스탠드

05 빈대   06 하얀 케익

07 교과서   08 음식점 이름

09 주사위 게임 이름

10 아침식사를 제공하는 숙소

11 포크와 나이프   12 무른 바위

13 목재 펄프

14 우스꽝스런 모자

15 금 이빨   16 짧은 휴식

17 애인   18 수동 펌프

19 술집에서   20 온수 욕조

Step 02 오디오를 듣고 따라읽으며 단어를 써보세요.

01 ....   02 ....

03 ....   04 ....

05 ....   06 ....

정답

01 bed bug

02 soft rock

03 white cake

04 hand pump

05 paint shop

06 stupid hat

발음훈련 02 : 문장 소리내기

🎧 03-3.mp3 / 03-4.mp3

DVD 03-2.wmv

Step 01 텅 트위스터로 문장 속에서 단어 끝 파열음을 익혀보세요.

1회☐ 2회☐ 3회☐ 4회☐ 5회☐

이렇게 해보세요!

1회 | 오디오 들어보기

2회 | 오디오 듣고 따라읽기

3회 | 자신의 목소리를 녹음하면서 혼자 읽어보기

4, 5회 | 문장을 보지 않고 오디오만 듣고 따라읽기

01 Bad black bran bread

02 The big black bug's blood is blue.

03 The bootblack bought the black boot back.

04 Did Doug dig Dick's garden or did Dick dig Doug's garden?

05 A big bad bug bit Chet's back.

06 Chet and Todd beat a bit of butter to make a better batter.

07 The queen coined quick clipped quips.

08 The winkle ship sank and the shrimp ship swam.

09 Bake big batches of bitter brown bread.

10 The great Greek grape growers grow great Greek grapes.

표현

bran (쌀·보리 등의) 겨

bootblack 구두닦이

beat 휘젓다

batter 반죽

coin (새로운 낱말이나 어구를) 만들다

quip 재담

winkle 경단고동

batch 한 묶음

· ⁰²blood의 -oo-는 우리말 [어]에 가까운 [ʌ]로 발음돼요.

· ⁰⁶a bit of에서 bit의 -t는 뒤에 이어지는 of의 o-와 연결되면서 약한 [d] 또는 [r]로 소리가 바뀌네요.

해석

01 보리 겨로 만든 질이 좋지 않은 검정 빵

02 큰 검정 벌레의 피는 파란색이다.

03 구두닦이가 검정색 구두 한 짝을 다시 샀다.

04 더그가 딕의 정원을 팠어, 아니면 딕이 더그의 정원을 팠어?

05 좋지 않은 큰 벌레가 쳇의 등을 물었다.

06 쳇과 토드가 더 나은 반죽을 만들려고 버터 한 조각을 휘저었다.

07 여왕이 딱 부러지는 재담을 재빨리 만들었다.

08 경단고동 배는 가라앉고 새우 배는 수영했다.

09 쓴맛 갈색 빵을 큰 무더기로 많이 구워라.

10 키가 큰 그리스 포도 재배자들이 대형 그리스 포도를 재배한다.

Step 02 오디오를 듣고 따라읽으며 문장을 써보세요.

01 ....

02 ....

03 ....

정답

01 The big black bug's blood is blue.

02 The winkle ship sank and the shrimp ship swam.

03 The great Greek grape growers grow great Greek grapes.

Step 01 짧은 이야기를 읽으며 단어 끝 파열음을 연습해 보세요.

1회 ☐ 2회 ☐ 3회 ☐ 4회 ☐ 5회 ☐

⭐이렇게 해보세요!

1회｜오디오 들어보기

2회｜오디오를 들으며 한 문장 씩 따라읽기

3회｜자신의 목소리를 녹음하면 서 혼자 읽어보기

4, 5회｜오디오를 들으며 네이티 브와 거의 동시에 읽어보기

The Ant and the Dove, from Aesop's Fables

An an**t** wen**t** to the ban**k** of a river to quench its thirs**t**, and being carri**ed** away by the rush of the stream, was on the poin**t** of drowning. A dove sitting on a tree overhanging the water pluck**ed** a leaf and let i**t** fall into the stream close to her. The an**t** climb**ed** onto i**t** and float**ed** in safety to the ban**k**.

- went to의 -t t-처럼 같은 자음이 두 개 연속되면 한 번만 발음하는 게 보통이죠. 그래서 마치 wen to처럼 들리게 된답니다.
- of a는 마치 한 단어처럼 자연스럽게 이어 [əvə]로 발음하면 돼요.
- carried away 역시 -d와 a-를 이어서 자연스럽게 발음하도록 해보세요.
- point처럼 n 다음에 오는 단어 끝 -t는 종종 발음이 생략되기도 해요. 그래서 point of는 [pɔintəv]뿐 아니라 [pɔinəv]처럼 간략히 발음되기도 하죠.
- sitting처럼 강모음과 약모음 사이에 있는 -t-는 약한 [d] 또는 [r]로 발음하면 좀 더 부드럽고 편하게 말할 수 있죠.
- on a 역시 한 단어처럼 부드럽게 이어서 발음하세요.

표현

the bank of a river 강둑, 제 방(bank는 '둑'의 의미)
to quench its thirst 갈증을 풀기 위해
be carried away 떠내려가다
rush of the stream 거친 물살
on the point of + -ing ~할 찰나에
drown 익사하다, 물에 빠지다
overhanging 툭 튀어나와 있는, 드리워진
pluck a leaf 나뭇잎을 뽑다
float 떠내려가다
in safety 무사히, 안전하게

해석

개미와 비둘기 (이솝우화 중에서)

개미 한 마리가 갈증을 풀기 위해 강둑으로 갔는데 그만 갑작스런 물살에 쓸려내려가 버렸어요. 이제 막 물에 빠져버릴 찰나에요. 이때 물 위로 드리워진 나무에 앉아있던 비둘기 한 마리가 나뭇잎 하나를 따서 개미 가까운 곳으로 떨어뜨려 주었어요. 개미는 나뭇잎 위로 올라가 무사히 강둑으로 올라갔죠.

An ⬚ ⬚ to the ⬚ of a river to quench
its ⬚ , and being ⬚ away by the rush of
the stream, was on the ⬚ of drowning. A dove
sitting on a tree overhanging the water ⬚
a leaf and let ⬚ fall into the stream close to her.
The ⬚ ⬚ onto ⬚ and ⬚ in
safety to the ⬚ .

Step 03 오디오를 듣고 따라읽으며 문장을 써보세요.

01 ....

02 ....

03 ....

정답

Step 01의 지문을 참조하세요.

정답

01 An ant went to the bank of
a river to quench its thirst.

02 A dove sitting on a tree
overhanging the water
plucked a leaf.

03 The ant climbed onto it.

🍅 **한마디더!** ▶ [t], [d], [n], [l] 우린 혀끝 위치가 같아요!

[t], [d], [n], [l] 네 발음은 발음할 때 혀끝 위치가 거의 같다는 공통점이 있어요. 이런 이유로 여러 가지 발음 현상들이 생겨나게 되죠. 앞의 그림에서 봤듯 윗니 뒤쪽 잇몸이 시작되는 곳이 바로 [t], [d], [n], [l]의 혀끝 위치랍니다. 특히 이 [t], [d], [n], [l]의 위치는 [t] 발음을 이해하는 데 중요해요. 미국식 영어에서 [t]는 무려 5가지로 발음이 되는데, 바로 [t], [d], [n], [l]의 위치를 잘 이해하면 [t]가 왜 그렇게 다양한 발음으로 변화되는지를 쉽게 이해할 수 있답니다.

※ 다양한 [t] 발음에 대해서는 〈트레이닝 11〉에서 집중 훈련하게 됩니다.

느끼해도 괜찮아,
[v] 발음!

동영상을 보며
따라해 보세요

스마트폰으로 셀카를 찍건, 친구들과 놀러 가서 함께 사진을 찍건 꼭 빠지지 않는 포즈가 있죠? 바로 '브이~'하면서 손가락으로
V자를 그리는 건데요. 이때 V의 발음, '브이~' 이대로 좋을까요? 물론 좋지 않죠! 지금부터 한 영어 하는 사람들이 그렇듯, 윗니
를 아랫입술 안쪽에 가볍게 깨물듯 얹고 [vi:]라고 바람을 길~게 불어주세요!!

[v] 발음은 이렇게!

① 편안하게 살짝 입을 벌립니다.

② 아랫입술을 살짝 위로 올려, 윗니를 아랫입술 안쪽에 가볍게 깨물듯 얹어주세요.

③ 이 상태에서 바람을 '길~게' 내보냅니다.

④ 바람을 내보낼 때는 반드시 '성대를 울려 진동을 더해주어야' 해요!

⑤ 입안에 울림이 느껴지고, 입술이 간질간질한가요? 그렇다면 [v] 발음 성공!

Tip
우리나라 사람들은 [v]를 발음할 때 불
필요한 [으] 소리를 섞는 경우가 많은데
요. 제대로 된 발음 요령에 따라 발음하
면 [으] 소리를 넣을래야 넣을 수 없답
니다.

[f] 발음 요령에 진동을 더해 소리를 울리면 [v] 발음이 돼요. 그래서
울림소리인 [v] 발음을 제대로 하려면 진동을 만드는 요령부터 연습해
야 하죠. 두 입술을 아주 조금만 벌리고 'ㅂ~~' 소리를 내면서 입술을
가볍게 떨어보세요([으] 소리를 섞지 않도록 주의). 이마, 코, 앞니까지
진동이 울리는 게 느껴질 거예요. 이렇게 하면 자연스럽게 성대가 울
린답니다. 이 느낌으로 이번에는 [v] 발음을 울려보세요.

Step 01 소리를 길게 울리는 [v] 발음에 주의해서 다음 단어들을 읽어보세요.

1회☐ 2회☐ 3회☐ 4회☐ 5회☐

01 value	02 vase
03 verse	04 very
05 vessel	06 view
07 vibe	08 violent
09 voice	10 volcano
11 achieve	12 Dave
13 leave	14 live
15 pave	16 prove
17 save	18 dive
19 cave	20 thieve

이렇게 해보세요!
1회 | 오디오 들어보기
2회 | 오디오 듣고 따라읽기
3회 | 자신의 목소리를 녹음하면서 혼자 읽어보기
4. 5회 | 단어를 보지 않고 오디오만 듣고 따라읽기

· 단어 끝의 -ve는 보통 [v]로 발음됩니다. 모음 -e는 소리 값이 없죠. -ve[v]를 발음할 때는 [으] 소리를 섞지 않도록 주의하세요.

· ⁰¹value의 -ue는 [u]가 아니라 [ju]로 발음해야 해요. 그럼 [j] 발음은 어떻게 해야 하나구요? 궁금한 사람은 p. 94 〈보너스 트레이닝〉으로 가서 발음 요령을 살짝 훔쳐보고 오세요.

· ¹³leave의 -ea-는 [iː]로 길게, ¹⁴live의 -i-는 [i]로 짧게 발음해요.

해석
01 가치	02 꽃병
03 운문, 시	04 매우
05 배, 선박	06 관점
07 분위기, 느낌	08 난폭한
09 목소리	10 화산
11 성취하다	12 남자이름
13 떠나다	14 살다
15 (도로를) 포장하다	
16 증명하다	
17 아끼다	18 잠수하다
19 동굴	
20 도둑질하다 (cf. thief 도둑)	

Step 02 오디오를 듣고 따라읽으며 단어를 써보세요.

01 _____ 02 _____

03 _____ 04 _____

05 _____ 06 _____

정답
01 vessel	02 leave
03 vibe	04 pave
05 thieve	06 volcano

Step 01 텅 트위스터로 문장 속에서 [v] 발음을 익혀보세요.

1회☐ 2회☐ 3회☐ 4회☐ 5회☐

😀 이렇게 해보세요!

1회 | 오디오 들어보기
2회 | 오디오 듣고 따라읽기
3회 | 자신의 목소리를 녹음하면서 혼자 읽어보기
4, 5회 | 문장을 보지 않고 오디오만 듣고 따라읽기

01 Valuable valley villas

02 Very well, very well, very well.

03 Von's velvet gloves vanished.

04 Vegetables, vanilla, and vinegar

05 Vile Willy's evil violin

06 Vincent loves Vivian's vibrant and wavy hair.

07 Vera has vegetables, a vase, a vacuum, and a van.

08 Vigilant Victor vanquished vain vendors.

09 Vicky vacuumed with vim and vigor.

10 Victoria believes violent, violet bugs have very big value.

표현

vanish 사라지다
vinegar 식초
vile 극악한
vibrant 생기 있는
vigilant 경계를 늦추지 않는
vanquish 완파하다
vain 자만심이 강한
vendor 노점상
vim and vigor 원기, 활력

· ⁰³velvet[vélvit]을 우리는 흔히 '벨벳'이라고 말하지만, 실제 -vet의 발음은 [vit]이랍니다. 스펠링에 속지 마세요.

· ⁰⁷and a van에서 and a는 한 단어처럼 이어서 발음하면 되는데, 이따금 and의 -d 발음을 생략해 [ænə]로 편하게 발음하기도 하죠.

Step01 해석

01 값진 계곡의 빌라들
02 아주 잘했어, 아주 잘했어, 아주 잘했어.
03 본의 벨벳 장갑이 사라졌다.
04 채소들, 바닐라, 그리고 식초
05 극악한 윌리의 사악한 바이올린
06 빈센트는 비비안의 생기 있는 물결 모양의 머리를 아주 좋아해.
07 베라는 야채들, 꽃병 하나, 진공청소기 하나, 그리고 (자동차) 밴이 하나 있어.
08 경계를 늦추지 않던 빅터가 자만심 강한 노점상을 경쟁에서 이겼어.
09 비키는 활기차게 진공청소기로 청소했다.
10 빅토리아는 난폭한 보라색 벌레가 큰 값어치가 있다고 믿어.

Step 02 오디오를 듣고 따라읽으며 문장을 써보세요.

01 _____

02 _____

03 _____

Step02 정답

01 Valuable valley villas
02 Vincent loves Vivian's vibrant and wavy hair.
03 Vigilant Victor vanquished vain vendors.

Step 01 짧은 이야기를 읽으며 [v] 발음을 연습해 보세요.

1회☐ 2회☐ 3회☐ 4회☐ 5회☐

Beaver, the Dam Builder

The bea**v**er, a cousin of rats, li**v**es in shallow water. The nati**v**e beavers li**v**e up to 24 years and are only acti**v**e at night. Bea**v**ers are known for their impressi**v**e dam-building ability. Bea**v**er dams are a way for bea**v**ers to protect themsel**v**es from predators. They build lodges, houses, in the pond area created by the dam. Predators such as bears, coyotes, etc. don't like to go into the pond area to hunt bea**v**ers as it is wet and dangerous.

- lives in 역시 한 단어처럼 이어서 발음하세요. live의 -i-는 짧고 빠르게 [i]라고 발음합니다.
- 미국식 영어에서는 water나 native처럼 강모음과 약모음 사이에 오는 -t-는 약한 [d]나 [r]로 소리가 부드럽게 변하죠. 하지만 영국식은 그냥 [t]로 발음하는데요, 그래서 영국식 영어 발음이 좀 투박하게 들린답니다.
- ability의 -t- 역시 약한 [d] 또는 [r]로 발음하기 편하게 말하면 되겠죠?

 표현

beaver 비버(습지에서 댐을 만드는 것으로 유명한 동물)
shallow 얕은
native 자연 상태에서 사는
up to ~ ~까지
be known for ~로 잘 알려져 있다
predator 포식자, 천적
lodge 작은 집, 숙소
pond 연못
coyote 코요테

 해석

댐을 쌓는 일꾼, 비버

쥐의 사촌인 비버는 얕은 물에서 살아요. 야생 상태에서 사는 비버는 24살까지 살 수 있는데, 밤에만 활동하죠. 비버는 댐을 만드는 능력이 훌륭한 것으로 잘 알려져 있어요. 비버가 만드는 댐은 천적들이 자신을 공격하지 못하도록 방어하는 수단이에요. 비버는 댐 때문에 생긴 연못에다 집을 짓죠. 천적인 곰이나 코요테 등은 비버를 잡으려고 연못으로 들어가는 것을 좋아하지 않아요. 습하고 위험하기 때문이죠.

오디오를 듣고 따라읽으며 빈칸을 채워보세요.

The _____, a cousin of rats, _____ in shallow water. The _____ _____ _____ up to 24 years and are only _____ at night. _____ are known for their _____ dam-building ability. _____ dams are a way for _____ to protect _____ from predators. They build lodges, houses, in the pond area created by the dam. Predators such as bears, coyotes, etc. don't like to go into the pond area to hunt _____ as it is wet and dangerous.

오디오를 듣고 따라읽으며 문장을 써보세요.

01 ....

02 ....

03 ....

Step 02 정답

Step 01의 지문을 참조하세요.

Step 03 정답

01 The beaver, a cousin of rats, lives in shallow water.

02 Beavers are known for their impressive dam-building ability.

03 Beaver dams are a way for beavers to protect themselves from predators.

🦫 **한마디더!** 〉 *아~ 아름다운 그대 이름은 Vivian!* ●●●●●●●●●●●●●●●●●●●●●●

여자 이름인 Vivian으로 구글 이미지 검색을 하면 미인 사진들이 잔뜩 올라옵니다. Vivian은 라틴어 vivius에서 전해진 말로 'alive(생기 있는)'란 뜻이 있지요. 그래서 그런지 미인들이 이 이름을 잘 쓰나 봅니다. 요점은 [v] 발음 제대로 하자였습니다. Vivian처럼 미인의 이름을 부르고 또 불러 보며 연습하고, vibe처럼 [v]와 [b] 발음이 함께 있는 단어를 가지고 두 발음의 차이를 느껴보며 연습하고 또 연습하면 금세 [v] 발음을 잘 할 수 있게 됩니다.

※ [v]와 [b] 발음의 구별은 〈트레이닝 16〉에서 집중 훈련하게 됩니다.

노홍철처럼 혀 짧은 소리로 내는 th-[θ] 발음!

동영상을 보며 따라해 보세요

일명 번데기 발음인 영어의 th-[θ] 발음은 우리말의 [ㅆ]과 비슷하게 들릴지는 몰라도 정녕코 같은 발음이 아니죠. 일단 발음할 때의 혀의 위치도 다르고 소리도 다르답니다. 그래서 영어가 모국어가 아닌 우리들은 [θ] 발음을 따로 훈련할 필요가 있죠. 물론 타고난 th-[θ] 발음 강자인 〈무한도전〉의 노홍철은 빼고요~.

[θ] 발음은 이렇게!

혀끝을 살짝 내밀어 보세요.

윗니를 혀 위에 살짝 올려둡니다.

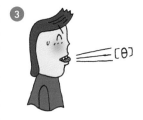

이 상태에서 바람을 길~게 내보세요.

내민 혀 사이로 새어나오는 바람 소리, 이것이 바로 real [θ] 발음이랍니다.

[θ]는 다음 트레이닝에서 연습할 [ð] 발음과 함께 th 스펠링에서만 나타나는 발음이에요. [ð]가 성대를 울려 내는 울림소리라면, [θ]는 성대를 울릴 필요가 없는 안울림소리이죠.

흔히 번데기 발음이라고 알려진 [θ] 발음은 혀와 입술 위치만 잘 기억하면 됩니다. '혀 위에 윗니를 올려두고 길게 바람을 내보낸다.' 쉽죠? 정말 이 바람 소리가 [θ] 발음이냐구요? 네, 맞습니다. 바람 소리로만 들리는 이 발음이 뒤에 오는 소리와 합쳐지면서 제대로 들리게 되는 거죠. [θ] 발음을 하려고 일부러 [ㅆ] 소리를 내지 않도록 주의하세요!

Step 01　[θ] 발음에 주의해서 다음 단어들을 읽어보세요.

🔈 이렇게 해보세요!

1회 | 오디오 들어보기

2회 | 오디오 듣고 따라읽기

3회 | 자신의 목소리를 녹음하면서 혼자 읽어보기

4, 5회 | 단어를 보지 않고 오디오만 듣고 따라읽기

1회 ☐ 2회 ☐ 3회 ☐ 4회 ☐ 5회 ☐

01	theater	02	theory
03	theme	04	therapy
05	thick	06	thief
07	thin	08	think
09	thing	10	third
11	thirty	12	three
13	thought	14	thousand
15	thread	16	throat
17	through	18	thumb
19	thunder	20	Thursday

· ⁰³theme이란 말이 우리나라에 들어와 어쩌다 '테마'가 되어버렸는지는 모르겠지만, 실제 영어 발음은 [θiːm]이랍니다. 주의하세요!

· ¹³thought의 -ou-는 [ɔː]로 발음하세요.

· ¹⁸thumb의 b는 묵음, 즉 소리값이 없답니다.

해석

01	극장	02	이론, 생각
03	주제, 테마	04	치료법
05	두꺼운	06	도둑
07	얇은	08	생각하다
09	물건, 사물	10	셋째(의)
11	(숫자) 30	12	(숫자) 3
13	생각	14	(숫자) 1,000
15	실	16	목구멍
17	~을 관통해서	18	엄지손가락
19	천둥	20	목요일

Step 02　오디오를 듣고 따라읽으며 단어를 써보세요.

01 _____　02 _____

03 _____　04 _____

05 _____　06 _____

정답

01	theme	02	thought
03	thunder	04	therapy
05	thin	06	thread

Step 01　텅 트위스터로 문장 속에서 [θ] 발음을 익혀보세요.

1회☐ 2회☐ 3회☐ 4회☐ 5회☐

😀 이렇게 해보세요!

1회 | 오디오 들어보기
2회 | 오디오 듣고 따라읽기
3회 | 자신의 목소리를 녹음하면서 혼자 읽어보기
4, 5회 | 문장을 보지 않고 오디오만 듣고 따라읽기

01　Three free throws

02　The thief threatened to torch the theme park.

03　Tom threw Tim three thumbtacks.

04　Through three trees three free fleas flew.

05　Thrifty Beth watched a thriller at the theater.

06　I thought of thinking of thanking you.

07　A thin little boy picked six thick thistle sticks.

08　I can think of six thin things, but I can't think of six thick things.

09　Thirty-three thousand people think that Thursday is their thirtieth birthday.

10　They both, though, have thirty-three thick thimbles to throw.

· ⁰¹free throw는 우리가 흔히 '프리 드로우'라고 쓰는 농구 용어이죠. 하지만 throw의 th-발음은 [θ]라는 것, 주의하세요!

· ⁰⁸can은 [k(ə)n]으로 약하게, can't는 [kǽn(t)]으로 강하게 발음합니다.

Step 02　오디오를 듣고 따라읽으며 문장을 써보세요.

01　..

02　..

03　..

표현

torch 불태우다
thumbtack 압정
flea 벼룩
thrifty 검소한
thistle 엉겅퀴
thimble 골무

Step 01 해석

01 자유투 3개
02 도둑이 테마 공원을 불태워버리겠다고 협박했다.
03 탐이 팀에게 압정을 세 개 던졌다.
04 나무 세 그루 사이로 자유로운 벼룩 세 마리가 날아갔다.
05 검소한 베스가 극장에서 스릴러 영화를 봤다.
06 당신에게 고맙다는 생각을 하는 것을 생각했다.
07 야윈 작은 소년이 두꺼운 엉겅퀴 막대기 여섯 개를 주웠다.
08 얇은 것 여섯 개는 생각이 나는데, 두꺼운 것 여섯 개는 생각이 나지 않네.
09 3만 3천 명이 목요일이 그들의 서른 번째 생일이라고 생각한다.
10 하지만 두 사람 모두 두꺼운 골무 33개를 던질 수 있게 가지고 있어.

Step 02 정답

01 The thief threatened to torch the theme park.
02 Thrifty Beth watched a thriller at the theater.
03 A thin little boy picked six thick thistle sticks.

 **발음훈련 03 : 이야기 소리내기** 🎧 05-5.mp3 / 05-6.mp3 / 05-7.mp3 **05-3.wmv**

Step 01 짧은 이야기를 읽으며 [θ] 발음을 연습해 보세요.

1회 ☐ 2회 ☐ 3회 ☐ 4회 ☐ 5회 ☐

이렇게 해보세요!

1회 | 오디오 들어보기

2회 | 오디오를 들으며 한 문장씩 따라읽기

3회 | 자신의 목소리를 녹음하면서 혼자 읽어보기

4, 5회 | 오디오를 들으며 네이티브와 거의 동시에 읽어보기

Thick Beard, the Thief

Thick Beard was an infamous **th**ief in **Th**ailand. He ate **th**ick steaks every day but got sick of eating the same **th**ick meat. So he **th**ought of having fish instead. He went to the market and stole **th**ree fish from a **th**in vendor. When he reached the **th**ird alley, he gobbled the fish nonstop. Suddenly, he cried, "Ouch!" A fish **th**orn got stuck between his tee**th**. He looked in a mirror for the **th**orn but it was too **th**in to be seen.

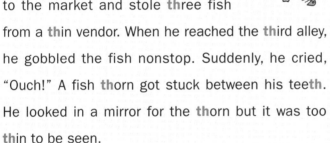

표현

Thick Beard 짙은 턱수염(이야기에 등장한 도둑의 별명)

infamous 악명 높은

get sick of + -ing ~하는 데 질리다

gobble the fish nonstop 생선을 쉴 새 없이 게걸스럽게 먹다

cry 소리치다

ouch 아얏(의성어)

thorn 가시

get stuck 걸리다

해석

짙은 턱수염 도둑

짙은 턱수염은 태국의 악명 높은 도둑이었어요. 짙은 턱수염은 매일 똑같은 두꺼운 스테이크를 먹었어요. 그러다 매일 똑같은 두꺼운 스테이크 먹는 것에 질려버렸죠. 그래서 대신 생선을 먹을 생각을 했어요. 그는 시장으로 가서 호리호리한 생선 장수에게서 생선 세 마리를 훔쳤죠. 짙은 턱수염은 세 번째 골목에 이르자 생선을 쉴 새 없이 게걸스럽게 먹었어요. 그러다 갑자기 "아이쿠!" 하고 소리를 질렀어요. 이빨 사이에 가시가 끼었던 거죠. 그는 거울을 보며 생선 가시를 찾았지만 너무 가늘어서 보이지 않았어요.

· infamous의 -a-는 약모음 [ə]로 발음돼요. 강세가 맨 앞 i-에 가다 보니 나머지 모음은 약화된 것이죠. 하지만 famous는 -a-에 강세가 있기 때문에 원래 소리 그대로 [ei]로 발음되는 거랍니다. 혼동하지 마세요!

· Thailand의 th 발음은 [t]인 것에 주의하세요.

· thick과 sick, 두 단어의 발음 차이는 th[θ]와 s[s]밖에 없습니다. 이런 단어들을 미니멀 페어라고 하는데, 두 발음의 차이가 확실히 느껴질 때까지 반복해서 듣고 따라 하도록 하세요.

[_____] Beard was an infamous [_____] in Thailand.
He ate [_____] steaks every day but got [_____] of
eating the same [_____] meat. So he [_____]
of having fish instead. He went to the market
and stole [_____] fish from a [_____] vendor. When
he reached the [_____] alley, he gobbled the fish
nonstop. Suddenly, he cried, "Ouch!" A fish [_____]
got stuck between his [_____]. He looked in a mirror
for the [_____] but it was too [_____] to be [_____].

01 ....

02 ....

03 ....

Step 02 정답

Step 01의 지문을 참조하세요.

Step 03 정답

01 Thick Beard was an
infamous thief in Thailand.

02 He stole three fish from a
thin vendor.

03 A fish thorn got stuck
between his teeth.

🧑 **한마디더!** ➤ 발음 therapy 받고 therapy 제대로 발음하자! ·······················

스트레스에 좋다고 알려진 향기 치료법 aroma therapy[əróumə θérəpi]! 우리말로는
therapy를 '테라피' 또는 '쎄라피'라고 표기하는데 둘 다 제대로 된 발음은 아닙니다. th[θ] 발
음이 우리말에 없다 보니 최대한 비슷한 소리로 표기한 것이 '테라피', '쎄라피'인데, 사실 이렇
게 발음하면 원어민들은 전혀 못 알아들어요. th[θ] 발음 요령에 따라 제대로 발음해야지만
therapy로 알아듣거든요. 하지만 이젠 걱정 없죠? 여러분들은 지금 막 특별한 발음 therapy를
받았으니까요!

[θ] 발음에 진동만 더하면 울리는 소리 [ð]!

동영상을 보며
따라해 보세요

앞에서 th 안울림소리인 [θ] 발음을 훈련했어요. 그렇다면 이어서 th 울림소리인 [ð]를 훈련해볼 차례로군요. 이 사이로 혀를 살짝 내밀며 바람을 내보내면 나오는 소리가 th-[θ] 발음이라고 했어요. 그런데 여기에서 윗입술에 간질간질한 떨림이 느껴질 정도로 진동을 더해보세요. 그러면 th-[ð] 발음이 울려나오게 됩니다. 다음 그림을 보며 실제로 따라해 볼까요?

[ð] 발음은 이렇게!

① 혀끝을 살짝 내밀고, 윗니를 혀 위에 살짝 올려둡니다. [θ] 발음 준비할 때와 똑같죠?

② 이 상태에서 바람을 길~게 내보내는데요.

③ 반드시 '성대를 울려' 바람을 내보내야 해요.

[ð] = [θ] + 성대울림

④ 바람이 길게 새어나오면서 혀끝과 윗입술에 간질간질한 떨림이 느껴진다면 성대를 제대로 울린 [ð] 발음 성공!

울림소리 만들기 요령
❶ 두 입술을 아주 조금만 벌리세요.
❷ 'ㅂ~~' 소리를 내면서 입술을 가볍게 떨어보세요. [으] 소리를 섞지 않도록 주의하시고요. 이마, 코, 윗니까지 진동이 울리는 게 느껴지나요?

[ð]는 [θ]에 진동이 더해진 발음이에요. 윗니를 혀 위에 올려두고 성대를 울려 바람을 길~게 내보내야 하죠. 성대는 어떻게 울리냐구요? 입술을 떨면서 'ㅂ~~' 소리를 낼 때의 느낌으로 진동을 더해주면 자연스럽게 성대가 울리는 울림소리가 난답니다.

🎧 06-1.mp3 / 06-2.mp3

DVD **06-1.wmv**

Step 01 [θ]에 진동이 더해진 [ð] 발음에 주의해서 다음 단어들을 읽어보세요.

1회 □ 2회 □ 3회 □ 4회 □ 5회 □

이렇게 해보세요!

1회 | 오디오 들어보기

2회 | 오디오 듣고 따라읽기

3회 | 자신의 목소리를 녹음하면서 혼자 읽어보기

4, 5회 | 단어를 보지 않고 오디오만 듣고 따라읽기

01	than	02	that
03	them	04	then
05	there	06	their
07	they	08	this
09	these	10	those
11	though	12	father
13	mother	14	bother
15	together	16	other
17	breathe	18	heather
19	leather	20	weather

· ⁰⁵there, ⁰⁶their, 그리고 they're. 이 세 단어의 발음은 [ðéər]로 모두 똑같습니다.

· ¹¹though를 [도우]라고 발음하면 네이티브는 dough(밀가루 반죽)라고 알아듣게 돼요. th[ð] 발음을 제대로 해주세요.

· ¹²father처럼 쉬운 단어도 [f]와 [ð] 두 발음을 제대로 해야 됩니다. 두 발음 모두 충분히 길게 발음하도록 하세요.

· ¹⁷breathe처럼 -the로 끝나면 [ð] 발음, breath처럼 -th로 끝나면 [θ] 발음입니다.

해석

01 ~보다 02 저것
03 그들을, 그들에게 04 그때
05 저기 06 그들의
07 그들 08 이것
09 이것들 10 저것들
11 ~이긴 하지만 12 아버지
13 어머니 14 괴롭히다
15 함께, 같이
16 (그 밖의) 다른
17 숨 쉬다
18 헤더(꽃 이름으로, 주로 여자 이름으로 많이 쓰임)
19 가죽 20 날씨

Step 02 오디오를 듣고 따라읽으며 단어를 써보세요.

01 _____	02 _____
03 _____	04 _____
05 _____	06 _____

정답

01 though 02 breathe
03 than 04 leather
05 them 06 heather

Step 01 텅 트위스터로 문장 속에서 [ð] 발음을 익혀보세요.

1회☐ 2회☐ 3회☐ 4회☐ 5회☐

01 Leather as light as a fea**th**er

02 In **th**is wea**th**er, **th**ey would ra**th**er sunba**the**.

03 Not **th**ese things here but **th**ose things **th**ere.

04 Hea**th**er's mo**th**er is Luther's grandmo**th**er.

05 Mo**th**er's job is harder **th**an father's.

06 Breathe in here and brea**the** out **th**ere.

07 Bath, ba**the**, breath, brea**the**

08 Bring **th**is to **th**ese and take **th**at from **th**ose.

09 **Th**ey died on **th**e day **th**ey married.

10 Bring your fa**th**er and mo**th**er toge**th**er wi**th** your bro**th**ers.

· ⁰¹as light as에서 light는 강하게, as, as는 약하게 발음합니다.
· ⁰²sunbathe(일광욕을 하다)의 -the는 [ð]로 발음돼요. 반면, sunbath(일광욕)의 -th는 [θ]로 발음되죠. ⁰⁶breathe(숨 쉬다)와 breath(숨, 호흡)도 같은 경우이죠.
· ⁰⁴Luther의 -th-는 얼핏 [ð] 발음일 것 같지만 [θ]로 발음한답니다. 주의하세요.

Step 02 오디오를 듣고 따라읽으며 문장을 써보세요.

01 ....

02 ....

03 ....

이렇게 해보세요!

1회 | 오디오 들어보기
2회 | 오디오 듣고 따라읽기
3회 | 자신의 목소리를 녹음하면서 혼자 읽어보기
4. 5회 | 문장을 보지 않고 오디오만 듣고 따라읽기

표현
feather 깃털
sunbathe 일광욕을 하다
bathe 목욕하다

해석
01 깃털만큼 가벼운 가죽
02 이런 날씨에는, 그들은 오히려 일광욕을 할 거야.
03 여기 이런 것들 말고, 저기 저런 것들 알여.
04 헤더의 어머니는 루터의 할머니이다.
05 어머니의 일은 아버지의 일보다 힘들다.
06 여기서 숨을 들이쉬고, 저기서 숨을 내쉬고.
07 목욕, 목욕하다, 숨, 숨 쉬다
08 이것을 이것들로 가져오고, 저것을 저것들에서 가져가.
09 그들은 결혼한 날에 죽었다.
10 아버지와 어머니를 너의 형들과 함께 데리고와.

정답
01 In this weather, they would rather sunbathe.
02 Not these things here but those things there.
03 Bring your father and mother together with your brothers.

Step 01   짧은 이야기를 읽으며 [ð] 발음을 연습해 보세요.

1회☐ 2회☐ 3회☐ 4회☐ 5회☐

🔔 이렇게 해보세요!

1회 | 오디오 들어보기

2회 | 오디오를 들으며 한 문장 씩 따라읽기

3회 | 자신의 목소리를 녹음하면 서 혼자 읽어보기

4, 5회 | 오디오를 들으며 네이티 브와 거의 동시에 읽어보기

Mother Sleeps, Forever

Hea**th**er and her sister tried to forget **the** day **th**eir mo**th**er died. It was late in **the** afternoon. **Th**eir mo**th**er was sunba**th**ing and **th**eir father was cooking one of **the** dishes **th**eir mo**th**er loved. When dinner was ready, **th**eir father waited for **th**eir mo**th**er to wake up. But, **th**eir mo**th**er didn't.

- forget에서 -o-는 [ə]로 약하게 발음해요. 강세가 뒤의 -e-에 있기 때문에 앞에 있는 모음 -o-는 자연스럽게 약화된 것이죠.
- wake up은 한 단어처럼 이어서 [weik∧p]으로 발음하세요. break up(헤어지다), take up(공간을 차지하다) 등과 같이 발음이 [k]로 끝나는 단어와 up이 만나면 이 렇게 [-k∧p]으로 한 단어처럼 발음된답니다.
- didn't처럼 단어가 n 다음에 -t로 끝나는 경우엔 대부분 -t 발음이 생략되죠.

 표현

the day their mother died (그들의) 어머니가 죽은 날

late in the afternoon 늦은 오후

dish 음식, 요리

wait for + 사람 + to + 동사원 형 ∼가 …하기를 기다리다

wake up (잠든 상태나 혼수상태 등에서) 깨어나다

their mother didn't 뒤에 wake up이 생략된 것으로 '어머니 는 깨어나지 않았다'는 의미

 해석

어머니, 영원히 잠들다

헤더와 여동생은 어머니가 죽은 날 을 잊으려고 애써 노력했다. 늦은 오 후였다. 어머니는 일광욕을 하고 있 었고, 아버지는 어머니가 좋아했던 음식을 요리하고 있었다. 저녁 준비 가 다 되자 아버지는 어머니가 깨어 나기를 기다렸다. 그러나 어머니는 깨어나지 않았다.

    [ ] and her sister tried to forget the [ ]

[ ] [ ] died. It was late in the afternoon.

[ ] [ ] was [ ] and [ ]

[ ] was cooking one of the dishes [ ]

[ ] loved. When dinner was ready, [ ]

[ ] waited for [ ] [ ] to wake up.

But, [ ] [ ] didn't.

01 ....

02 ....

03 ....

Step 02 정답

Step 01의 지문을 참조하세요.

Step 03 정답

01 Heather and her sister tried to forget the day their mother died.

02 Their mother was sunbathing.

03 Their father waited for their mother to wake up.

🗣 **한마디더!** ▶ mother나 murder나 그것이 문제로다!　••••••••••••••••••••••••••••••

mother[mʌ́ðər]를 우리말 [머더]로 발음해버리는 경우가 많은데요, 이렇게 말해버리면 자칫
murder[mə́ːrdər]란 단어로 잘못 들릴 수 있어요. '엄마'가 갑자기 '살인'으로 변해버리니, [ð]
발음을 제대로 하지 않으면 곤란한 경우가 많이 생기겠죠? th 울림소리 [ð] 발음 역시 우리말에
없는 소리예요. 네이티브처럼 편하게 [ð] 발음을 할 수 있을 때까지 계속 반복해서 연습하세요.

휴대폰 진동음을 닮은 [z] 발음!

주머니에 넣어둔 휴대폰에 진동음이 울리면 몸도 함께 진동합니다. 이때 휴대폰의 zzz-하는 진동음이 바로 오늘 훈련할 [z] 발음이에요. 휴대폰의 진동음이 어떤 원리로 울리는 건지 알 필요는 없어도, 영어의 [z] 발음은 어떤 원리로 울리는 것인지 요령을 알아두세요. 제대로 된 요령에 따라 훈련을 하면 네이티브도 울고 갈 real [z] 발음을 할 수 있게 될 테니까요.

[z] 발음은 이렇게!

❶ 우선 [θ] 발음을 한번 해볼까요? 혀를 살짝 내밀고 윗니를 혀 위에 올려둔 채 길게 바람을 내보내면 되죠.

❷ [θ] 발음을 계속하면서 혀를 윗니 뒤쪽으로 가져와 보세요. 이때 혀끝이 윗니에 닿지 않도록 하구요. 그러면 [θ] 발음이 [s]로 변한 게 느껴질 거예요.

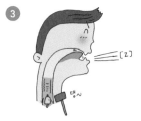

❸ 이 상태에서 성대를 울려 진동만 추가해주면 [s] 발음이 자연스럽게 [z]로 변해요.

[θ]와 [s] 발음 요령에 성대를 울려 진동만 더해주면 [ð], [z] 발음이 되네요. 그런데 의식적으로 목의 성대를 울리려고 하니 쉽게 잘 되질 않죠? 그래서 앞서 소개한 울림소리를 만드는 요령을 알아두는 게 중요하답니다.

[θ] 발음에서 혀를 윗니 뒤쪽으로 조금만 빼면 [s] 발음이 만들어지고, 여기에서 입술을 떨면서 진동을 더해주면 [z] 발음이 됩니다. 즉, [s] 발음에 진동을 더해 울림소리를 만들어주면 그것이 바로 [z] 발음이에요. 너무 쉽죠?

🎧 07-1.mp3 / 07-2.mp3   07-1.wmv

Step 01　[s]에 진동이 더해진 [z] 발음에 주의해서 다음 단어들을 읽어보세요.

1회 ☐　2회 ☐　3회 ☐　4회 ☐　5회 ☐

😊 이렇게 해보세요!
1회 | 오디오 들어보기
2회 | 오디오 듣고 따라읽기
3회 | 자신의 목소리를 녹음하면서 혼자 읽어보기
4, 5회 | 단어를 보지 않고 오디오만 듣고 따라읽기

01	zigzag	02	zip code
03	zipper	04	zero
05	zone	06	zoo
07	buzz	08	cheese
09	close	10	eyes
11	freeze	12	keys
13	noise	14	nose
15	phase	16	rise
17	rose	18	shoes
19	sneeze	20	use

· ¹⁰eyes, ¹²keys, ¹⁸shoes에서 복수형 접미사 -(e)s는 모두 [z]로 발음됩니다. 나온 김에 -(e)s의 발음을 간단히 정리해 보도록 하죠.

유형	명사의 마지막 발음	-(e)s 발음	예
❶	[p], [f], [k], [t]	[s]	zips
❷	[s], [z], [ʃ], [tʃ], [dʒ]	[is]	cases
❸	그 이외	[z]	shoes

Step 02　오디오를 듣고 따라읽으며 단어를 써보세요.

01	....	02	....
03	....	04	....
05	....	06	....

 **발음훈련 02 : 문장 소리내기** 🎧 07-3.mp3 / 07-4.mp3 07-2.wmv

Step 01 텅 트위스터로 문장 속에서 [z] 발음을 익혀보세요.

1회 ☐ 2회 ☐ 3회 ☐ 4회 ☐ 5회 ☐

01 As busy and dizzy as bees

02 Busy bees, crazy kids, easy quiz

03 Zizzi's zippy zipper zips.

04 Despite Hazel's zest, she got zero in the test.

05 Zane zigzagged through the zoo zone.

06 Jane gazed at Zane's gauge.

07 Zachary's zenith zones on the zodiac and Zen

08 The zoo's zealous zebra zigzags like Zeus.

09 A zany zebra zipped a zillion zippers.

10 Zoom in and zoom out like zombie's eyes.

· ⁰¹dizzy의 -zz-처럼 같은 자음이 두 개 연속으로 나오면 한 번만 발음하면 되죠.

· ⁰³zips에서 단어 끝 -s를 발음할 때 [으] 소리를 넣지 않도록 주의하세요.

· ⁰⁸Zeus는 우리말로는 '제우스'로 알려져 있지만, 실제 영어 발음은 [zuːs]예요. -eu-를 [uː]로 길게 발음하는 것에 유의하세요.

Step 02 오디오를 듣고 따라읽으며 문장을 써보세요.

01 _____

02 _____

03 _____

이렇게 해보세요!

1회 | 오디오 들어보기

2회 | 오디오 듣고 따라읽기

3회 | 자신의 목소리를 녹음하면서 혼자 읽어보기

4. 5회 | 문장을 보지 않고 오디오만 듣고 따라읽기

표현

zippy 재빠른

zip 재빨리 움직이다

zest 열정

gaze at ~을 응시하다

gauge 측정기

zenith 최정상

zodiac (sign) 별자리

Zen 선(불교 용어)

zany 엉뚱한

zoom in (줌 렌즈를 써서 피사체를 확대하다(↔ zoom out)

Step 03 해석

01 별만큼 바쁘고 어지러운

02 분주한 벌들, 열광하는 아이들, 쉬운 퀴즈

03 지지의 재빠른 지퍼가 재빨리 움직인다.

04 헤이젤은 열정적으로 공부했지만 테스트에서 0점을 받았어.

05 제인이 동물원 구역을 지그재그로 돌아다녔다.

06 제인(Jane)이 제인(Zane)의 측정기를 지켜봤다.

07 별자리와 선에서 재커리의 최정상 자리

08 동물원의 열성적인 얼룩말이 제우스처럼 지그재그로 달렸다.

09 엉뚱한 얼룩말이 수없이 많은 지퍼를 잠갔다.

10 좀비의 눈처럼 줌인하고 줌아웃해라.

Step 02 정답

01 As busy and dizzy as bees.

02 Jane gazed at Zane's gauge.

03 Zoom in and zoom out like zombie's eyes.

Step 01 짧은 이야기를 읽으며 [z] 발음을 연습해 보세요.

1회☐ 2회☐ 3회☐ 4회☐ 5회☐

Struggles with Z

My kids struggled with the Z sound, so I put many words with the Z sound in them on the wall. Buzz, fizz, zoo, and zebra. Whenever my kids said the words properly, I gave them cheesecakes and fizzy drinks for a prize. Even after mastering the sound, they still buzzed around the house making Z sounds like bees.

이렇게 해보세요!

1회|오디오 들어보기

2회|오디오를 들으며 한 문장 씩 따라읽기

3회|자신의 목소리를 녹음하면 서 혼자 읽어보기

4, 5회|오디오를 들으며 네이티 브와 거의 동시에 읽어보기

· Z 발음은 [zi:]입니다. [i:]는 음의 높낮이가 다른 [이] 두 개를 자연스럽게 이어서 발음하면 되죠.

· cheesecakes에서 -k-[k] 발음 다음에 이어지는 복수 접미사 -es는 [s]로 발음해요.

· for a는 약하게 [fərə]로 자연스럽게 이어서 발음하세요. for를 너무 강하게 발음하면 four로 잘못 알아들을 수 있어요.

· after의 -ft-[ft]처럼 자음이 두 개 연속으로 나올 때 중간에 [으] 소리를 넣지 않도록 주의하세요. *ex.* gift 선물 left 남겨진 shift 이동하다

· still의 -i-는 [이]를 짧게 발음합니다. steel의 -ee-[i:]와 구별해서 발음해 보세요.

· sound에 복수 접미사 -s가 붙어 sounds가 되면 -d-의 발음은 생략되고, -s는 [z]로 발음됩니다.

표현

struggle with ~로 힘들어 하다[애를 먹다]

fizzy (drinks) 탄산음료 *cf.* fizzy wine 샴페인

zebra 얼룩말

for a prize 상으로

buzz around (시끄럽게) 이리저 리 돌아다니다

making Z sounds Z 소리를 내면서

like bees 벌처럼

해석

너무나 힘겨운 Z 발음

제 아이들은 Z 발음을 힘들어 했어 요. 그래서 Z 발음이 있는 단어들을 벽에 많이 붙여두었죠. buzz, fizz, zoo, 그리고 zebra를요. 아이들이 단어들을 제대로 말할 때마다 상으 로 치즈케익과 탄산음료를 줬어요. 아이들은 Z 발음을 다 익힌 후에도 Z 소리를 내면서 여전히 집안을 이 리저리 돌아다녔어요. 벌이 날 때 나는 Z 소리를 내면서 말이죠.

My ☐ struggled with the ☐ sound, so I put many ☐ with the ☐ sound in them on the wall. ☐, ☐, ☐, and ☐. Whenever my ☐ said the ☐ properly, I gave them ☐ and ☐ drinks for a ☐. Even after mastering the sound, they still ☐ around the house making ☐ ☐ like ☐.

01 ....

02 ....

03 ....

정답

Step 01의 지문을 참조하세요.

정답

01 Buzz, fizz, zoo, and zebra.

02 I gave them cheesecakes and fizzy drinks for a prize.

03 They still buzzed around the house making Z sounds like bees.

🐸 한마디더! ▶ 이제 사진 찍을 땐 [치-즈]가 아니라 [치-Z]하세요! ·····················

"벌 한 마리가 제 eyes 앞에서 buzz거리면서 방 안을 zigzag 날아다니다 제 nose에 앉았어요. '에츄~'하고 sneeze했더니 다시 buzz거리면서 날아가 cheese에 앉네요." [z] 발음 연습용으로 간단하게 만든 이야기에요. 발음 연습하면서 지루해지면 소리 내서 읽어보세요. 아참, 디카로 사진 찍을 때도 [z] 발음을 정확히 해주며 cheese하는 거 잊지 말구요. 덧붙여, 우리말 [ㅈ]는 영어의 [dʒ] 발음입니다. 주로 j나 g 스펠링에 있는 발음인데요, [z]랑은 완전히 다른 발음이죠. 이제 두 발음을 명확히 구분하세요.

[ʃ], [ʒ] 발음 집중 훈련

뽀뽀하듯 입술을 쭉 내밀면서 내는 소리 [ʃ]!

동영상을 보면서
따라해 보세요

'쉬~~'라고 알고 있던 [ʃ]도, '쥐~~'로 발음하던 [ʒ]도 알고 보면 [s], [z] 발음과 한끝 차이라는 사실! 알고 보면 별것 없는 두 발음도 요령을 모르면 무작정 우리말 '쉬~', '쥐~'로 발음하게 되는데요. 그렇다면 어떻게 발음해야 진정한 영어의 [ʃ], [ʒ] 발음이 되는 걸까요? 이제 그 진실을 알려 드립니다.

[ʃ], [ʒ] 발음은 이렇게!

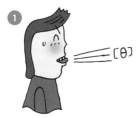

①

먼저 [θ] 발음에서 출발해 봅니다.

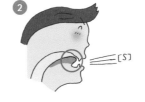

②

[θ] 발음을 계속하면서 혀를 윗니 뒤쪽으로 빼면 [s] 발음으로 변한다고 했어요.

③

[s] 발음을 길게 하면서 혀끝을 조금 더 입안으로 당겨보세요. 그러면 [s]가 [ʃ] 발음으로 변한답니다.

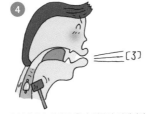

④

이 상태에서 성대를 울려 진동이 더해지면 [ʒ] 발음이 되는 거죠.

[s] 발음을 하면서 혀끝을 입 안으로 계속 당기다 보면 어느 지점에서 우리말 [쉬]와 비슷한 소리가 날 거예요. 그때 그 느낌을 잘 기억해 두세요.

[s] 발음에서 [ʃ] 발음을 만들려면 혀끝을 얼마나 입안으로 당겨야 할까요? 정답은 발음이 우리말 [쉬]와 비슷한 소리가 날 때까지입니다. 중요한 것은 [ʃ] 발음을 하려고 일부러 우리말 [쉬]로 소리 내지 않는 거예요. 혀끝의 위치를 정확하게 두고 바람만 길게 내면 자동으로 [ʃ] 발음이 되니까요. [ʒ] 발음은 [ʃ]에 진동만 더하면 되죠.

🎧 08-1.mp3 / 08-2.mp3

DVD 08-1.wmv

Step 01 [ʃ]와 [ʒ] 발음에 주의해서 다음 단어들을 읽어보세요.

1회☐ 2회☐ 3회☐ 4회☐ 5회☐

01	ash	02	cash
03	crash	04	dish
05	finish	06	share
07	she	08	sheet
09	shell	10	shirt
11	closure	12	confusion
13	illusion	14	leisure
15	measure	16	occasion
17	pleasure	18	seizure
19	television	20	treasure

이렇게 해보세요!

1회│오디오 들어보기

2회│오디오 듣고 따라읽기

3회│자신의 목소리를 녹음하면서 혼자 읽어보기

4, 5회│단어를 보지 않고 오디오만 듣고 따라읽기

· 대개 sh 스펠링은 [ʃ]로, -sure/zure나 -sion에서 -s/z- 스펠링은 [ʒ]로 발음돼요.

· 08sheet의 -ee-를 짧게 발음하면 shit(똥, 욕설)으로 들리게 되죠. 아주 조심해서 발음해야겠네요.

· 14leisure의 -ei-는 [iː]로 길게 발음합니다. 우리말식으로 '레저'라고 발음하면 안 돼요!

· 19television은 첫 번째 -e-에 강세가 있어요. -tion, -sion으로 끝나는 단어는 -tion, -sion 바로 앞에 강세가 오는 것이 원칙이지만 television은 예외이죠.

Step 02 오디오를 듣고 따라읽으며 단어를 써보세요.

01	....	02	....
03	....	04	....
05	....	06	....

Step 01 해석

01	재	02	현금
03	충돌	04	접시, 음식
05	끝내다	06	나누다
07	그녀		
08	시트, 종이 한 장		
09	조개	10	셔츠
11	폐쇄, 종료	12	혼란
13	환상	14	여가
15	측정	16	경우, 때
17	기쁨, 즐거움	18	심장발작
19	TV	20	보물

Step 02 정답

01	illusion	02	shirt
03	seizure	04	sheet
05	ash	06	leisure

Step 01   텅 트위스터로 문장 속에서 [ʃ] 발음을 익혀보세요.

1회 ☐   2회 ☐   3회 ☐   4회 ☐   5회 ☐

01   Six sick **sh**eep

02   Selfi**sh sh**arks sell **sh**ut **sh**ellfi**sh**.

03   Six **sh**y **sh**avers **sh**eared six **sh**y **sh**eep.

04   **Sh**e sells sea**sh**ells by the sea**sh**ore.

05   **Sh**e sits in her slip and sips **Sch**litz.

06   The sun **sh**ines on **sh**op signs.

07   Something is **s**urely fi**sh**y in this city.

08   Sally is a **sh**eet slitter; **sh**e slits **sh**eets.

09   **Sh**erman **sh**ops at cheap chop suey **sh**ops.

10   **S**ean was seasick selling sea**sh**ells in **sh**allow **sh**oals.

· ⁰³shear의 -ea-는 [iə]로 발음합니다. [이]를 길게 발음하지 않도록 주의하세요.

· ⁰⁵Schlitz에서 처음의 [ʃ]와 [l] 발음이 이어질 때 모음 [으]를 섞지 않도록 하세요.

· ⁰⁹Sherman의 -man[mən]을 [mæn]으로 발음하지 않도록 주의하세요. 또한 chop suey에서 suey는 [súːi]로 발음된답니다.

Step 02   오디오를 듣고 따라읽으며 문장을 써보세요.

01   ....

02   ....

03   ....

이렇게 해보세요!

1회 | 오디오 들어보기

2회 | 오디오 듣고 따라읽기

3회 | 자신의 목소리를 녹음하면서 혼자 읽어보기

4, 5회 | 문장을 보지 않고 오디오만 듣고 따라읽기

표현

shaver 털을 깎는 사람

shear 양 등의 털을 깎다

sip 홀짝거리다

Schlitz 맥주 상표 중 하나

fishy 수상한

slitter 찢는 사람

slit 찢다

chop suey 야채와 고기를 섞은 중국 요리

seasick 뱃멀미를 하는

shoal 여울

Step 01 해석

01 병든 양 여섯 마리

02 이기적인 상어들이 입을 다물고 있는 조개를 판다.

03 수줍은 양털 깎기 여섯 명이 수줍은 양 여섯 마리의 털을 깎고 있다.

04 그녀는 해변에서 조개를 판다.

05 그녀는 슬립을 입고 앉아서 슐리츠 맥주를 홀짝거리며 마신다.

06 해가 가게 간판을 내리쬔다.

07 이 도시에는 분명 뭔가가 수상해.

08 샐리는 시트를 찢는 사람이야. 샐리는 시트를 찢어.

09 셔먼은 싸구려 잡채를 파는 곳에서 사.

10 숀은 얕은 여울에서 조개를 팔다가 뱃멀미가 났어.

Step 02 정답

01 She sells seashells by the seashore.

02 The sun shines on shop signs.

03 Something is surely fishy in this city.

 짧은 이야기를 읽으며 [ʃ] 발음을 연습해 보세요.

1회 ☐ 2회 ☐ 3회 ☐ 4회 ☐ 5회 ☐

Sally and Sean

Sally and **S**ean often collected
sea**sh**ells together by the
Celtic sea**sh**ore. One day,
Sean went to the sea**sh**ore by
himself and got caught in a
sudden **sh**ower. His **sh**irt and

shoes were soaked in the **sh**ower. He looked around
and a **sh**abby **sh**ack caught his attention. He ru**sh**ed
into the **sh**ack but found nothing inside to keep
him warm. "I wi**sh** I were with Sally now," he said,
shivering in the cold.

· Sean의 S-는 [ʃ]로 발음합니다. 스펠링에 속지 마세요.
· Celtic의 -C-는 [k]로도 발음할 수 있고 [s]로도 발음할 수 있어요.
· went to처럼 같은 자음이 연속해서 오면 한 번만 발음하면 되죠. 보통 앞에 오는 자음이 생략된답니다. to는 [t] 정도로만 약하게 발음하면 되고요.
· soaked나 looked처럼 [k] 발음 다음에 오는 -ed는 [t]로 발음하세요.
· caught의 -au-는 [ɔː]로 발음하는 것에 주의하세요.
· warm의 -a-도 [ɔː]로 발음합니다. 영어의 모음은 스펠링과 발음이 다른 경우가 아주 흔해서 주의해야 해요.

이렇게 해보세요!
1회 | 오디오 들어보기
2회 | 오디오를 들으며 한 문장씩 따라읽기
3회 | 자신의 목소리를 녹음하면서 혼자 읽어보기
4, 5회 | 오디오를 들으며 네이티브와 거의 동시에 읽어보기

표현
collect seashells 조개를 줍다
by oneself 혼자서
get caught in a sudden shower 갑작스런 소나기를 만나다
soak 흠뻑 젖다
shabby shack 헛간
rush into ~로 달려가다
I wish I were 내가 ~라면(현재 불가능한 일을 가정할 때 쓰는 표현으로, I was가 아니라 I were로 쓰는 것이 원칙)

해석
샐리와 숀
샐리와 숀은 켈틱해 주변에서 종종 같이 조개를 주웠다. 어느 날, 숀은 혼자서 바닷가로 나갔다가 갑작스런 소나기를 만났다. 숀의 셔츠와 신발은 소나기에 흠뻑 젖었다. 숀은 주변을 둘러보다가 허름한 헛간 하나가 눈에 들어왔다. 그는 헛간으로 달렸다. 하지만, 헛간 안에서 몸을 따뜻하게 할 아무것도 찾지 못했다. "지금 샐리랑 함께 있다면." 그는 추위에 떨면서 말했다.

Sally and ☐ often collected ☐ together by the Celtic ☐. One day, ☐ went to the ☐ by himself and got caught in a sudden ☐. His ☐ and ☐ were soaked in the ☐. He looked around and a ☐ ☐ caught his attention. He ☐ into the ☐ but found nothing inside to keep him warm. "I ☐ I were with Sally now," he said, ☐ in the cold.

01 ....

02 ....

03 ....

Step 02 정답

Step 01의 지문을 참조하세요.

Step 03 정답

01 Sean got caught in a sudden shower.

02 His shirt and shoes were soaked in the shower.

03 A shabby shack caught his attention.

한마디더! ▶ 세상의 모든 모음은 울림소리이다! ●●●●●●●●●●●●●●●●●

이유는 잘 모르겠지만 아기가 소변을 볼 때 엄마들이 옆에서 '쉬~~'라고 하죠. 이때 '쉬~' 소리는 [ʃ]와는 다릅니다. [쉬]는 자음과 모음이 합쳐진 소리이지만 [ʃ]는 순수한 자음이거든요. 두 손으로 귀를 막고 [쉬]와 [ʃ]를 번갈아 발음해 보세요. 세상의 모든 모음은 울림소리이기 때문에 자음과 모음이 합쳐진 [쉬]를 발음하면 손바닥에 진동이 울리는 게 느껴질 거예요. 하지만 순수 자음인 [ʃ]를 발음할 땐 진동이 느껴지질 않죠.

둥글게 둥글게!
제대로 혀를 '굴리는' 소리 [r]!

동영상을 보며 따라해 보세요

[l] 발음과 더불어 힘든 발음으로 유명한 [r] 발음입니다. 이 두 발음만 잘해도 폼 나는 영어가 되죠. 그런데 그렇게도 잘 안 되던 [r] 발음의 비밀이 바로 여러분 손가락 끝에 있었답니다. 헐~ 정말이냐구요? 손바닥을 보면서 천천히 주먹을 쥐어보세요. 그러면 손가락 끝이 동그랗게 말리면서 주먹이 쥐어집니다. 혀끝이 이렇게 동그랗게 말리는 발음이 바로 [r] 발음이죠.

[r] 발음은 이렇게!

①

입을 벌리고 편안하게 [아]~ 소리를 길게 냅니다.

②

[아] 소리를 계속 내면서 혀끝을 아주 살짝만 입 안으로 말아보세요. [아]가 [r] 소리로 바뀌는 게 느껴질 거예요. [r] 발음이 단어 중간이나 끝에 올 때의 혀 모양이죠.

③

계속해서 혀끝을 입 안 중앙까지 말아보세요. [r] 발음이 더욱 깊게 나죠? 단어 처음이 [r] 발음으로 시작될 때 이런 혀 모양이 된답니다.

④

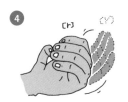

혀를 말듯 손가락 끝을 말아보면서 [r] 발음의 원리를 다시 한 번 확인해 볼까요?

 Tip

[아]~ 소리 대신 there, here와 같은 단어들은 [어]~로 시작해서 혀끝을 구부리면 [r] 발음이 됩니다. 처음에 [아], [어] 소리를 길게 내는 것은 [r] 발음을 처음 연습할 때 발음요령을 쉽게 익히기 위해서일 뿐이죠. 실제로 발음할 때는 [아], [어] 소리를 내지 않도록 하세요.

careful이나 water처럼 [r] 발음이 단어 중간이나 끝에 오는 경우엔 혀끝을 조금만 말아도 되지만, red처럼 [r] 발음이 단어 첫 소리로 오는 경우에는 혀끝을 입 안 중간까지 말아야 해요. 이때 혀끝이 입 안 어디에도 닿지 않아야 한답니다.

발음훈련 01 : 단어 소리내기

🎧 09-1.mp3 / 09-2.mp3

Step 01 혀끝을 말아 넣는 [r] 발음에 주의해서 다음 단어들을 읽어보세요.

1회 ☐ 2회 ☐ 3회 ☐ 4회 ☐ 5회 ☐

01 are	02 barely
03 careful	04 rarely
05 girl	06 learning
07 leather	08 library
09 mother	10 there
11 rail	12 rain
13 rate	14 red
15 reading	16 really
17 receipt	18 regular
19 relation	20 reward

🐶 이렇게 해보세요!

1회 | 오디오 들어보기

2회 | 오디오 듣고 따라읽기

3회 | 자신의 목소리를 녹음하면서 혼자 읽어보기

4, 5회 | 단어를 보지 않고 오디오만 듣고 따라읽기

· ⁰¹are는 [아]를 길게 발음하다가 혀끝을 살짝 구부리면 됩니다.

· ⁰²barely[béərli]와 ⁰⁴rarely[réərli]의 -rely는 [r] 다음에 바로 [l] 발음이 이어져 다소 어려울 수 있습니다. 이때 [r]은 소극적으로 아주 살짝만 입 안으로 말아 넣었다가 재빨리 혀끝을 윗니 뒤쪽 잇몸에 갖다대면서 [l]을 발음하세요.

· ⁰⁵girl 역시 [r] 다음에 [l]이 바로 이어지는 발음이네요. barely의 [r]은 비교적 소극적으로 발음했지만, girl의 [r]은 적극적으로 혀끝을 말아주세요.

Step 01 해석

01 ~이다	02 겨우, 간신히
03 조심스런	04 드물게
05 소녀	06 배움
07 가죽	08 도서관
09 어머니	10 거기
11 레일, 철도	12 비
13 비율	14 붉은
15 읽기	16 정말로
17 영수증	18 규칙적인
19 관계	20 보상

Step 02 오디오를 듣고 따라읽으며 단어를 써보세요.

01 .... 02 ....

03 .... 04 ....

05 .... 06 ....

Step 02 정답

01 learning	02 regular
03 rarely	04 reward
05 rate	06 library

 **발음훈련 02 : 문장 소리내기**

🎧 09-3.mp3 / 09-4.mp3

Step 01 텅 트위스터로 문장 속에서 [r] 발음을 익혀보세요.

1회 ☐ 2회 ☐ 3회 ☐ 4회 ☐ 5회 ☐

01 **Rolling red wagons**

02 **Red lorry, yellow lorry**

03 **Raise Ruth's red roof.**

04 **Really weird rear wheels**

05 **Really leery, rarely Larry**

06 **Rex wrecks wet rocks.**

07 **Round and round the ragged rascal ran.**

08 **Roland rode in a Rolls-Royce.**

09 **Are you really ready, Raleigh?**

10 **Real rock wall, real rock wall, real rock wall**

· ⁰⁴rear는 첫 소리 [r] 발음과 단어 끝 [r] 발음이 함께 있어 [r] 발음 연습에 딱 좋은 단어죠. 첫 소리 [r] 발음은 혀끝을 입 안 중간까지 확실히 말아서 소리 내세요.

· ⁰⁷Round and round에서 Round and은 자연스럽게 이어서 발음하세요. 이때 and의 -d는 발음이 생략됩니다.

· ¹⁰real의 경우 첫소리인 [r]과 끝소리인 [l]을 잘 구분해서 발음해야겠죠?

Step 02 오디오를 듣고 따라읽으며 문장을 써보세요.

01 ....

02 ....

03 ....

이렇게 해보세요!

1회 | 오디오 들어보기

2회 | 오디오 듣고 따라읽기

3회 | 자신의 목소리를 녹음하면서 혼자 읽어보기

4. 5회 | 문장을 보지 않고 오디오만 듣고 따라읽기

표현

wagon 마차
lorry 트럭
weird 이상한
leery 미심쩍은
wreck 부수다
ragged 누더기를 입은
rascal 악동

해석

01 굴러가고 있는 붉은색 마차들

02 붉은색 트럭, 노란색 트럭

03 루쓰의 붉은색 지붕을 올려.

04 정말 이상한 뒷바퀴들

05 정말 미심쩍은, 드문 래리

06 렉스가 젖은 바위를 부순다.

07 빙글빙글 누더기를 걸친 악동이 달렸다.

08 롤랜드가 롤스 로이스에 탔다.

09 롤리, 정말 준비가 된 거야?

10 진짜 바위 벽, 진짜 바위 벽, 진짜 바위 벽

정답

01 Raise Ruth's red roof.

02 Rex wrecks wet rocks.

03 Roland rode in a Rolls-Royce.

Step 01　짧은 이야기를 읽으며 [r] 발음을 연습해 보세요.

1회 ☐　2회 ☐　3회 ☐　4회 ☐　5회 ☐

🎧 이렇게 해보세요!

1회 | 오디오 들어보기

2회 | 오디오를 들으며 한 문장씩 따라읽기

3회 | 자신의 목소리를 녹음하면서 혼자 읽어보기

4, 5회 | 오디오를 들으며 네이티브와 거의 동시에 읽어보기

Dung Ball Rolling Race

We have one hundred forty-four dung beetles for this year's Dung Ball Rolling Race. These beetles came to join the race from all over the world except Antarctica. Moose took the honor to be the dung ball provider for the race. The beetles are going to roll the dung balls for twenty-four yards and bury them underground. During the race, referees have to keep the racers from eating the dung balls. Whoever reaches the finish line first will be declared the winner. Now, let's start rolling the dung balls!

· beetles의 -t-는 battle(전투), bottle(병)처럼 약한 [d] 또는 [r]로 발음해 보세요. 발음하기가 훨씬 편해집니다.

· bury[béri]의 발음은 very[véri]와는 한끝 차이입니다. -u-의 발음이 스펠링과는 달리 [e]이죠.

· eating의 -t-는 eat과 달리 앞뒤 모음의 영향으로 약한 [d] 또는 [r]로 발음이 순화됩니다.

· first에서 -rst처럼 자음만 연속적으로 오는 경우에 각각의 자음 빌음을 발음 요령에 따라 충실히 해주세요. 있지도 않은 모음 [으]를 섞으면 안 된답니다.

표현

dung beetle 쇠똥구리

Dung Ball Rolling Race 쇠똥 굴리기 대회

Antarctica 남극 대륙(쇠똥구리는 남극 대륙에는 없음)

moose 무스(사슴 종류)

take the honor to be ~가 되는 영광을 안다

yard 야드(길이 단위로 1야드는 약 0.90미터)

bury ~을 땅에 묻다

referee 심판

해석

쇠똥 굴리기 대회

올해 쇠똥 굴리기 대회에는 쇠똥구리 144마리가 참가했습니다. 남극 대륙을 제외한 세계 모든 곳에서 쇠똥구리들이 경기에 참여하려고 모였어요. 무스가 경기를 위한 쇠똥을 제공하는 명예를 안았습니다. 쇠똥구리들은 쇠똥을 약 240야드 굴린 다음 땅에 묻습니다. 경기가 진행되는 동안 심판들은 쇠똥구리들이 쇠똥을 먹지 않도록 해야 합니다. 누구든 결승점에 먼저 도착하는 쇠똥구리가 승자가 될 것입니다. 이제 쇠똥 굴리기 대회를 시작하겠습니다.

We have one ☐ ☐ dung beetles for this ☐ Dung Ball ☐ ☐. These beetles came to join the ☐ ☐ all ☐ the ☐ except ☐. Moose took the ☐ to be the dung ball ☐ ☐ the ☐. The beetles ☐ going to ☐ the dung balls for ☐ ☐ and ☐ them ☐. ☐ the ☐, ☐ have to keep the ☐ ☐ eating the dung balls. ☐ ☐ the finish line ☐ will be ☐ the ☐. Now, let's ☐ ☐ the dung balls!

Step 03 오디오를 듣고 따라읽으며 문장을 써보세요.

01 ....

02 ....

03 ....

Step 02 정답

Step 01의 지문을 참조하세요.

Step 03 정답

01 Moose took the honor to be the dung ball provider for the race.

02 Referees have to keep the racers from eating the dung balls.

03 Whoever reaches the finish line first will be declared the winner.

🐘 **한마디더!** ▶ 네이티브의 강약 리듬까지 카피하세요! ●●●●●●●●●●●●●●●●●●●●●●●●●

우리말에 없는 [f]와 [r] 발음 등을 잘할 수 있다고 해서 referee 같은 단어를 영어답게 발음할 수 있는 건 아니죠. 이 단어의 강약까지 제대로 살려줘야 비로소 영어다운 소리가 나오는데요. referee처럼 -ee로 끝나는 단어는 대개 -ee에 강세가 온답니다. 그래서 [rèfərí:]라고 발음되죠. -ee에 제1강세가 가고 re-에 제2강세가 가다 보니 상대적으로 -fer-의 -e-는 약모음 [ə]로 발음되는 거랍니다. 이와 같은 단어의 강약 리듬은 Part 3에서 '모나리자 훈련법'을 통해 집중적으로 훈련하게 되지만, 지금 발음 훈련을 하는 동안에도 네이티브가 말하는 강약 리듬까지 그대로 카피해 따라해보는 습관을 들이세요.

혀를 윗잇몸에 대고 ⌣ 모양으로 만드는 [l]!

동영상을 보며 따라해 보세요

영어에 Read my lips!라는 표현이 있습니다. 글자 그대로 해석하면 '내 입술을 읽어봐!'이지만, 실제로는 '내 말 잘 들어!'란 의미로 쓰이죠. 입술을 잘 보고 있으면 무슨 말을 하는지 알 수 있을 테니까요. 그러나 이번에 연습할 [l] 발음은 입술만 봐서는 발음 요령을 알 수가 없답니다. [l] 발음의 비밀은 혀끝과 혀 모양에 있거든요. [l] 발음의 비밀, 지금부터 함께 알아보죠.

[l] 발음은 이렇게!

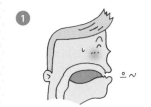

① 편안하게 입을 살짝 벌리고 [으]~ 소리를 길게 냅니다.

② [으] 소리를 계속 내면서 혀끝을 윗니 뒤쪽 잇몸 시작하는 곳에 두세요. [으]가 [l] 소리로 바뀌는 게 느껴질 거예요.

③ 이때 혀를 잇몸에 꽉 대고 ⌣ 모양으로 만들어 보세요. 이렇게 하면 [l] 발음이 더욱 깨끗하게 난답니다.

[l] 발음을 연습할 때 [으] 소리를 내는 것은 [l] 발음을 만들기 위한 준비 동작입니다. 실제로 [l] 발음을 할 때는 [으] 소리를 내지 않도록 하세요.

[l] 발음의 핵심은 혀끝 위치와 혀 모양입니다. 혀끝 위치는 윗니 뒤쪽 잇몸이 시작하는 곳이고, 혀 모양은 ⌣처럼 아래에서 위로 올라오는 듯한 모습이죠. [r] 발음을 할 때는 혀끝이 입 안 어디에도 닿아선 안 된다고 말씀드렸죠. 혀끝이 입 안에 닿으면 [l]과 [r]이 섞인 발음이 되어버리기 때문입니다.

Step 01 [l] 발음의 혀끝 위치에 주의해서 다음 단어들을 읽어보세요.

1회☐ 2회☐ 3회☐ 4회☐ 5회☐

01	land	02	language
03	late	04	law
05	learning	06	letter
07	limit	08	love
09	film	10	floor
11	general	12	girly
13	ill	14	milk
15	military	16	nail
17	natural	18	parallel
19	relation	20	roll

이렇게 해보세요!

1회 오디오 들어보기

2회 오디오 듣고 따라읽기

3회 자신의 목소리를 녹음하면서 혼자 읽어보기

4, 5회 단어를 보지 않고 오디오만 듣고 따라읽기

· ⁰⁹film은 [fil]을 먼저 발음하고, 두 입술을 다문 채 [ㅁ] 소리를 내면서 마무리하면 됩니다.

· ¹⁴milk는 [l] 발음에 주의해서 mil-을 발음한 다음, [k]는 단어 끝에 오는 파열음 요령으로 마무리합니다. [k]를 [크]로 발음하지 않도록 주의하세요.

· ¹⁸parallel에서 -rall-의 발음은 [rəl]입니다. [ə]는 [어]를 살짝, 약하게 발음하면 돼요.

해석

01 땅		02 언어	
03 늦은		04 법	
05 배움		06 편지	
07 한계		08 사랑	
09 영화, 필름		10 바닥	
11 장군, 일반적인		12 여자다운	
13 병든, 아픈		14 우유	
15 군대		16 손톱	
17 자연스러운		18 평행한	
19 관계		20 두루마리	

Step 02 오디오를 듣고 따라읽으며 단어를 써보세요.

01 ....   02 ....

03 ....   04 ....

05 ....   06 ....

정답

01 military		02 film	
03 language		04 parallel	
05 milk		06 law	

🎧 10-3.mp3 / 10-4.mp3 10-2.wmv

Step 01 텅 트위스터로 문장 속에서 [l] 발음을 익혀보세요.

1회 ☐ 2회 ☐ 3회 ☐ 4회 ☐ 5회 ☐

01 Lovely lemon liniment

02 Lucy loves lemon and lime soda.

03 A lump of red leather, a red leather lump

04 Listen to the local choir yodel.

05 Little Mike left his bike like Larry at Spike's.

06 Yellow lorry, blue lorry

07 Larry sent the latter a letter later.

08 Don't run along the wrong lane.

09 The lone lovers leave the leafy lane.

10 Lovely lilacs line Lee's lonely lane.

· ⁰¹lovely에서 -e-는 소릿값이 없답니다. -vely를 발음할 때 [으] 소리를 넣지 않도록 주의해 연습하세요.

· ⁰⁴yodel의 발음은 [jóudl]이에요. 역시 -e-는 소릿값이 없죠.

· ⁰⁸Don't에서 [n] 발음 다음에 오는 단어 끝 [t]는 발음을 생략합니다. 또한 wrong 의 w-는 발음을 하지 않는 것에 주의하세요.

Step 02 오디오를 듣고 따라읽으며 문장을 써보세요.

01 _____

02 _____

03 _____

🗣 **이렇게 해보세요!**

1회 : 오디오 들어보기

2회 : 오디오 듣고 따라읽기

3회 : 자신의 목소리를 녹음하면서 혼자 읽어보기

4. 5회 : 문장을 보지 않고 오디오만 듣고 따라읽기

표현

liniment 피부에 바르는 진통제

lime 라임(레몬 비슷하게 생긴 작은 녹색 과일)

lump 덩어리

choir 합창단

yodel 요들을 부르다

latter 후자

leafy 나뭇잎이 무성한

Step 01 해석

01 멋진 레몬 향의 바르는 약

02 루시는 레몬과 라임 소다를 아주 좋아해.

03 붉은 가죽 덩어리, 가죽의 붉은 덩어리

04 현지 주민의 요들 합창을 들어봐.

05 어린 마이크가 래리처럼 자전거를 스파이크 집에 두고 왔다.

06 노란색 트럭, 파란색 트럭

07 래리가 후자에게 편지를 나중에 줬다.

08 잘못된 길을 따라서 달리지 마.

09 외로운 연인들이 나뭇잎이 무성한 길을 떠난다.

10 멋진 라일락들이 리의 덩그런 길에 줄지어 있다.

Step 02 정답

01 Lucy loves lemon and lime soda.

02 Little Mike left his bike like Larry at Spike's.

03 Don't run along the wrong lane.

Step 01 짧은 이야기를 읽으며 [l] 발음을 연습해 보세요.

1회☐ 2회☐ 3회☐ 4회☐ 5회☐

Glittering Eyes

Lea was a little girl who lived next door. She found my photos interesting and asked me to teach her about film development. I told her about the names of the chemicals and liquids and some rules she had to remember. While listening to my explanation, her eyes were glittering with passion. Many years later, I could hardly recall her face but her eyes were unforgettable.

- was a는 한 단어처럼 이어서 발음해요.
- little의 -tt-를 약한 [r]로 기름칠해 발음해 보세요.
- photos, later, unforgettable처럼 모음 사이에 있는 [t]는 약한 [d] 또는 [r]로 부드럽게 발음하죠.
- teach her, told her 등에서 her의 h-는 종종 발음을 생략해서 [ər]로만 발음되기도 해요.
- had to는 had를 발음하면서 혀끝을 윗니 뒤쪽 잇몸 시작하는 곳에 닿았다가 떨어뜨리면서 [t]로 마무리합니다. [d]와 [t] 둘 다 발음할 때 혀끝 위치가 같기 때문에 이렇게 되는 거죠.

이렇게 해보세요!

1회| 오디오 들어보기

2회| 오디오를 들으며 한 문장씩 따라읽기

3회| 자신의 목소리를 녹음하면서 혼자 읽어보기

4, 5회| 오디오를 들으며 네이티브와 거의 동시에 읽어보기

표현

who lived next door 옆집에 살았던

found my photos interesting 내 사진들이 흥미가 있다고 느꼈다

film development 필름 현상

chemical 화학약품

rules she had to remember (그녀가) 기억해야 할 규칙들

while listening to ~을 듣고 있는 동안

glitter 반짝이다

could hardly recall ~을 거의 기억하지 못했다

해석

반짝이는 눈동자

리는 옆집에 사는 작은 소녀였다. 리는 내 사진들에 흥미를 느껴서 내게 사진 현상법을 가르쳐 달라고 했다. 난 리에게 화학약품과 현상액의 이름들 그리고 기억해야 할 몇 가지 규칙들을 알려주었다. 내 설명을 듣고 있는 동안 리의 눈은 열정으로 빛났다. 오랜 세월이 지난 후에 리의 얼굴은 거의 기억하지 못했지만 그녀의 눈은 잊을 수가 없었다.

[____] was a [____] [____] who [____] next door. She found my photos interesting and asked me to teach her about [____] [____]. I [____] her about the names of the [____] and [____] and some [____] she had to remember. [____] [____] to my [____], her eyes were [____] with passion. Many years [____], I could [____] [____] her face but her eyes were [____].

Step 03 오디오를 듣고 따라읽으며 문장을 써보세요.

01 ....

02 ....

03 ....

🎬 **한마디더!** ▶ 우리말에 없는 발음이라고 두려워쓰나! ••••••••••••••••••••••••••••••••••••

'필림', '필름', '필음' … 사실 film은 어떻게 해도 정확한 발음을 우리말로는 표기할 수 없답니다. 우선 [f] 발음이 우리말에 없고 [l] 발음노 우리말로 표기힐 수 없기 때문이죠. 에초에 우리말에 없는 발음을 우리말로 표기한다는 것 자체가 불가능한 일 아니겠어요. 하지만 발음 원리만 제대로 알고 혀와 입이 그 원리에 익숙해진다면 우리말에 없는 영어 발음이라도 어려울 이유가 하나도 없습니다. 두려워 말고 과감히 원리를 숙지한 다음 훈련, 또 훈련하세요!

다섯 가지 소리로 변신하는 변화무쌍 [t]!

동영상을 보며 따라해 보세요

예능 프로를 보면 이따금 농담이랍시고 water를 '워러'로, Internet을 '이너넷'으로 미국인들의 발음에 가깝게 말하는 경우들, 많이 보셨을 텐데요. 이처럼 [t]는 단어 속에서 말하기 좋게 기름칠이 되는 경우가 빈번한 발음이랍니다. 우리 생활 곳곳에 등장하는 다양한 [t] 발음, 어떤 경우에 어떤 식으로 발음이 변하는지 지금부터 알아보도록 하죠.

[t] 발음은 이렇게!

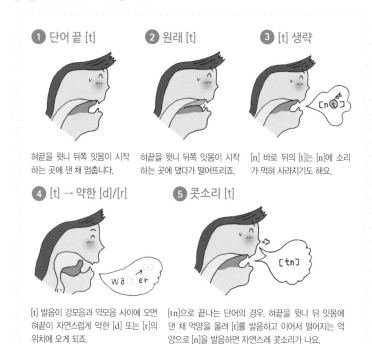

❶ 단어 끝 [t]

혀끝을 윗니 뒤쪽 잇몸이 시작하는 곳에 댄 채 멈춥니다.

❷ 원래 [t]

혀끝을 윗니 뒤쪽 잇몸이 시작하는 곳에 댔다가 떨어뜨리죠.

❸ [t] 생략

[n] 바로 뒤의 [t]는 [n]에 소리가 먹혀 사라지기도 해요.

❹ [t] → 약한 [d]/[r]

[t] 발음이 강모음과 약모음 사이에 오면 혀끝이 자연스럽게 약한 [d] 또는 [r]의 위치에 오게 되죠.

❺ 콧소리 [t]

[tn]으로 끝나는 단어의 경우, 혀끝을 윗니 뒤 잇몸에 댄 채 억양을 올려 [t]를 발음하고 이어서 떨어지는 억양으로 [n]을 발음하면 자연스레 콧소리가 나요.

[t]는 단어 속에서 어디에 위치하느냐, 앞뒤에 어떤 소리가 오느냐에 따라 다음과 같이 다섯 가지로 발음이 변신합니다.
❶ 단어 끝 [t]: pot, hot, but...
❷ 원래 [t]: tin, tape, stop...
❸ [t] 생략: Internet, twenty, decent...
❹ 약한 [d]/[r]: water, city...
❺ 콧소리 [t]: button, certain, cotton...

[t]는 원래 혀끝을 윗니 뒤쪽 잇몸이 시작하는 곳에 댔다가 떨어뜨릴 때 파열되는 소리예요. 그런데 이 [t] 발음이 단어 끝에 오느냐, 강모음과 약모음 사이에 오느냐, [n] 발음의 앞 또는 뒤에 오느냐에 따라 위의 그림에서 보는 것처럼 여러 가지 소리로 발음이 변한답니다.

🎧 11-1.mp3 / 11-2.mp3

DVD 11-1.wmv

Step 01 다양하게 변신하는 [t] 발음에 주의해서 다음 단어들을 읽어보세요.

1회☐ 2회☐ 3회☐ 4회☐ 5회☐

🔊 **이렇게 해보세요!**
1회 | 오디오 들어보기
2회 | 오디오 듣고 따라읽기
3회 | 자신의 목소리를 녹음하면서 혼자 읽어보기
4, 5회 | 단어를 보지 않고 오디오만 듣고 따라읽기

01	city	02	letter
03	matter	04	waiter
05	water	06	bat
07	but	08	cat
09	hot	10	pot
11	international	12	Internet
13	isn't	14	twenty
15	wouldn't	16	button
17	certain	18	cotton
19	mountain	20	written

· ⁰¹city[síti]처럼 모음 사이에 있는 [t]는 약한 [d] 내지 [r]로 발음해 보세요. 발음하기가 훨씬 편하죠?

· ⁰⁶bat, ⁰⁷but, ⁰⁸cat, ⁰⁹hot, ¹⁰pot의 -t는 [트]로 발음하지 않도록 주의합니다.

· ¹¹international, ¹²Internet에서 inter-의 [t]는 이따금 바로 앞의 -n- 발음에 동화되어 소리가 먹히기도 한답니다. ¹⁴twenty에서 -ty의 -t-도 마찬가지이구요.

Step 02 오디오를 듣고 따라읽으며 단어를 써보세요.

01	....	02	....
03	....	04	....
05	....	06	....

Step 01 해석
01	도시	02	편지
03	문제, 상황	04	웨이터
05	물		
06	박쥐, 방망이		
07	그러나	08	고양이
09	뜨거운	10	솥
11	국제적인	12	인터넷
13	~이 아니다	14	(숫자) 20
15	would의 부정형	16	단추
17	확실한	18	면
19	산		
20	write의 과거분사형		

Step 02 정답
01	matter	02	pot
03	international	04	wouldn't
05	certain	06	written

Step 01 텅 트위스터로 문장 속에서 [t] 발음을 익혀보세요.

1회☐ 2회☐ 3회☐ 4회☐ 5회☐

01 A kitten has eaten rotten mountain fish.

02 A letter written on a certain cotton paper

03 Hit the pot with a bat until it gets hot.

04 A bat and a cat playing with a hat in the tent

05 The center of a twenty-centimeter centipede

06 An Internet café in the center of an international city

07 Wait a minute! The waiter forgot my water and letter.

08 A writer sitting on a chair is waiting for his water.

09 Water in a little kettle is getting hotter and hotter.

10 Forty little metal kettles and twenty excited turtles

· ⁰⁷Wait a minute에서 Wait a는 두 단어이지만 마치 한 단어처럼 이어서 발음하게 돼요. 그러다보니 Wait의 -t가 자연스럽게 약한 [d] 또는 [r]로 발음되죠.
· ⁰⁹little, kettle처럼 t가 강모음과 [l] 사이에 오는 경우에도 약한 [d] 또는 [r]로 발음된답니다.

Step 02 오디오를 듣고 따라읽으며 문장을 써보세요.

01 ....

02 ....

03 ....

이렇게 해보세요!
1회 오디오 들어보기
2회 오디오 듣고 따라읽기
3회 자신의 목소리를 녹음하면서 혼자 읽어보기
4, 5회 문장을 보지 않고 오디오만 듣고 따라읽기

표현
kitten 새끼 고양이
rotten 썩은
centipede 지네
kettle 주전자
turtle 거북이

해석
01 새끼 고양이가 산에서 난 썩은 물고기를 먹었다.
02 어떤 면 종이에 쓴 편지
03 솥을 뜨거워질 때까지 방망이로 때려.
04 텐트에서 모자 하나를 가지고 놀고 있는 박쥐와 고양이
05 20센티미터 길이 지네의 가운데
06 국제적인 도시의 중앙에 있는 인터넷 카페
07 가만있자! 웨이터가 내 물이랑 편지를 깜박했잖아.
08 의자에 앉아 있는 작가가 물을 기다리고 있다.
09 작은 주전자 속의 물이 점점 뜨거워지고 있다.
10 작은 쇠 주전자 40개와 들뜬 거북이 20마리

정답
01 Wait a minute! The waiter forgot my water and letter.
02 An Internet café in the center of an international city.
03 A kitten has eaten rotten mountain fish.

Step 01　짧은 이야기를 읽으며 [t] 발음을 연습해 보세요.

1회☐ 2회☐ 3회☐ 4회☐ 5회☐

Button Design

When you design buttons for Internet shopping malls, make sure these buttons are big enough to be easily noticed by visitors. However, there is a certain size that is considered best for buttons. The names written on the buttons are as important as the buttons. The description of each button shouldn't be different from what it does. The number of letters written on top of each button is limited by the size of the button, so use simple words. Designing buttons isn't an easy job, but you will get an idea by visiting famous web sites.

표현

button 여기서는 웹사이트에 있는 클릭을 할 수 있는 버튼을 의미
make sure 반드시 ~하도록 하다
big enough 충분히 큰
a certain size (어떤) 특정한 크기
as important as ~만큼 중요한
letter 글자
be limited by ~에 의해 제한되다
get an idea 아이디어를 얻게 되다

- noticed의 -t-는 강모음과 약모음 사이에서 약한 [d] 내지 [r]로 발음이 부드럽게 변하는군요. 또한 뒤의 -ed는 [d]로 약하게 발음되고요.
- that is에서 that의 단어 끝 -t를 약한 [d] 또는 [r]로 발음해서 뒤에 오는 is와 부드럽게 이어지도록 발음해 보세요.
- limited의 -t-도 noticed와 마찬가지로 [t] 발음이 부드럽게 변신한답니다. 단 limited의 -ed는 [id]로 발음되죠.
- get an idea에서 get 다음에 오는 an 때문에 -t가 약한 [d] 또는 [r]로 발음됩니다.

해석

버튼 디자인

인터넷 쇼핑몰에 쓰일 버튼을 디자인할 때는 방문자들에게 잘 보일 수 있도록 크게 만들도록 하세요. 하지만, 가장 좋다고 생각되는 버튼 크기가 있기는 하답니다. 버튼 위에 쓰는 이름은 버튼만큼이나 중요하지요. 버튼의 설명은 버튼들이 하는 기능과 달라서는 안 됩니다. 버튼 위에 쓰는 글자의 수는 버튼 크기에 따라 제한되기 때문에 간단한 단어를 쓰도록 하세요. 버튼을 디자인하는 일은 쉽지는 않지만, 유명한 웹사이트를 방문하다 보면 아이디어를 얻게 될 겁니다.

When you design [____] for [____] shopping malls, make sure these [____] are big enough [__] be easily [____] by [____]. However, there is a [____] size that is considered [__] for [____]. The names [____] on the [____] are as [____] as the buttons. The description of each [____] [____] be [____] from [__] [__] does. The number of [____] [____] on top of each [____] is [____] by the size of the [____], so use simple words. Designing [____] isn't an easy job, [__] you will [__] an idea by [____] famous web [____].

01 ....

02 ....

03 ....

정답

Step 01의 지문을 참조하세요.

정답

01 These buttons are big enough to be easily noticed by visitors.

02 There is a certain size that is considered best for buttons.

03 You will get an idea by visiting famous web sites.

🐸 한마디더! ▶ *제대로 발음할 줄 알아야 제대로 들린다!* •••••••••••••••••••

미국 드라마를 보고 있으면 왠지 모르게 발음이 '부드럽다'는 느낌을 받습니다. 막상 자막을 보고 따라읽으면 딱딱 끊어지는데 말이죠. 어떻게 해야 그네들처럼 부드럽게 술~술~ 발음이 될까요? 그 해답 중 하나가 바로 [t] 발음입니다. [t] 발음이 들어있는 단어가 참 많이 있는데 이런 [t]를 약한 [d] 또는 [r]로, 때로는 생략하고, 때로는 콧소리로 바꿔서 발음하기 때문에 정작 회화에서는 네이티브의 말을 잘 못 알아듣게 되죠. 지금까지 훈련한 5가지 [t] 발음으로 자신의 발음부터 부드럽게 만들어 보세요! 내가 제대로 말할 수 있으면 상대방의 말도 제대로 들리기 시작할 테니까요.

트레이닝 12

[æ] 발음 집중 훈련

입이 떡 벌어지며 나는 소리 [æ]!

동영상을 보며 따라해 보세요

[e] 소리가 아닙니다. 우리말 [에] 소리도 아닙니다. [a]와 [e]가 등을 맞대고 있는 [æ] 소리입니다. 즉, [a] 소리와 [e] 소리의 짬 뽕 발음 요령에 턱이 빠질 듯이 입을 크게 벌리는 것, 이것이 바로 [æ] 소리가 세상 밖으로 나올 수 있는 방법이죠! 다음 그림을 보면서 우리도 [æ]를 세상 밖으로 소리 내보도록 하죠.

[æ] 발음은 이렇게!

❶ 입을 편안하게 벌리고 [아]를 길게 소리 내보세요.

❷ 그 상태에서 턱을 떨어뜨립니다. [아] 소리가 둔탁해지는 게 느껴지나요?

❸ 이제 입 모양은 그대로 유지하면서 강제로 [에] 소리를 내보세요. [아]와 [에]의 중간 소리로 들릴 텐데요, 이것이 바로 [æ] 발음이랍니다.

❹ 주의! [아] 소리를 내다가 [에] 소리를 내면 자연스럽게 혀가 조금 올라오게 돼요. 이때 혀가 올라오지 못하도록 강제로 누르고 있어야 제대로 된 [æ] 발음이 납니다.

[æ] 발음이 익숙해진 다음에는 [아] 소리를 내지 않도록 주의합니다. [아] 소리는 [æ] 발음을 하기 위한 연습용 준비 동작일 뿐이니까요.

흔히 [æ] 발음을 [아]와 [에]의 중간 발음이라고 설명합니다. 문제는 이 '중간 발음'이란 표현인데요. [아]의 입술과 혀 모양을 유지한 상태에서 턱을 떨어뜨려 강제로 [에]를 발음한다고 머릿속에 정리해 두세요. 처음 [æ]를 발음할 때는 턱이 빠질 정도로 많이 떨어뜨려야 느낌이 오지만 연습을 많이 할수록 턱을 아주 조금만 떨어뜨려도 구분이 된답니다.

발음훈련 01 : 단어 소리내기 🎧 12-1.mp3 / 12-2.mp3 12-1.wmv

Step 01 턱이 빠질 정도로 [æ] 발음을 충실하게 하면서 다음 단어들을 읽어보세요.

1회 ☐ 2회 ☐ 3회 ☐ 4회 ☐ 5회 ☐

01	after	02	attack
03	bad	04	bat
05	bath	06	cat
07	chance	08	fact
09	fan	10	fat
11	hand	12	happy
13	hat	14	land
15	laugh	16	pan
17	man	18	map
19	match	20	sand

이렇게 해보세요!

1회 | 오디오 들어보기
2회 | 오디오 듣고 따라읽기
3회 | 자신의 목소리를 녹음하면서 혼자 읽어보기
4, 5회 | 단어를 보지 않고 오디오만 듣고 따라읽기

· ⁰³bad의 [æ] 발음을 정확히 해야 해요. 자칫 [e]로 발음하면 bed(침대)로 잘못 알아들을 수 있으니까요.
· ¹⁵laugh의 -gh는 [f]로 발음돼요. 주의하세요.
· ¹⁷man은 [mæn], 복수형인 men은 [men]으로 발음된답니다.
· ¹⁸map은 [mæ]를 발음한 뒤 입술을 다물면서 발음을 끝내면 되죠.

Step 02 오디오를 듣고 따라읽으며 단어를 써보세요.

01	....	02	....
03	....	04	....
05	....	06	....

Step 01 해석

01	~이후에	02	공격
03	나쁜	04	박쥐
05	목욕	06	고양이
07	기회	08	사실
09	부채	10	살찐
11	손	12	행복한
13	모자	14	땅
15	웃다	16	냄비
17	남자	18	지도
19	성냥	20	모래

Step 02 정답

01	hand	02	fact
03	laugh	04	sand
05	attack	06	pan

Step 01   텅 트위스터로 문장 속에서 [æ] 발음을 익혀보세요.

1회☐ 2회☐ 3회☐ 4회☐ 5회☐

01 Alice asks for axes.

02 The big fat cat sat on the rag.

03 How can you cram a clam into a cream can?

04 Can you can a can as a canner can can a can?

05 How many candy cans can a candy canner can?

06 A bad black bat on a bed blanket

07 A cat snaps a rat's leg.

08 Five fat friars frying flat catfish

09 The cat crept into the crypt, crapped and crept out.

10 Ten bad bedbugs bled and ran away.

· ⁰¹axes는 ax[æks]의 복수형으로 -es[iz] 발음에 주의하세요.
· ⁰⁶black과 blanket의 bl- ⁰⁷snaps의 sn-처럼 자음이 연속해서 올 때 그 사이에 모음 [으]를 넣지 않도록 신경 써야 돼요.

Step 02   오디오를 듣고 따라읽으며 문장을 써보세요.

01 _____

02 _____

03 _____

🔊이렇게 해보세요!

1회|오디오 들어보기

2회|오디오 듣고 따라읽기

3회|자신의 목소리를 녹음하면서 혼자 읽어보기

4. 5회|문장을 보지 않고 오디오만 듣고 따라읽기

표현

cram 쑤셔 넣다
can 깡통. 통조림을 하다
snap 부러뜨리다
friar 수사
catfish 메기
crypt 지하 묘지
crap 똥을 싸다
bedbug 빈대

Step 01 해석

01 앨리스가 도끼를 달라고 하는데.
02 큰 살찐 고양이가 누더기 위에 앉아 있었다.
03 조개 하나를 어떻게 크림 깡통에 쑤셔 넣을 수 있을까?
04 통조림 만드는 사람이 깡통을 통조림 깡통으로 만들 수 있는 것처럼 깡통 하나를 통조림 깡통으로 만들 수 있어?
05 얼마나 많은 사탕 깡통을 사탕 깡통 만드는 사람이 만들 수 있어?
06 침대 담요에 있는 나쁜 검은 박쥐
07 고양이가 쥐의 다리를 탁하고 부러뜨린다.
08 납작한 메기를 튀기는 살찐 수사들 다섯 명
09 고양이가 지하 묘지로 살살 기어가서 똥을 싸고 다시 기어 나왔다.
10 열 마리 나쁜 빈대들이 피를 흘리고 달아났다.

Step 02 정답

01 The big fat cat sat on the rag.
02 How many candy cans can a candy canner can?
03 Ten bad bedbugs bled and ran away.

Step 01 짧은 이야기를 읽으며 [æ] 발음을 연습해 보세요.

1회 ☐ 2회 ☐ 3회 ☐ 4회 ☐ 5회 ☐

A Man in the Shack

A man entered the shack and looked around. A cat sat quietly on a place mat and never minded a rat passing by.

A half-melted candle added a feeling of emptiness to the shack. The man dragged a sack of canned foods and started unpacking them. All he had were a ragged blanket and a jacket which never seemed warm enough for the cold snaps.

- on a 같은 〈전치사 + 부정관사〉는 강세를 두지 않고 자연스럽게 이어서 발음하면 돼요.
- minded, melted, added처럼 [d], [t] 로 끝나는 동사의 -ed는 [id]로 발음하죠.
- started에서 -ed는 [id]로 발음되죠. 또한 -ed 앞의 -t-는 약한 [d] 내지 [r]로 부드럽게 발음해 보세요.
- ragged의 발음은 [ræɡid]로, -ed가 [id]로 발음됩니다.

이렇게 해보세요!

1회 | 오디오 들어보기

2회 | 오디오를 들으며 한 문장씩 따라읽기

3회 | 자신의 목소리를 녹음하면서 혼자 읽어보기

4, 5회 | 오디오를 들으며 네이티브와 거의 동시에 읽어내기

표현

shack 판잣집
look around 둘러보다
place mat 식기 깔개
never mind ~에 전혀 관심이 없다, 개의치 않다
pass by 옆을 지나가다
half-melted 반쯤 녹은
canned foods 통조림 식품들
All he had were ~ 그가 가진 것이라고는 ~밖에 없었다
ragged (옷 등이) 해진
cold snap 갑작스런 한파

해석

판잣집의 남자

한 남자가 허름한 판잣집으로 들어가서 안을 둘러보았다. 고양이 한 마리가 식기 깔개에 조용히 앉아 있었고, 옆을 지나가는 쥐에는 관심을 두지 않았다. 반쯤 녹은 양초 때문에 판잣집은 텅 빈 느낌이 더 들었다. 남자는 통조림 음식이 든 자루 하나를 끌고 와서 펼쳐 놓기 시작했다. 그가 가진 것이라고는 해진 담요와 갑작스런 한파를 견디기에는 별로 따뜻해 보이지 않는 재킷밖에 없었다.

A [   ] entered the [   ] [   ] looked around. A [   ] quietly on a place [   ] and never minded a [   ] [   ] by. A [   ] [   ] [   ] a feeling of emptiness to the [   ]. The [   ] [   ] a [   ] of [   ] foods [   ] started [   ] them. All he had were a [   ] [   ] a [   ] which never seemed warm enough for the cold [   ].

Step 03 오디오를 듣고 따라읽으며 문장을 써보세요.

01 ....

02 ....

03 ....

Step 02 정답

Step 01의 지문을 참조하세요.

Step 03 정답

01 A cat never minded a rat passing by.

02 The man dragged a sack of canned foods.

03 All he had were a ragged blanket and a jacket.

한마디더! ▶ [æ]와 [e], 엄격하게 구분해 주세요!

우리말에도 '애'와 '에'가 있지만 발음은 그다지 구분을 하지 않죠. 그래서 전화로 이름을 불러줄 때면 '아이'나 '어이'냐를 종종 물어봅니다. 하지만 영어의 [æ]와 [e]는 확연히 구분이 되는 다른 발음이에요. 제법 오래 동안 회화를 연습한 사람도 이 두 발음을 자신 있게 구분하는 경우가 드 문데요. 관건은 [æ] 발음입니다. [æ] 발음을 정확하게 할 수 있다면 [e] 발음과 구분해서 말하는 건 더 이상 문제가 안 되는 거죠. 자신 있게 [æ] 발음을 할 수 있을 때까지 턱이 빠져라 반복 훈련 하세요!

※ [æ]와 [e]의 구별 훈련은 〈트레이닝 19〉에서 집중적으로 하게 됩니다.

[ɔ] 발음 집중 훈련

'오'도 아닌 '아'도 아닌 애매한 [ɔ] 발음!

공포영화의 대명사인 *Saw* 보셨나요? 국내에는 〈쏘우〉라는 제목으로 개봉이 되었는데요, 사실 *Saw*의 발음은 [sɔː]이지 [쏘우] 가 아니랍니다. 영화 *Saw*를 보고 있으면 나도 모르게 입이 쩍~ 벌어지죠? [sɔː] 속 [ɔ] 발음의 핵심이 바로 턱이 딱 벌어질 정 도로 입을 크게 벌리는 것인데요, 구체적인 요령은 다음 그림을 보면서 따라해보도록 하죠.

[ɔ] 발음은 이렇게!

① 입을 편안하게 벌리고 [아]를 길게 소리 내 보세요.

② 그 상태에서 턱을 떨어뜨립니다. [아] 소리가 둔탁해지는 게 느껴지나요?

③ 이제 입 모양은 그대로 유지하면서 강제로 [오] 소리를 내보세요. [아]와 [오]의 중간 소 리로 들릴 텐데요, 이것이 바로 [ɔ] 발음이 랍니다.

④ 여기서 잠깐! [아] 소리를 내다가 [오] 소리 를 내면 자연스럽게 입술이 동그랗게 오므 라지는데, 이것을 강제로 [아] 소리의 입모 양으로 유지해야 해요.

[아] 소리를 내는 것은 [ɔ]를 발음하기 위한 준비 동작일 뿐이에요. 실제로 [ɔ] 소리를 발음할 때는 [아] 소리를 내지 않도록 합니다.

[아]를 발음할 때의 입 모양에서 턱을 많이 떨어뜨린 채 [오] 소리를 내 면 바로 [ɔ] 발음이 나옵니다. 그러다 보니 어떻게 들으면 [아]같기도 했다가 다시 들으면 [오]같기도 한, 달리 말하면 [아] 소리도 아닌 것이 [오] 소리도 아닌 그런 소리가 나오게 되는데요, 그래서 [ɔ] 발음을 흔 히들 [아]와 [오]의 중간 발음이라고 하죠.

Step 01 턱을 충분히 떨어뜨려야 하는 [ɔ] 발음에 주의해 다음 단어들을 읽어보세요.

1회☐ 2회☐ 3회☐ 4회☐ 5회☐

01	all	02	author
03	ball	04	because
05	call	06	caught
07	caution	08	chalk
09	dawn	10	fall
11	fought	12	hall
13	law	14	lawn
15	mall	16	oil
17	pawn	18	salt
19	saw	20	tall

> 💡 **이렇게 해보세요!**
> 1회 | 오디오 들어보기
> 2회 | 오디오 듣고 따라읽기
> 3회 | 자신의 목소리를 녹음하면서 혼자 읽어보기
> 4. 5회 | 단어를 보지 않고 오디오만 듣고 따라읽기

· 위 단어들은 ¹⁶oil을 제외하곤 모두 [ɔ:]로 길게 발음됩니다. 기본적으로 [ɔ] 발음을 정확하게 낼 수 있으면 길고 짧음은 네이티브의 음성을 듣고 따라하다 보면 저절로 해결돼요.

· ⁰²author에서 -th-는 [θ]로 발음합니다. 이제 [θ] 발음은 정확하게 할 수 있죠?

· ⁰⁸chalk에서 -l-은 발음을 하지 않는답니다. walk, talk와 같은 경우이죠.

· ¹³law, ¹⁹saw 등에서 -aw를 [오우]로 발음하지 않도록 주의하세요.

Step01 해석

01 모든	02 저자
03 공	04 왜냐하면
05 전화하다	
06 catch의 과거형	
07 주의	08 분필
09 새벽	10 떨어지다
11 fight의 과거형	12 현관
13 법	14 잔디
15 쇼핑센터	16 기름
17 폰(체스 게임의 말 중 하나)	
18 소금	
19 see의 과거형	20 키가 큰

Step 02 오디오를 듣고 따라읽으며 단어를 써보세요.

01 .... 02 ....

03 .... 04 ....

05 .... 06 ....

Step02 정답

01 author	02 caught
03 dawn	04 fought
05 lawn	06 pawn

Step 01　텅 트위스터로 문장 속에서 [ɔ] 발음을 익혀보세요.

1회 ☐　2회 ☐　3회 ☐　4회 ☐　5회 ☐

01 See, **s**aw, seen, **f**all, fell, **f**allen, **d**raw, drew,
　 drawn

02 Catch, **c**aught, **c**aught, fight, **f**ought, **f**ought

03 Paul **s**aw a t**a**ll m**a**ll full of st**a**lls.

04 The ball hits the w**a**ll and lands on the l**a**wn.

05 A l**a**wful l**a**wyer for an **a**wful l**a**w firm

06 A boy b**o**rn and raised in **A**ustralia

07 A frog and a h**o**g in a f**o**g are c**a**ught by a boy.

08 T**o**ss the ball, not the m**o**ss, to the b**o**ss.

09 Walking and t**a**lking while c**a**lling and y**a**wning

10 A drawing dr**a**wn with chalk and charcoal

· ⁰²caught와 fought는 각각 [kɔːt], [fɔːt]로 발음합니다. -au-와 -ou-의 [ɔː] 발음을
꼭 지켜주세요. 이중모음 [ou] 또는 [au]로 발음하면 절대 안 돼요!
· ⁰⁴lands의 -ds는 [z]로 발음합니다.

Step 02　오디오를 듣고 따라읽으며 문장을 써보세요.

01 ....

02 ....

03 ....

이렇게 해보세요!
1회 | 오디오 들어보기
2회 | 오디오 듣고 따라읽기
3회 | 자신의 목소리를 녹음하면
서 혼자 읽어보기
4. 5회 | 문장을 보지 않고 오디
오만 듣고 따라읽기

표현
stall 가판대
land 떨어지다
born and raised 태어나고 자
란
hog 돼지
moss 이끼
yawn 하품하다
charcoal 숯

Step 01 해석
01 보다, 봤다, 본, 떨어지다, 떨어졌
다, 떨어진, 그리다, 그렸다, 그린
02 잡다, 잡았다, 잡은, 싸우다, 싸웠
다, 싸운
03 폴이 가판대로 가득한 높은 쇼
핑센터를 봤다.
04 공이 벽에 부딪친 다음 잔디에
떨어진다.
05 끔찍한 법률회사에 다니는 법적
인 변호사
06 호주에서 태어나서 자란 소년
07 개구리 한 마리와 돼지 한 마리
가 안개 속에서 소년에게 잡혔다.
08 이끼 말고, 공을 보스에게 던져.
09 전화하고 하품하는 동안 걸으면
서 말하기
10 분필과 숯으로 그린 그림

Step 02 정답
01 Paul saw a tall mall full of
stalls.
02 A boy born and raised in
Australia.
03 Toss the ball, not the
moss, to the boss.

Step 01 짧은 이야기를 읽으며 [ɔ] 발음을 연습해 보세요.

1회 ☐ 2회 ☐ 3회 ☐ 4회 ☐ 5회 ☐

Frog's Treasure

There was a p**aw**nshop c**all**ed Frog's Treasure in the m**all**. One day Sh**aw**n and I went to the shop and l**oo**ked around. I s**aw** a frog which had just c**augh**t a m**o**th. "The frog is not for sale," said the b**o**ss. The b**o**ss of the p**aw**nshop looked like an unl**aw**ful l**aw**yer in his suit. He was t**a**lking on the phone and suddenly t**o**ssed me a baseball. "That's for the first customer." "Thanks," I answered back. "I'm not a l**aw**yer but I look like one, don't I?" he asked.

이렇게 해보세요!
1회 오디오 들어보기
2회 오디오를 들으며 한 문장씩 따라읽기
3회 자신의 목소리를 녹음하면서 혼자 읽어보기
4·5회 오디오를 들으며 네이티브와 거의 동시에 읽어보기

표현

pawnshop 전당포
called Frog's Treasure 개구리의 보물이라고 불리는
moth 나방
not for sale 파는 것이 아닌
look like ~처럼 보이다
unlawful lawyer 악덕 변호사
talk on the phone 통화하다

해석

개구리의 보물

쇼핑몰 안에 개구리의 보물이라고 불리는 전당포가 있었다. 어느 날 숀과 나는 그 가게에 가서 둘러보았다. 막 나방 한 마리를 잡은 개구리를 봤다. "그 개구리는 파는 게 아냐." 가게 주인이 말했다. 그는 악덕 변호사 같은 옷차림을 하고 있었다. 그는 전화 통화를 하다가 갑자기 야구공 하나를 나에게 던졌다. "첫 고객한테 주는 거야."라고 그가 말했다. "고마워요."라고 내가 대답했다. "난, 변호사는 아냐. 그런데 변호사처럼 보이지, 그렇지 않니?" 그가 말했다.

· Treasure의 -s-는 [ʒ] 발음이에요. 앞서 〈트레이닝 08〉에서 충분히 훈련했죠?
· and I는 [ænai]처럼 한 단어처럼 발음되네요. and의 -d는 발음이 생략되었군요.
· went to에서 went의 -t는 발음을 생략하고, to는 [t] 정도로만 발음합니다.
· suit의 발음은 [su:t]이죠. -ui-[u:]의 발음과 단어 끝 [t] 파열음에 주의하세요.
· phone의 -o-는 이중모음 [ou]로 발음합니다.
· not a는 한 단어처럼 이어서 발음합니다. 이때 not의 -t는 약한 [d] 또는 [r]로 소리가 부드럽게 변하죠.

There was a ☐ ☐ ☐ Treasure
in the ☐. One day ☐ and I went to the
shop and looked around. I ☐ a ☐ which had
just ☐ a ☐. "The ☐ is not for sale,"
said the ☐. The ☐ of the ☐
looked like an ☐ ☐ in his suit. He
was ☐ on the phone and suddenly ☐
me a ☐. "That's for the first customer."
"Thanks," I answered back. "I'm not a ☐ but
I look like one, don't I?" he asked.

Step 03 오디오를 듣고 따라읽으며 문장을 써보세요.

01 ....

02 ....

03 ....

Step 02 정답

Step 01의 지문을 참조하세요.

Step 03 정답

01 There was a pawnshop
called Frog's Treasure in
the mall.

02 I saw a frog which had
just caught a moth.

03 The boss of the pawnshop
looked like an unlawful
lawyer.

🎭 한마디더! ▸ 배우가 될 것처럼 정확한 발음 훈련을~ ••••••••••••••••••••••••

우리말 '오'와는 아주 다른 소리인 [ɔ] 발음도 우리말에 없는 탓에 정확하게 표기할 방법이 없습니다. 다행인 점은 [ɔ]와 혼동을 일으킬 만한 [o] 발음을 갖는 단어가 흔하지 않아서 [æ], [ɛ]처럼 큰 문제를 일으키지는 않는다는 거죠. 그렇더라도 우리말에 없는 12개 발음들은 하나하나 모두 정확하게 발음할 줄 아는 것이 중요합니다. 그래야 상대방이 내 말을 제대로 알아듣고, 네이티브들이 말하는 것도 내가 쉽게 알아들을 수 있으니까요.

[iː] 발음 집중 훈련

'치~즈'할 때처럼 길게 소리 내는 [iː]!

흔히 '[iː]는 [이]를 길게, [i]는 [이]를 짧게 발음하면 됩니다~'라고 하는데, 아니 얼마나 길게 해야 [iː]가 되고, 또 얼마나 짧게 해야 [i]가 되는 걸까요? 너무 어려워하진 마세요. 노래 못하는 음치도, 비트박스 못하는 박치도 간단한 요령만 알면 [iː] 발음 정도는 제대로 할 수 있답니다.

[iː] 발음은 이렇게!

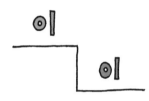

높낮이가 다른 [이] 두 개를 자연스럽게 빨리 발음해 보세요. 첫 [이]는 평소보다 조금 높게, 두 번째 [이]는 평소처럼 발음하면 돼요.

우리말 [이]를 발음할 때보다 입술을 양옆으로 더 잡아당기면서 발음하면 높낮이가 다른 [이]가 자연스럽게 입 밖으로 나온답니다.

Tip
위에서 아래로 떨어지는 웨이브 리듬을 타며 높낮이가 다른 '이~이'를 연습해 보세요. 그런 다음, leave와 같은 단어를 같은 리듬을 타며 연습해보는 거죠!

[iː]는 높낮이가 다른 [이]를 빠르게 이어서 발음하면 됩니다. 첫 [이] 소리는 평소보다 조금 높게, 두 번째 [이]는 평소처럼 발음하면 되는데요. 단, 두 개 [이]를 자연스럽게 빨리 이어서 발음해야 하죠. [iː]는 높낮이가 다른 [이]를 연속해서 발음하는 반면에 [i]는 [이]를 평소 톤으로 한 번만 발음하면 돼요. 발음 요령이 너무 간단한가요?

Step 01   [i:]를 길게 발음하는 것에 주의해서 다음 단어들을 읽어보세요.

1회☐ 2회☐ 3회☐ 4회☐ 5회☐

01	beef	02	cheat
03	cheap	04	deal
05	feat	06	green
07	heap	08	jean
09	keen	10	leap
11	meat	12	meet
13	need	14	peak
15	peace	16	queen
17	seal	18	seen
19	sheep	20	sleep

· ⁰²cheat, ⁰⁵feat, ¹³need의 단어 끝 [t], [d]는 혀끝을 윗니 뒤쪽 잇몸이 시작하는 곳에 댄 채 발음을 맺으면 되죠.

· ⁰³cheap은 chea-를 길게 발음하다가 입술을 다물면서 발음을 끝냅니다. [p]가 단어 끝에 오면 이렇게 발음을 하다가 만 듯한 느낌이 들죠.

· ⁰⁶green의 -ee-를 짧게 발음해버리면 grin(활짝 웃다)이 되어버려요.

· ¹⁵peace의 -ce는 [s]로만 발음합니다. [스]로 발음하지 않도록 하세요.

Step 01 해석

01 쇠고기		02 속이다	
03 싼		04 거래하다	
05 솜씨, 재주		06 녹색	
07 더미, 무더기		08 청바지	
09 열망하는		10 뛰어오르다	
11 고기		12 만나다	
13 필요하다		14 정점	
15 평화		16 여왕	
17 도장, 봉인			
18 see의 과거분사형			
19 양		20 잠자다	

Step 02   오디오를 듣고 따라읽으며 단어를 써보세요.

01	....	02	....
03	....	04	....
05	....	06	....

Step 02 정답

01 keen	02 peace
03 cheat	04 sheep
05 cheap	06 seal

발음훈련 02 : 문장 소리내기

Step 01 텅 트위스터로 문장 속에서 [iː] 발음을 익혀보세요.

1회 ☐ 2회 ☐ 3회 ☐ 4회 ☐ 5회 ☐

01 The **ee**l is ill and the sh**ee**p is in a ship.

02 I **ea**t **ee**l while you p**ee**l **ee**l.

03 A ch**ea**p chocolate chip for busy b**ee**s

04 I s**ee** gr**ee**n s**ea**w**ee**d by the s**ea**shore.

05 A bit of b**ee**f, a bin of b**ea**ns, and a ship of sh**ee**p

06 I scr**ea**m, you scr**ea**m, we all scr**ea**m for ice cr**ea**m.

07 The qu**ee**n in gr**ee**n j**ea**ns scr**ea**med for ice cr**ea**m.

08 M**ee**t L**ee**, the sl**ee**py b**ee**, who sl**ee**ps for thr**ee** w**ee**ks.

09 Picky p**eo**ple pick P**e**ter Pan p**ea**nut butter.

10 The ch**ee**tah **ea**ts ch**ea**p ch**e**ddar ch**ee**se.

· ⁰¹eel의 ee-는 [iː]로 길게, ill의 i-는 [i]로 짧게 발음해요. 네이티브의 음성을 잘 듣고 따라해 보세요.

· ⁰³cheap의 -ea-는 [iː]로 길게, chip의 -i-는 [i]로 짧게 발음합니다.

· ⁰⁵A bit of에서 bit의 -t는 약한 [d] 내지 [r]로 발음되어 of와 연음됩니다.

· ⁰⁹Picky의 -i-는 [i]로 짧게 발음합니다.

Step 02 오디오를 듣고 따라읽으며 문장을 써보세요.

01 ....

02 ....

03 ....

Step 01 짧은 이야기를 읽으며 [iː] 발음을 연습해 보세요.

1회☐ 2회☐ 3회☐ 4회☐ 5회☐

A Broken Heart

Jill hasn't seen her ex-sweetheart, Tim since she discovered that he was cheating on her. She couldn't eat or sleep for the first few days. It is the feeling of betrayal which makes her sick. She needs to speak to someone to get a piece of advice and a bit of peace and quiet.

· hasn't 같은 동사의 부정형은 [n] 다음에 오는 단어 끝 [t] 발음이 생략되는 경우가 많아요.

· ex-sweetheart에서 ex-[eks]의 [s]와 sweet-의 [s]가 연이어 나오므로 한 번만 발음하면 돼요.

· cheating의 -t-는 약한 [d] 내지 [r]로 소리 내 보세요. 발음하기도 편하고 발음 자체도 훨씬 부드러워지죠.

· betrayal의 발음은 [bitréiəl]입니다. 강세가 -tray-에 있기 때문에 앞의 be-와 -al은 상대적으로 약하게 발음되죠.

· makes her sick에서 makes her는 한 단어처럼 이어서 말해보세요. 빨리 발음하면 her의 h-는 발음이 생략됩니다. 또, sick의 -i-는 [i]로 짧게 발음하면 되죠.

· piece와 peace는 둘 다 발음이 똑같아요. 이런 경우 두 단어의 쓰임이 다르기 때문에 문맥을 통해 단어를 구별하도록 하세요.

 표현

ex-sweetheart 전애인

cheat on (배우자 몰래) 바람을 피우다

betrayal 배신

sick 역겨운

a piece of advice 조언 한 마디

peace and quiet 평온함

 해석

상심

질은 예전 애인인 팀이 바람을 피우고 있다는 것을 안 뒤로 팀을 만나지 않았다. 질은 처음 며칠간 먹지도 잠자지도 못했다. 배신당했다는 감정이 그녀를 역겹게 만든 것이다. 그녀는 조언과 마음의 평정을 찾기 위해 말 상대가 필요하다.

오디오를 듣고 따라읽으며 빈칸을 채워보세요.

Jill hasn't _____ her _____, Tim since she discovered that he was _____ on her. She couldn't _____ or _____ for the first few days. It is the _____ of betrayal which makes her _____. She _____ to _____ to someone to get a _____ of advice and a _____ of _____ and quiet.

오디오를 듣고 따라읽으며 문장을 써보세요.

01 ....

02 ....

03 ....

Step 02 정답

Step 01의 지문을 참조하세요.

Step 03 정답

01 He was cheating on her.

02 She couldn't eat or sleep for the first few days.

03 She needs to speak to someone to get a piece of advice.

🐸 **한마디더!** [pi:s]와 [pis]의 엄청난 차이 ··

상대방에게 "평화가 함께 하길 바랍니다!"라며 덕담을 해주고 싶을 땐 Peace be with you!라고 하면 되는데요. 이때 peace[pi:s]를 piss[pis]로 잘못 발음해버리면 상당히 난감해집니다. "오줌이 당신과 함께 하길!"이란 의미가 되어버리거든요. 사소해 보이는 발음 하나 때문에 좋은 의도로 한 말이 완전히 다른 뜻으로 전달되는 거죠. 특히 peace, sheet, beach 세 단어는 발음을 조심해야 합니다. 잘못하면 오줌(piss), 똥(shit), 암캐(bitch: 여자에게 하는 모욕적인 말)로 들리기 십상이거든요.

평범한 듯 평범하지 않은
[j] 발음 요령!

year의 [j]와 ear의 [i]는 분명 다른 발음인데, 둘 다 우리 귀에는 마치 [이]처럼 들립니다. 하지만 [j] 발음을 잘못하면 자칫 상대
방이 year를 ear로, yeast를 east로 잘못 알아들을 수 있어요. 다음의 발음 요령을 따라 [j] 발음을 한번 말해볼까요?

[j] 발음은 이렇게!

[이]를 길게 발음합니다.

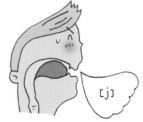

이 상태에서 혀의 가운데를 입천장에 닿을 정도로
밀어 올려 주세요. [이] 소리가 둔탁해졌다면 [j] 발음 성공!

혀끝이 아니고 혀의 가운데 부분과 안 부분을 입천장 쪽으로 밀어 올려서 만드는 발음이 바로
[j] 발음이에요. 이 요령에 따라 네이티브의 발음을 자꾸 듣고 따라하다 보면 [이] 발음과는 미
묘하게 소리가 다르다는 것을 느낄 수 있을 거예요. 자, 그럼 [j] 발음으로 시작하는 단어들을
갖고 실제 훈련을 해보세요.

발음훈련 🎧 14-8.mp3

1회 ▢ 2회 ▢ 3회 ▢ 4회 ▢ 5회 ▢

01 used [juːzd]	05 yeast [jiːst]	09 yellow [jélou]
02 yet [jet]	06 young [jʌŋ]	10 youth [juːθ]
03 year [jiər]	07 yell [jel]	
04 you [ju]	08 your [juər]	

해석

01 사용된, 중고의
02 아직
03 년(年)
04 너, 너희들
05 이스트, 효모
06 젊은
07 고함을 지르다
08 너의, 너희들의
09 노란
10 젊음

Part

2

비슷하게 들린다고 같은 발음이 아니다!

비슷한 발음 집중 훈련

[p] vs [f]	[b] vs [v]
[s] vs [θ]	[l] vs [r]
[æ] vs [e]	[i:] vs [i]

지금까지 우리말에 없는 발음들을 훈련해봤는데요, 이들 발음 중에는 [f] 와 [p], [r]과 [l]처럼 우리 귀에 같은 소리로 들리는 발음들이 있죠? 각 각의 발음 요령을 아는 것만으로 단번에 비슷한 소리를 구별할 수 있다 면 정말 좋겠지만, 아무래도 남의 나라 말이다 보니 이런 발음들만 따로 묶어 훈련할 필요가 있어요. 그래서 지금부터는 우리나라 사람들이 특히 가장 어려워하는 위의 12개 발음을 구별해보는 훈련을 집중적으로 할 텐 데요. 이 발음들을 구분해서 듣고 스스로 발음할 수 있다면 여러분은 비 로소 영어로 듣고 영어로 말할 준비를 마치게 됩니다.

[f] - [p] 구별 훈련

아랫입술을 깨물면 [f],
입술을 다물었다 떼면 [p]!

동영상을 보며
따라해 보세요

[f]와 [p]는 우리말로는 둘 다 똑같이 'ㅍ' 또는 'ㅎ'로 발음해버려서 제대로 발음하지 않으면 네이티브들이 아주 헷갈려 합니다.
내 기분 feeling을 이해해 달라는 말이 과일 껍질을 벗겨 달라는 peeling으로 들리면 말이 전혀 통하지 않겠죠?

[f] - [p] 발음은 이렇게 달라요!

[f]

윗니를 아랫입술 안쪽에 가볍게 깨물듯 얹 어주세요.

이 상태에서 길~게 바람을 내보냅니다.

[p]

두 입술을 다물었다가~

입술을 떼며 한 번에 강하게 공기를 내보 냅니다.

[f]/[p] 두 발음 모두 우리말 'ㅍ' 또는
'ㅎ' 발음을 억지로 하지 않도록 주의하
세요~!

[f] 발음은 바람을 부드럽고 길게 내보냅니다. 그리고 [p]는 바람을 한 번에 강하게 내뿜죠. 이렇게 바람을 뿜어낼 때 입모양을 정확히 해야만 두 발음의 차이가 확실하게 느껴진답니다. 윗니로 아랫입술을 살짝 깨 물 듯이 윗니를 아랫입술 위에 올려두는 [f] 발음! 입술을 꽉 다물었다 벌리는 [p] 발음! 입모양을 의식하며 바람을 내뿜어 보세요.

Step 01   [f]와 [p] 발음에 주의해 다음 단어들을 읽어보세요.

1회 ☐ 2회 ☐ 3회 ☐ 4회 ☐ 5회 ☐

이렇게 해보세요!

1회 | 오디오 들어보기
2회 | 오디오 듣고 따라읽기
3회 | 자신의 목소리를 녹음하면서 혼자 읽어보기
4, 5회 | 단어를 보지 않고 오디오만 듣고 따라읽기

01	feel - peel	02	fan - pan
03	fin - pin	04	fad - pad
05	fall - pall	06	fail - pale
07	fine - pine	08	flea - plea
09	flight - plight	10	fact - pact
11	faint - paint	12	fig - pig
13	fast - past	14	fade - paid
15	fickle - pickle	16	fond - pond
17	fain - pain	18	four - pour
19	fair - pair	20	fit - pit

· ⁰¹feel, peel의 -ee-는 음 높낮이가 다른 두 개 [이]로 발음합니다.

· ⁰⁹flight, plight, ¹³fast, past의 끝자음 -t는 혀끝을 윗니 뒤쪽 잇몸이 시작하는 곳에 댄 채 발음을 마무리해요.

· ¹⁴fade, paid의 -a-, -ai- 모두 [ei]로 발음합니다. 단어 끝의 -d 역시 혀끝을 윗니 뒤쪽 잇몸이 시작하는 곳에 댄 채 발음을 끝내세요.

· ²⁰fit, pit의 -i-는 [i] 발음으로 [이]를 짧게 발음한답니다.

Step 02   오디오를 듣고 따라읽으며 단어를 써보세요.

01 _____   02 _____

03 _____   04 _____

05 _____   06 _____

해석

01 느끼다 – 껍질을 벗기다
02 부채 – 냄비
03 지느러미 – 옷 핀
04 일시적인 유행 – (덧대는) 패드
05 떨어지다 – 관을 덮는 보
06 실패하다 – 창백한
07 좋은, 미세한 – 소나무
08 벼룩 – 탄원, 간청
09 항공편, 비행 – 곤경, 어려움
10 사실 – 협정
11 희미한 – 페인트
12 무화과 – 돼지
13 빠른 – 지난, 이전의
14 (색이) 바랜 – (값을) 지불한
15 변덕스런 – 피클, 오이절임
16 좋아하는 – 연못
17 기꺼이 ~하는 – 고통
18 4 – 붓다, 따르다
19 공평한, 박람회 – 쌍, 짝
20 꼭 맞다 – 구덩이

정답

01 plight   02 fig
03 fail   04 peel
05 fickle   06 pale

🎧 15-3.mp3 / 15-4.mp3

Step 01 문장 속에서 [f]와 [p] 발음을 익혀보세요.

1회☐ 2회☐ 3회☐ 4회☐ 5회☐

🐞 **이렇게 해보세요!**

1회 | 오디오 들어보기

2회 | 오디오 듣고 따라읽기

3회 | 자신의 목소리를 녹음하면서 혼자 읽어보기

4. 5회 | 문장을 보지 않고 오디오만 듣고 따라읽기

01 Use knife and fork when eating pork.

02 It'll be fair if you both have a pair of slippers.

03 I don't think this pig will fit into the barbecue pit.

04 He takes great pride in his special fried chicken.

05 My teacher will praise this well-written phrase.

06 What I need is a pan, not a fan.

07 That strong smell of paint made me almost faint.

08 My wife has a great passion for fashion design.

09 Have you seen a pig eating a fig?

10 Four pale blue boxes will fail the color inspection.

· ⁰²It'll의 -t-는 약한 [d] 또는 [r]로 발음되죠. 보통 모음 사이에 t가 있을 때 이런 변화가 일어나는데, 예외로 모음과 [l] 사이에서도 발음이 더 편해지도록 종종 이런 변화가 일어나죠.

· ⁰⁵written의 -tten은 콧소리로 [tn]이라고 발음합니다.

· ⁰⁶What I는 한 단어처럼 이어서 발음해 보세요. 이때 -t는 앞뒤에 모음이 있으므로 약한 [d] 또는 [r]로 발음합니다.

표현

take pride in ~에 자부심이 있다. ~을 자랑스러워하다

inspection 검사, 조사

Step 02 오디오를 듣고 따라읽으며 문장을 써보세요.

01 _____

02 _____

03 _____

Step 01 해석

01 돼지고기를 먹을 때는 나이프와 포크를 사용하세요.

02 너희 둘 다 슬리퍼를 한 켤레씩 가지면 공평하겠지.

03 이 돼지는 바비큐 화덕에 맞지 않을 것 같은데.

04 그는 그가 만든 특별 후라이드 치킨에 큰 자부심을 가지고 있어.

05 우리 선생님은 이 잘 쓰여진 글귀를 칭찬하실 거야.

06 내가 필요한 건 냄비야, 부채가 아니고.

07 페인트 냄새가 너무 지독해서 기절할 뻔했어.

08 내 아내는 패션 디자인에 대단한 열정이 있어.

09 무화과 먹는 돼지 본 적 있니?

10 4개의 옅은 파란색 박스는 색상 검사에서 떨어질 거야.

Step 02 정답

01 What I need is a pan, not a fan.

02 Four pale blue boxes will fail the color inspection.

03 My teacher will praise this well-written phrase.

Step 01 짧은 이야기를 읽으며 [f]와 [p] 발음을 연습해 보세요.

1회☐ 2회☐ 3회☐ 4회☐ 5회☐

Passion for Fashion Design

Pan has a great passion for fashion design but must face a harsh reality: unlike fast growing markets in the US, the African market has improved at a snail's pace for the past 10 years. It's difficult to get a job. Pan sent a pile of resumes to companies but never got a single reply. Probably her resume is being used for scrap paper. Pan fears that she's the only one who is jobless among her peers. She wants to pour out her frustration to her four best friends, but they are all out of reach.

· has a는 [hæzə]로 한 단어처럼 이어서 발음하세요.
· reality의 -t-는 모음 사이에 있으므로 약한 [d] 또는 [r]로 발음해 보세요.
· at a. get a의 -t 역시 모음 사이에 있으므로 약한 [d] 또는 [r]로 발음하며 뒤의 a와 한 단어처럼 이어서 소리내 보세요.
· sent a의 -t와 a 를 이어서 [sentə]로 발음됩니다.
· out of 역시 한 단어처럼 이어서 발음해 보세요. 이때 -t는 모음 사이에 있으므로 약한 [d] 또는 [r]로 발음하죠.

이렇게 해보세요!

1회 오디오 들어보기
2회 오디오를 들으며 한 문장씩 따라읽기
3회 자신의 목소리를 녹음하면서 혼자 읽어보기
4, 5회 오디오를 들으며 네이티브와 거의 동시에 읽어보기

표현

face ~ 문제에 처하다, 직면하다
harsh 냉혹한, 가혹한
at a snail's pace 달팽이의 속도로, 즉 '아주 천천히'란 뜻
a pile of ~ ~ 한 무더기
scrap paper 이면지, 종이조각
peer 동료, 또래
out of reach 연락이 닿지 않는

해석

패션 디자인을 향한 열정

팬은 패션 디자인에 큰 열정을 보였지만 냉혹한 현실을 직면해야 했다. 빠르게 성장하는 미국 시장과 달리, 아프리카 시장은 지난 10년 동안 아주 느리게 성장했다. 일자리를 구하는 것은 힘들다. 팬은 이력서를 한 무더기를 여러 회사에 보냈지만 어느 한 곳도 답장을 보내지 않았다. 아마도 그녀의 이력서는 이면지로 쓰이고 있을 것이다. 팬은 동료들 중 자기만 일을 구하지 못하고 있다는 것이 걱정스러웠다. 4명의 절친한 친구들에게 자신의 절망감을 얘기하고 싶었지만 친구들은 연락이 닿지 않았다.

[ ] has a great [ ] [ ] [ ] design but must [ ] a harsh reality: unlike [ ] growing markets in the US, the [ ] market has [ ] at a snail's [ ] [ ] the [ ] 10 years. It's [ ] to get a job. [ ] sent a [ ] [ ] resumes to [ ] but never got a single [ ]. [ ] her resume is being used [ ] scrap [ ]. [ ] [ ] that she's the only one who is jobless among her [ ]. She wants to [ ] out her [ ] to her [ ] best [ ], but they are all out [ ] reach.

01 ....

02 ....

03 ....

Step 02 정답

Step 01의 지문을 참조하세요.

Step 02 정답

01 Pan has a great passion for fashion design.

02 Pan fears that she's the only one who is jobless among her peers.

03 She wants to pour out her frustration to her four best friends.

[p]에 진동을 더하면 [b], [f]에 진동을 더하면 [v]!

일상생활과 밀착되어 있는 TV는 이미 오래 전부터 우리말로 굳어져 '티비'라고 말하고 있죠. 하지만 네이티브에게 우리말하듯 '티비 티비'해대면 자칫 '결핵(Tuberculosis)'을 뜻하는 TB로 잘못 알아들을 수 있어요. TV라고 제대로 전달하고 싶다면 [v]와 [b] 발음을 분명히 구별해줘야 한답니다.

[b] - [v] 발음은 이렇게 달라요!

[b]

두 입술을 다물었다가

입술을 떼며 한 번에 강하게 공기를 내보냅니다. 이때 반드시 '성대를 울려 진동을 더해주어야' 해요!

[v]

아랫입술을 살짝 위로 올려, 윗니를 아랫입술 안쪽에 가볍게 깨물듯 얹어주세요.

이 상태에서 바람을 '길~게' 내보냅니다. 이때 반드시 '성대를 울려 진동을 더해'주세요!

울림소리를 내는 데 아직도 자신이 없다면 다시 한 번 다음 요령에 따라 연습해 보세요.
울림소리 만들기 요령
❶ 두 입술을 아주 조금만 벌리세요.
❷ 'ㅂ~~' 소리를 내면서 입술을 가볍게 떨어보세요. [으] 소리를 섞지 않도록 주의합니다.
위와 같은 느낌 그대로 [b]와 [v] 발음도 울리면 돼요.

입술을 다물었다가 한 번에 강하게 공기를 내보내면 [p] 소리가 나온다고 했어요. 그런데 이때 성대를 울려 진동을 더해주면 [p]가 아니라 [b] 소리가 난답니다. 또, [f] 소리를 낼 때의 입모양에 성대를 울려 진동을 더하면 [v] 소리가 나죠. 즉, [b]와 [v]는 둘 다 진동을 더해 만드는 울림소리이지만, 입모양과 바람을 내뿜는 스타일이 서로 다르답니다.

발음훈련 01 : 단어 소리내기   🎧 16-1.mp3 / 16-2.mp3   🔘 16-1.wmv

Step 01 [b]와 [v] 발음에 주의해 다음 단어들을 읽어보세요.

1회 ☐ 2회 ☐ 3회 ☐ 4회 ☐ 5회 ☐

01	ban - van	02	bale - vale
03	berry - very	04	beer - veer
05	banish - vanish	06	bend - vend
07	bet - vet	08	best - vest
09	buy - vie	10	bile - vile
11	balance - valance	12	base - vase
13	bolt - volt	14	bow - vow
15	boat - vote	16	bane - vane
17	biz - viz	18	bowel - vowel
19	bat - vat	20	dub - dove

 이렇게 해보세요!

1회 | 오디오 들어보기
2회 | 오디오 듣고 따라읽기
3회 | 자신의 목소리를 녹음하면서 혼자 읽어보기
4. 5회 | 단어를 보지 않고 오디오만 듣고 따라읽기

· ⁰³berry와 very의 경우, [r] 발음까지 신경 쓰다 보면 be-, ve-를 발음할 때부터 혀 끝이 말려서 [r] 발음이 나는 경우가 있습니다. 긴장을 풀고 천천히 발음해 보세요.

· ¹³bolt, volt의 -o-는 이중모음 [ou]로 발음해요. 이때 [u]는 약하게 [으] 정도로만 발음하세요.

· ¹⁸bowel[báuəl], vowel[váuəl]에서 -w-는 소리 값이 없군요.

· ²⁰dub, dove 둘 다 끝 자음 [b]와 [v]에 [으] 발음을 섞지 않도록 주의하세요.

Step 02 오디오를 듣고 따라읽으며 단어를 써보세요.

01	....	02	....
03	....	04	....
05	....	06	....

해석

01 금지하다 – 밴(자동차)
02 뭉치, 더미 – 계곡
03 딸기 – 매우
04 맥주 – 방향을 갑자기 바꾸다
05 금지하다 – 사라지다
06 구부리다 – 팔다
07 내기하다, 장담하다 – 수의사
08 최고의 – 조끼
09 사다 – ~을 가지려고 다투다
10 담즙 – 불쾌한
11 균형 – 장식용 천
12 물건의 맨 아랫부분 – 꽃병
13 나사못 – (전기) 볼트
14 절하다 – 서약
15 보트 – 투표하다
16 골칫거리 – 풍향계
17 사업 – 즉, 자세히 말하면
18 내장 – 모음
19 박쥐 – 큰 통
20 더빙하다 – 비둘기

정답

01 vote   02 berry
03 bend   04 dove
05 boat   06 veer

Step 01   문장 속에서 [b]와 [v] 발음을 익혀보세요.

1회☐ 2회☐ 3회☐ 4회☐ 5회☐

😊**이렇게 해보세요!**
1회|오디오 들어보기
2회|오디오 듣고 따라읽기
3회|자신의 목소리를 녹음하면서 혼자 읽어보기
4, 5회|문장을 보지 않고 오디오만 듣고 따라읽기

01 This **b**olt can withstand 1,000 **v**olts.

02 My **b**owels keep making funny **v**owel sounds.

03 **V**ase is often mispronounced as **b**ase.

04 Smoking should be **b**anished and **v**anished from this country.

05 The re**b**els re**v**el in their success in o**v**erthrowing the go**v**ernment.

06 I **b**et that the **v**et used to **b**e an actor.

07 He **v**eered off the road while drinking a **b**eer.

08 The couple **b**owed after exchanging **v**ows during their wedding.

09 You ha**v**e to wear ru**b**ber glo**v**es when touching the glo**b**e.

10 We ha**v**e to **v**ote on who should **b**e on the **b**oat.

표현
withstand 견디다
rebel 반군
revel 축하하다
overthrow 전복시키다
rubber glove 고무장갑
globe 지구본

해석
01 이 나사못은 1,000 볼트까지 견딜 수 있다.
02 내 배가 자꾸 이상한 모음 소리들을 내고 있어.
03 Vase를 base로 잘못 발음하는 경우가 많아.
04 흡연은 이 나라에서 금지되고 사라져야 돼.
05 반군들이 정부를 성공적으로 전복시킨 것을 축하한다.
06 내가 장담하는데, 저 수의사는 예전에 배우였어.
07 그 남자가 맥주를 마시는 동안 도로를 홱 하고 벗어났다.
08 그 커플은 결혼식에서 서약을 나눈 다음 머리 숙여 인사했다.
09 그 지구본을 만질 때 고무장갑을 착용해야 해.
10 누가 보트에 있을지 투표를 해야 해.

Step 02   오디오를 듣고 따라읽으며 문장을 써보세요.

01 ....

02 ....

03 ....

정답
01 My bowels keep making funny vowel sounds.
02 Vase is often mispronounced as base.
03 I bet that the vet used to be an actor.

Step 01 짧은 이야기를 읽으며 [b]와 [v] 발음을 연습해 보세요.

1회☐ 2회☐ 3회☐ 4회☐ 5회☐

Vying for Berries

There was a **v**ery interesting news report on TV about a new therapy for T**B**. It said that **v**arious **b**erries could be **v**ery helpful for patients suffering

from T**B**. Right after the news report was aired, supermarkets were full of people **v**ying for **b**erries. People who weren't a**b**le to **b**uy **b**erries from the market ordered **v**arious kinds of **b**erries from **b**erry farms and **v**ia the Internet. **B**arry Kim, a former **v**et, **b**et the **b**erry rush would **b**oost the local economy **b**ut not the patients' health.

이렇게 해보세요!
1회 | 오디오 들어보기
2회 | 오디오를 들으며 한 문장
씩 따라읽기
3회 | 자신의 목소리를 녹음하면
서 혼자 읽어보기
4, 5회 | 오디오를 들으며 네이티
브와 거의 동시에 읽어보기

표현
therapy 치료법
TB 결핵(tuberculosis의 줄임말)
berry 나무에서 열리는 열매
suffer from (병을) 앓다
air 방송하다
via [váiə, ví:ə] ~을 통해서
rush 많은 사람들이 한꺼번에 몰
려드는 것
boost 촉진하다

해석
베리 구하기 경쟁

TV에서 새로운 결핵 치료법에 관한
매우 흥미로운 뉴스가 있었습니다.
뉴스는 여러 가지 베리가 결핵을 앓
고 있는 환자들에게 도움이 될 수
있다고 전했습니다. 뉴스가 방송된
직후, 슈퍼마켓에는 베리를 사려고
아우성치는 사람들로 가득했습니
다. 마켓에서 베리를 사지 못한 사람
들은 베리 농장과 인터넷을 통해 여
러 가지 베리를 주문했습니다. 전직
수의사였던 배리 킴 씨는 베리 열기
가 지역 경제에는 도움이 되겠지만
환자의 건강에는 도움이 되지 않을
것이라고 장담했습니다.

· TV, TB와 같은 약자는 보통 끝에 강세가 오죠.

· about a가 자연스럽게 연결되면서 about의 -t는 약한 [d] 내지 [r]로 소리가 변합
니다. about처럼 뒤에 오는 단어에 따라 [t] 발음이 달라지는 경우를 주의하세요.

· helpful에서 단어 중간의 -pf-는 두 입술을 한번 다물었다가 바로 [f]를 발음하세요.
[p]와 [f]가 빨리 이어지도록 반복해서 연습해 봅니다.

· vying의 발음은 [váiiŋ]이에요. [i] 발음이 두 개인 것에 주의하세요. skiing,
studying도 [i] 발음이 두 개 이어지는 대표적인 경우이죠.

오디오를 듣고 따라읽으며 빈칸을 채워보세요.

There was a ⬚ interesting news report on ⬚ ⬚ a new therapy for ⬚ . It said that ⬚ ⬚ could be ⬚ helpful for patients suffering from ⬚ . Right after the news report was aired, supermarkets were full of people ⬚ for ⬚ . People who weren't ⬚ to ⬚ ⬚ from the market ordered ⬚ kinds of ⬚ from ⬚ farms and ⬚ the Internet. ⬚ Kim, a former ⬚ , ⬚ the ⬚ rush would ⬚ the local economy ⬚ not the patients' health.

오디오를 듣고 따라읽으며 문장을 써보세요.

01 ....

02 ....

03 ....

Step 02 정답

Step 01의 지문을 참조하세요.

Step 03 정답

01 Various berries could be very helpful for patients suffering from TB.

02 Supermarkets were full of people vying for berries.

03 Barry Kim, a former vet, bet the berry rush would boost the local economy.

동영상을 보며
따라해 보세요!

혀끝을 숨기면 [s], 혀끝을 보이면 [θ]!

'쌩큐', '땡큐', 어떻게 해도 우리말로는 표현할 수 없는 Thank you!의 [θ] 발음, 이제 여러분은 제대로 발음할 수 있죠? 그럼 비슷한 듯 다른 [s] 발음과도 완전하게 구별해서 말하고 알아들을 수 있을까요? sank와 thank처럼 [s]와 [θ] 발음 외엔 발음이 똑같은 단어들을 말이죠. 혹여 조금이라도 자신이 없다면 이번 훈련도 건너뛰지 말고 충실히 임하세요!!

[s] - [θ] 발음은 이렇게 달라요!

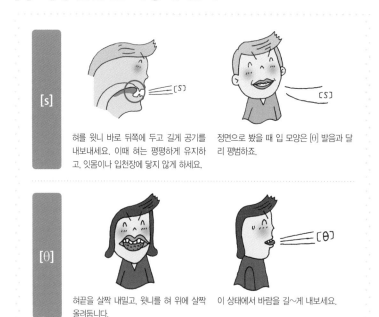

[s] 혀를 윗니 바로 뒤쪽에 두고 길게 공기를 내보내세요. 이때 혀는 평평하게 유지하고, 잇몸이나 입천장에 닿지 않게 하세요.

정면으로 봤을 때 입 모양은 [θ] 발음과 달리 평범하죠.

[θ] 혀끝을 살짝 내밀고, 윗니를 혀 위에 살짝 올려둡니다.

이 상태에서 바람을 길~게 내보세요.

Tip

[s]와 [θ]는 얼핏 그냥 바람소리처럼 들리지만 이어지는 자음, 모음과 합쳐지면 제대로 된 발음으로 들리게 돼요. 따라서 걱정 붙들어매고 그냥 바람만 길~게 내보내세요! 아셨죠?

[s]와 [θ] 모두 바람이 길게 나오면서 만들어지는 발음이에요. 다만, [s]는 혀끝을 윗니 뒤쪽에 두고, [θ]는 윗니를 혀끝 위에 살짝 올려두고 바람을 길게 내보내는 거죠. 둘 다 일부러 [ㅅ], [ㅆ] 등의 소리를 내지 않아도 혀의 위치만 잘 지켜서 바람만 길게 내보내면 자연스레 [s], [θ] 발음이 난답니다.

Step 01　[s]와 [θ] 발음에 주의해 다음 단어들을 읽어보세요.

1회 ☐　2회 ☐　3회 ☐　4회 ☐　5회 ☐

01 sank - thank	02 moss - moth
03 seem - theme	04 sick - thick
05 sigh - thigh	06 sin - thin
07 sink - think	08 song - thong
09 sum - thumb	10 force - forth
11 miss - myth	12 souse - south
13 gross - growth	14 sing - thing
15 mass - math	16 sought - thought
17 mouse - mouth	18 tense - tenth
19 pass - path	20 face - faith

🎯 이렇게 해보세요!

1회 | 오디오 들어보기

2회 | 오디오 듣고 따라읽기

3회 | 자신의 목소리를 녹음하면서 혼자 읽어보기

4, 5회 | 단어를 보지 않고 오디오만 듣고 따라읽기

· ⁰²moss, moth처럼 [s], [θ] 소리가 단어 끝에 오는 경우 두 발음을 구분하는 것이 어렵습니다. 두 단어를 번갈아 들어보면서 차이를 느껴보도록 하세요.

· ⁰³theme[θi:m]과 같은 외래어가 된 단어들은 특히 주의해서 발음해야겠죠?

· ¹³gross, growth의 -o-는 이중모음 [ou]로 [o]와 [u]를 빠르게 이어서 발음합니다. 이때 [u]는 [으] 정도로 약하게 발음하면 돼요.

· ¹⁵mass, math의 -a-[æ] 발음에도 신경 쓰세요.

Step 02　오디오를 듣고 따라읽으며 단어를 써보세요.

01 _____　02 _____

03 _____　04 _____

05 _____　06 _____

Step 01 해석

01 sink의 과거형 – 감사하다

02 이끼 – 나방

03 ~인 듯하다 – 주제

04 역겨운 – 두꺼운

05 한숨을 쉬다 – 허벅지

06 죄 – 얇은

07 가라앉(히)다 – 생각하다

08 노래 – 가죽 끈

09 합계 – 엄지손가락

10 힘, 폭력 – 앞으로

11 놓치다 – 신화

12 푹 담그다 – 남쪽

13 합계, 역겨운 – 성장

14 노래 – 사물

15 큰 덩어리 – 수학

16 seek의 과거형 – think의 과거형

17 쥐 – 입

18 긴장한 – 10번째

19 지나가다 – 길

20 얼굴 – 신뢰

Step 02 정답

01 myth　　02 gross

03 thigh　　04 tense

05 faith　　06 sigh

 Step 01 문장 속에서 [s]와 [θ] 발음을 익혀보세요.

1회 ☐ 2회 ☐ 3회 ☐ 4회 ☐ 5회 ☐

🗣 이렇게 해보세요!
1회| 오디오 들어보기
2회| 오디오 듣고 따라읽기
3회| 자신의 목소리를 녹음하면서 혼자 읽어보기
4. 5회| 문장을 보지 않고 오디오만 듣고 따라읽기

01 He **s**ighed deeply while rubbing his **th**igh.

02 "I'm **s**ick of this job," he **s**aid, his voi**c**e **th**ick with fury.

03 Did you **s**ee anybody pa**ss** by thi**s** pa**th**?

04 He's been **th**inking of **s**inking the **S**panish fleet.

05 '**Th**aw' and '**s**aw' **s**ound the **s**ame to me.

06 I **s**aw a man putting a mou**s**e in hi**s** mou**th**.

07 The graph **s**hows a big grow**th** in the gro**ss** income of women.

08 **Th**ank god, the dollar **s**ank even lower after I bought a lot of **s**tock**s**.

09 She often **s**ing**s** about **th**ings that I can't under**s**tand.

10 A ma**ss** of **s**tudents failed the ma**th** exam this year.

표현
rub 문지르다
fury 분노
fleet 함대
stock 주식

해석
01 그는 허벅지를 문지르면서 한숨을 깊이 내쉬었다.
02 "이 일이 너무 지겨워." 그의 목소리는 분노로 가득 차 있었다.
03 이 길을 지나가는 사람 봤어?
04 그는 스페인 함대를 가라앉힐 생각을 하고 있다.
05 Thaw와 saw는 내게는 같은 소리로 들려.
06 자기 입에다가 쥐를 넣는 남자를 봤어.
07 이 그래프는 여자들의 총 수입이 크게 증가했음을 보여준다.
08 정말 다행이야, 내가 주식들을 산 이후로 달러가 더 떨어졌어.
09 그녀는 종종 내가 알아듣지 못하는 것들을 노래해.
10 올해 수학 시험에 낙제한 학생들이 많아.

· ⁰⁹can't에서 -a-는 [æ]로 강하게 발음해 주세요. 또한, [n] 다음에 오는 [t]는 종종 발음을 생략하기도 한다는 것을 염두에 두고 들어보세요.

Step 02 오디오를 듣고 따라읽으며 문장을 써보세요.

01 ....

02 ....

03 ....

정답
01 'Thaw' and 'saw' sound the same to me.
02 I saw a man putting a mouse in his mouth.
03 A mass of students failed the math exam this year.

Step 01 짧은 이야기를 읽으며 [s]와 [θ] 발음을 연습해 보세요.

1회 ☐ 2회 ☐ 3회 ☐ 4회 ☐ 5회 ☐

Moth the Cat

Miss Smith has a cat named Moth. Contrary to popular myth, Moth is not interested in catching mice. One day, Miss Smith took Moth to a theme park. It seemed that Moth liked the place. At the botanic garden, Moth was so excited to see many butterflies that he ran round and round the place. He grabbed something on some moss. Putting it in his mouth, he showed it to Miss Smith. Moth had a moth in his mouth. "You really live up to your name, Moth," said Miss Smith.

모쓰, 너 정말
네 이름에 어울리게
사는구나~

이렇게 해보세요!

1회 오디오 들어보기

2회 오디오를 들으며 한 문장 씩 따라읽기

3회 자신의 목소리를 녹음하면 서 혼자 읽어보기

4. 5회 오디오를 들으며 네이티 브와 거의 동시에 읽어보기

· has a를 [hæzə]로 자연스럽게 이어서 발음해 봅니다. 후반부에 나오는 had a 역시 [hædə]로 한 단어처럼 발음하면 되죠.

· excited에서 -t-는 모음 사이에 있으므로 약한 [d] 내지 [r]로 부드럽게 발음하고, -ed는 [id]로 발음합니다.

· round and round에서 round and은 한 단어처럼 이어서 [raundən]으로 발음 합니다. 이때 and의 -d는 발음이 생략되죠.

· showed it 역시 한 단어처럼 이어서 소리 내보세요. showed의 -d와 it이 연결되 면 [dit]으로 발음됩니다.

표현

a cat named Moth 모스라는 이름의 고양이

contrary to ~와 반대로

popular myth 많은 사람들이 가지고 있는 근거 없는 믿음

be not interested in + -ing ~하는 것에 시큰둥하다

one day 어느 날

botanic garden 식물원

grab 잡다

live up to ~에 어울리게 살다

해석

고양이 모스

미스 스미스는 모스(나방)라는 이름 의 고양이를 기르고 있다. 사람들이 흔히 생각하고 있는 잘못된 상식과 는 반대로 모스는 쥐 잡는 것에는 시큰둥하다. 어느 날 미스 스미스가 모스를 테마 공원에 데리고 갔다. 모스는 공원을 아주 좋아하는 듯했 나. 식물원에서 모스는 많은 나비를 보더니 무척이나 신이 나서는 식물 원을 몇 번이나 뛰며 돌았다. 모스 가 이끼 위에서 뭔가를 잡더니 미스 스미스에게 보여줬다. 모스는 입에 나방을 한 마리 물고 있었다. "모스, 너 정말 네 이름에 어울리게 사는구 나." 미스 스미스가 말했다.

_____ _____ has a cat named _____. Contrary to popular _____, _____ is not _____ in catching _____. One day, _____ _____ took _____ to a _____ park. It _____ that _____ liked the place. At the botanic garden, _____ was _____ _____ to _____ many butterflies that he ran round and round the _____. He grabbed _____ on _____ _____. Putting it in his _____, he showed it to _____ _____. _____ had a _____ in his _____. "You really live up to your name, _____," _____ _____ _____.

01 ....

02 ....

03 ....

정답

Step 01의 지문을 참조하세요.

정답

01 Contrary to popular myth, Moth is not interested in catching mice.

02 One day, Miss Smith took Moth to a theme park.

03 He grabbed something on some moss.

혀끝을 윗잇몸에 대면 [l], 혀끝을 입 안으로 말면 [r]!

Part 1에서 [l]과 [r] 발음을 따로따로 열심히 훈련했는데요, 그렇다면 이제 right와 light를 제대로 구별해서 말하고 알아들을 수 있는지 확인할 거예요. right[rait]와 light[lait] 처럼 [r]과 [l] 발음 외에는 발음이 똑같은 단어를 짝지어 듣고 말하는 훈련인데요, 이 훈련을 무사히 마치고 나면 이런 단어들을 문장 속에서, 이야기 속에서 자연스럽게 구별할 수 있는 힘이 생긴답니다.

[l] - [r] 발음은 이렇게 달라요!

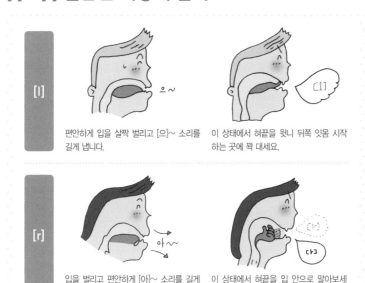

[l] 편안하게 입을 살짝 벌리고 [으]~ 소리를 길게 냅니다.

이 상태에서 혀끝을 윗니 뒤쪽 잇몸 시작하는 곳에 꽉 대세요.

[r] 입을 벌리고 편안하게 [아]~ 소리를 길게 냅니다.

이 상태에서 혀끝을 입 안으로 말아보세요.

Tip

[l]과 [r] 발음을 할 때 [으]와 [아] 소리를 내는 것은 두 발음을 처음 연습할 때 발음을 편하게 하려고 내는 소리입니다. 발음이 익숙해진 다음에는 두 소리를 내지 않도록 하세요.

앞에서 따로따로 연습했던 [l]과 [r] 발음의 요령을 묶어서 비교해 보도록 하죠. [l]은 혀끝을 윗니 뒤쪽 잇몸이 시작하는 곳에 꽉 대고, 혀 모양을 ╱처럼 하면 자연스럽게 나오는 발음이죠. 반면, [r] 발음은 혀끝을 입 안으로 말아 넣되 입 안 어디에도 혀끝이 닿지 않도록 하는 것이 중요합니다. 혀끝을 살짝만 말아 넣으면 약한 [r] 발음이 되고, 입안까지 쑥~ 말아 넣으면 깊은 [r] 발음이 되죠.

Step 01 [l]과 [r] 발음에 주의해 다음 단어들을 읽어보세요.

1회☐ 2회☐ 3회☐ 4회☐ 5회☐

01 late - rate	02 lace - race
03 lack - rack	04 glass - grass
05 lane - rain	06 glow - grow
07 led - red	08 lent - rent
09 lice - rice	10 clam - cram
11 clue - crew	12 light - right
13 lip - rip	14 load - road
15 lock - rock	16 climb - crime
17 collect - correct	18 lie - rye
19 flea - free	20 lend - rend

😊 이렇게 해보세요!

1회|오디오 들어보기

2회|오디오 듣고 따라읽기

3회|자신의 목소리를 녹음하면
서 혼자 읽어보기

4, 5회|단어를 보지 않고 오디
오만 듣고 따라읽기

· ⁰¹late, rate처럼 [t] 발음으로 끝나는 단어는 혀끝을 윗니 뒤쪽 잇몸이 시작하는 곳
에 댄 채 멈추면 되죠.

· ¹¹clue, crew는 각각 [klu:], [kru:]로 발음돼요. -ue, -ew 모두 [u:]로 길게 발음하죠.

· ¹⁹flea, free의 fl, fr처럼 자음이 연속되는 경우 발음하기가 쉽지 않죠? f와 l, f와 r
사이에 [으] 소리를 넣지 않도록 신경 쓰면서 천천히 발음 요령에 따라 발음해 보세요.

Step 02 오디오를 듣고 따라읽으며 단어를 써보세요.

01 ....   02 ....

03 ....   04 ....

05 ....   06 ....

Step 02 해석

01 늦은 – 비율

02 (옷 등의) 레이스 – 달리기 경주

03 부족한 – 선반, 걸이

04 유리 – 잔디

05 길 – 비

06 밝게 빛나다 – 증가하다

07 lead의 과거형 – 붉은

08 lend의 과거형 – 집세

09 이들 – 쌀

10 조개 – 쑤셔넣다

11 단서 – 승무원

12 가벼운 – 적당한

13 입술 – 찢다

14 적재하다, 짐 – 길

15 잠그다 – 바위

16 올라가다 – 범죄

17 수집하다 – 정확한

18 거짓말 – 호밀

19 벼룩 – 자유로운

20 빌려주다 – 찢다

Step 02 정답

01 lace   02 rate

03 rip   04 crew

05 rent   06 lent

 발음훈련 02 : 문장 소리내기 　🎧 18-3.mp3 / 18-4.mp3

Step 01　문장 속에서 [l]과 [r] 발음을 익혀보세요.

1회 □　2회 □　3회 □　4회 □　5회 □

01 Birth rates in the late 70s were a lot higher than they have been recently.

02 There's a reflection of the grass in the glass mirror.

03 Her love for him is growing and her face is glowing with happiness.

04 He took the boy by the hand and led him to the red room.

05 My father lent me his car so I never had to rent one.

06 Lice came out of his head and jumped into the rice bowl.

07 I have no clue which cabin crew member served me this wine.

08 A warm red light is right for the storage room.

09 Heavy loads damage roads.

10 The flea market offers shoppers free parking space.

이렇게 해보세요!

1회 | 오디오 들어보기

2회 | 오디오 듣고 따라읽기

3회 | 자신의 목소리를 녹음하면서 혼자 읽어보기

4, 5회 | 문장을 보지 않고 오디오만 듣고 따라읽기

표현

birth rate 출산율
rice bowl 밥주발
cabin crew 객실 담당 승무원
flea market 벼룩시장

Step 01 해석

01 70년대 후반의 출산율은 지금보다 훨씬 높았어요.

02 유리 거울에 반사된 잔디가 보였어.

03 그에 대한 그녀의 사랑이 커져가면서, 그녀의 얼굴은 행복으로 빛나고 있다.

04 그는 소년의 손을 잡고 붉은 색 방으로 끌고 갔다.

05 아버지가 차를 나에게 빌려주시는 바람에 차를 렌트할 필요가 없었어.

06 이가 그의 머리에서 나와서 밥주발로 뛰어들었다.

07 어느 객실 담당 승무원이 이 와인을 내게 따라줬는지 생각이 나지 않아.

08 따뜻한 붉은 색 조명이 이 창고에 적당하다.

09 과적이 도로를 훼손한다.

10 벼룩시장은 고객들에게 주차공간을 무료로 제공한다.

Step 02　오디오를 듣고 따라읽으며 문장을 써보세요.

01 _____

02 _____

03 _____

Step 02 정답

01 A warm red light is right for the storage room.

02 The flea market offers shoppers free parking space.

03 He took the boy by the hand and led him to the red room.

Step 01 짧은 이야기를 읽으며 [l]과 [r] 발음을 연습해 보세요.

1회☐ 2회☐ 3회☐ 4회☐ 5회☐

My Coach and I

It was late afternoon. My heart rate was going up while I was running along the lane. I was preparing for a triathlon and wanted to win the race. There was no sign of rain in the sky and my lips were getting dry. My coach, who led my swimming team last year, was sipping a glass of iced tea on the grass and reading a newspaper. "Watch your shoelace; it's loose! Light steps at the right pace," my coach shouted at me. He ripped the newspaper as his face turned red.

이렇게 해보세요!

1회 | 오디오 들어보기

2회 | 오디오를 들으며 한 문장 씩 따라읽기

3회 | 자신의 목소리를 녹음하면 서 혼자 읽어보기

4, 5회 | 오디오를 들으며 네이티 브와 거의 동시에 읽어내기

표현

heart rate 심장박동

run along the lane 길을 따라 달리다

triathlon 철인 삼종 경기

no sign of rain 비가 올 기미가 없음

sip 조금씩 마시다

light steps at the right pace 가벼운 걸음으로 적당한 속도에 맞춰

해석

코치와 나

늦은 오후였다. 길을 따라 달리고 있는 동안 내 심장박동은 점점 올라갔다. 나는 철인 삼종 경기를 준비하고 있었고 경주에서 이기고 싶었다. 하늘에는 비가 올 기미가 없었고 내 입술은 말라갔다. 작년 수영팀을 이끌었던 내 코치는 잔디에서 아이스티를 홀짝거리면서 신문을 보고 있었다. "신발 끈 조심해, 느슨하잖아! 가벼운 걸음으로 적당한 속도로 뛰어," 코치가 내게 소리쳤다. 코치는 얼굴이 빨개지면서 신문을 찢었다.

· triathlon의 발음은 [traiǽθlən]입니다. -a-[æ]에 강세를 넣어 발음해야 하며, -thl-[θl]에서 [θ]와 [l] 사이에 [으] 소리를 섞지 않도록 주의하세요.

· wanted[wantid]에서처럼 [t] 발음이 [n]과 모음 사이에 오면, [t] 발음을 종종 생략하고 말하기도 해요. 또, -ed[id]의 마지막 [d] 발음은 바로 뒤의 to[t]와 이어지면서 소리가 거의 들리지 않는답니다.

· iced tea[aist ti:]에서 iced의 -ed[t] 발음은 생략되는 게 보통이죠. 바로 뒤에 같은 [t] 발음이 이어지니까요.

It was ____ ____. My ____ ____ was
going up ____ I was ____ the ____. I
was ____ for a ____ and wanted to win
the ____. ____ was no sign of ____ in the sky
and my ____ ____ ____. My coach, who
____ my swimming team ____ ____, was sipping
a ____ of iced tea on the ____ and ____
a ____. "Watch ____ ____; it's
____! ____ steps at the ____ pace," my coach
____ at me. He ____ the ____ as
his face ____ ____.

Step 03 오디오를 듣고 따라읽으며 문장을 써보세요.

01 ....

02 ....

03 ....

Step 02 정답

Step 01의 지문을 참조하세요.

Step 03 정답

01 My heart rate was going up while I was running along the lane.

02 My coach was sipping a glass of iced tea on the grass.

03 Watch your shoelace; it's loose!

🐸 **한마디더!** ▶ 영국식 [r] vs 미국식 [r] ••••••••••••••••••••••••••••••••••••

영국식과 미국식 발음을 구분하는 대표적인 기준 중 하나가 [t]와 [r] 발음이죠. 영국식의 경우 [t]는 항상 변함 없이 [t]로 발음해요. 하지만 미국식은 강모음과 약모음 사이에 [t] 발음이 오는 경우 약한 [d] 또는 [r]로 소리가 부드럽게 변하죠. 사실, 혀를 입 안으로 살짝만 마는 약한 [r]로 소리를 내면 발음이 더욱 부드러워지고, 발음하기가 편해지는 경우가 더 많답니다. 또, 영국식에서는 단어 끝에 오는 [r] 발음은 [어]를 길게 발음할 뿐 [r] 발음은 전혀 안 해요. 가령 her는 [hə:], here는 [hiə:]처럼 말예요. 영어에 [t], [r] 발음이 들어간 단어가 상당히 많은 것을 생각하면 미국식과 영국식 발음은 그만큼 큰 차이가 나는 거죠.

[æ] - [e] 구별 훈련

과장해서 입을 크게 벌리는 [æ], 자연스럽게 입을 벌리는 [e]!

동영상을 보며 따라해 보세요

[æ]는 흔히 [e]로 발음해버리기 쉬운데 이러면 아주 곤란해집니다. 잘못 발음하면 '박쥐 bat'이 '내기 bet'이 되어버리고, '냄비 pan'이 '펜 pen'으로 되어버리거든요. Part 1에서 [æ] 발음을 하도 열심히 연습해서 그런 실수를 할 리는 없다구요? 정말 그런지 실전 훈련을 통해 확인해 보자구요!

[æ] - [e] 발음은 이렇게 달라요!

[æ]		
	입을 편안하게 벌리고 [아]를 길게 소리 내 보세요.	이 상태에서 턱을 떨어뜨린 채 [에] 소리를 냅니다. 이때 반드시 [아] 소리를 낼 때의 입과 혀 모양을 유지하도록 하세요.

 [e]

자연스럽게 우리말 [에] 소리를 길게 내면 돼요.

이때 혀는 아랫니 바로 뒤에 평평하게 자리잡게 되죠.

Tip

턱을 확 떨어뜨린 채 [에] 소리를 내려다보면 혀가 자연스럽게 올라가려고 해요. 이때 혀가 올라가지 못하도록 힘을 줘서 누르고 있어야 제대로 된 [æ] 발음이 난답니다.

자연스럽게 우리말 [에] 소리를 내면 되는 [e] 발음과는 달리, [æ]는 [아]의 입술과 혀 모양을 유지한 상태에서 턱을 떨어뜨려 [에]를 발음할 때 나는 소리라고 했어요. 단어와 문장을 듣고 따라 말해보면서 [æ]와 [e]의 실제 발음을 구별해 보세요.

Step 01 [æ]와 [e] 발음에 주의해 다음 단어들을 읽어보세요.

1회 ☐ 2회 ☐ 3회 ☐ 4회 ☐ 5회 ☐

01 bad - bed	02 bat - bet
03 dad - dead	04 gas - guess
05 ham - hem	06 lad - led
07 mass - mess	08 mat - met
09 pack - peck	10 pan - pen
11 passed - pest	12 pat - pet
13 rack - wreck	14 sac - sec
15 sad - said	16 sat - set
17 tag - teg	18 tamper - temper
19 tan - ten	20 vat - vet

· ¹¹passed에서 -ed는 [t]로 발음해요. [s]로 끝나는 동사의 -ed는 [t]로 발음합니다.

· ¹³wreck의 w-는 소리 값이 없어서 [rek]으로만 발음됩니다.

· ¹⁴sec은 second의 줄임말로 [sek]이라고 발음하죠.

· ¹⁵sad는 [sæd]로, said는 [sed]로 발음돼요.

이렇게 해보세요!

1회 | 오디오 들어보기

2회 | 오디오 듣고 따라읽기

3회 | 자신의 목소리를 녹음하면서 혼자 읽어보기

4. 5회 | 단어를 보지 않고 오디오만 듣고 따라읽기

Step 01 해석

01 나쁜 – 침대

02 박쥐 – 내기하다, 장담하다

03 아빠 – 죽은

04 가스, 휘발유 – 추측하다

05 햄 – (옷 등의) 단

06 남자아이 – lead의 과거형

07 덩어리 – 엉망진창

08 매트 – meet의 과거형

09 짐을 꾸리다 – 새가 부리로 쪼다

10 냄비 – 펜

11 pass의 과거형 – 해충

12 토닥거리다 – 애완동물

13 받침대, 선반 – 난파선

14 주머니 – 1초, 잠깐

15 슬픈 – say의 과거형

16 sit의 과거형 – 장소에 두다

17 꼬리표 – 두 살 난 암 사슴

18 허락 없이 만지다 – 성미

19 햇볕에 타다 – (숫자) 10

20 대형 통 – 수의사

Step 02 오디오를 듣고 따라읽으며 단어를 써보세요.

01	02 ....
03	04 ....
05	06 ....

Step 02 정답

01 wreck   02 passed

03 tan   04 bad

05 guess   06 hem

 **발음훈련 02 : 문장 소리내기** 🎧 19-3.mp3 / 19-4.mp3   19-2.wmv

Step 01 문장 속에서 [æ]와 [e] 발음을 익혀보세요.

1회 ☐ 2회 ☐ 3회 ☐ 4회 ☐ 5회 ☐

01 This b**e**d h**a**s bad springs.

02 I b**e**t this is a blood-sucking b**a**t.

03 D**a**d looked h**a**lf-d**ea**d when he came home.

04 C**a**n you gu**e**ss how much I paid for g**a**s today?

05 H**a**ve you m**e**t the guy st**a**nding on the m**a**t?

06 A p**e**st control truck just p**a**ssed by our house.

07 He s**ai**d the story was so s**a**d.

08 A s**e**t of tourists s**a**t on the b**e**nch.

09 My boss will lose his t**e**mper if I t**a**mper with his computer.

10 There were t**e**n people who wanted to t**a**n at the beach.

- ⁰¹has, ⁰⁴can, ⁰⁵Have 같은 조동사는 강조해서 말할 때는 모음 -a-를 [æ]로 발음하지만, 문장에서 굳이 강조할 필요가 없을 때는 [ə] 정도로 약하게 발음하죠.
- ⁰³half-dead에서 half의 -a-는 [æ], dead의 -ea-는 [e]로 구분해 발음하세요.
- ⁰⁸bench의 -e-는 [e]로 발음해요.

Step 02 오디오를 듣고 따라읽으며 문장을 써보세요.

01 ....

02 ....

03 ....

이렇게 해보세요!

1회 | 오디오 들어보기
2회 | 오디오 듣고 따라읽기
3회 | 자신의 목소리를 녹음하면서 혼자 읽어보기
4, 5회 | 문장을 보지 않고 오디오만 듣고 따라읽기

표현

blood-sucking 피를 빠는
half-dead 반쯤 죽은, 아주 피곤한
pay for ~에 대한 값을 지불하다
gas (차량에 넣는) 기름

Step 01 해석

01 이 침대는 질 나쁜 스프링으로 만들어졌어.
02 장담하는데 이건 흡혈 박쥐야.
03 아빠가 집에 돌아왔을 때 몹시 지쳐 보였어.
04 오늘 기름 값으로 얼마를 냈는지 알아?
05 매트 위에 서 있는 남자를 만난 적 있어?
06 해충 방제 트럭이 방금 우리 집을 지나갔어.
07 그는 그 이야기가 너무 슬프다고 했어.
08 여행객 한 무리가 벤치에 앉아 있었어.
09 직장 상사의 컴퓨터를 허락 없이 만지면 상사가 엄청 화낼 거야.
10 해변에서 태닝을 하고 싶어 했던 사람이 열 명 있었어.

Step 02 정답

01 Have you met the guy standing on the mat?
02 My boss will lose his temper if I tamper with his computer.
03 Dad looked half-dead when he came home.

Step 01   짧은 이야기를 읽으며 [æ]와 [e] 발음을 연습해 보세요.

1회 ☐   2회 ☐   3회 ☐   4회 ☐   5회 ☐

A Memory of My Dad

"It's s**a**d th**a**t your d**a**d is d**e**ad,"
my mom s**ai**d. She was looking
at a s**e**t of pictures th**a**t s**a**t on
the table. The cookies in the
g**a**s oven sm**e**lled pl**ea**sant,
interrupting her r**e**collection. "I
g**ue**ss the cookies are r**ea**dy," she s**ai**d. She prepared
the cookies with some j**a**m and th**e**n watched me eat
th**e**m. "Your d**a**d loved these cookies," she smiled
while rubbing her r**e**d g**e**mstone ring. The ring was
put on her finger by my d**a**d during th**ei**r w**e**dding.

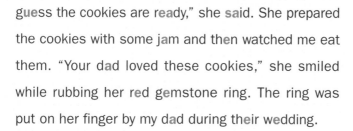

이렇게 해보세요!
1회|오디오 들어보기
2회|오디오를 들으며 한 문장씩 따라읽기
3회|자신의 목소리를 녹음하면서 혼자 읽어보기
4. 5회|오디오를 들으며 네이티브와 거의 동시에 읽어보기

표현
a set of pictures 한 무더기 사진들
sit on (사물이) ~에 있다
smell pleasant 좋은 냄새가 나다
interrupt ~을 방해하다
recollection 회상, 추억
I guess S + V ~인 것 같은데
gemstone ring 보석을 박은 반지
put on 옷을 '입거나' 모자를 '쓰거나' 액세서리 등을 '착용하는 동작'을 의미

· 색깔 표시된 단어 중 [æ] 발음은 sad, that, dad, at, sat, gas예요. [æ] 발음에 신경 써서 이 단어들만 따로 한 번 읽어보세요. 접속사 that과 전치사 at은 종종 [ə]로 약하게 발음되긴 하지만, 원래 발음도 명확히 할 줄 알아야 해요.

· a set of에서 set의 -t는 약한 [d] 내지 [r]로 부드럽게 소리 내보세요.

· recollection의 re-는 [re]로 발음한다는 것에 주의하세요.

· them에서 -e-는 제대로 발음하면 [e]이지만, 문장 속에서 [ə]로 약하게 발음하는 경우가 많아요. 일상생활에서 말을 다다다~ 할 때는 th-[ð] 발음마저 생략되어 [əm] 정도로만 발음하기도 하죠.

해석
아버지에 대한 추억

"아버지가 돌아가셔서 이 세상에 없다는 것이 참 안타깝구나," 어머니가 말했다. 어머니는 테이블에 있는 사진 세트를 바라보고 있었다. 가스 오븐에 굽고 있는 쿠키에서 맛있는 냄새가 나자 어머니의 회상은 중단되었다. "쿠키가 다 된 것 같은네," 어머니가 말했다. 어머니는 쿠키를 잼과 함께 준비해주고는 내가 먹는 것을 지켜보았다. "아버지가 이 쿠키들을 참 좋아하셨지," 어머니가 보석 반지를 문지르면서 웃었다. 그 반지는 결혼식에서 아버지가 어머니의 손가락에 끼워준 것이었다.

"It's ☐ ☐ your ☐ is ☐," my mom
☐. She was looking ☐ a ☐ of pictures ☐
☐ on the table. The cookies in the ☐ oven
☐ ☐, interrupting her ☐.
"I ☐ the cookies are ☐," she ☐.
She prepared the cookies with some ☐ and
☐ watched me eat ☐. "Your ☐ loved
these cookies," she smiled while rubbing her ☐
☐ ring. The ring was put on her finger by
my ☐ during ☐ ☐.

01 ....

02 ....

03 ....

Step 01의 지문을 참조하세요.

01 "It's sad that your dad is
 dead," my mom said.
02 She was looking at a set
 of pictures that sat on the
 table.
03 The cookies in the gas
 oven smelled pleasant.

트레이닝

20

[i:] - [i] 구별 훈련

'이'를 짧게 발음하는 [i],
'이'를 길~게 발음하는 [i:]!

동영상을 보며 따라해 보세요

요령만 제대로 알고 있으면 음치도 박치도 자신 있게 발음할 수 있는 [i:]와 [i] 발음이네요. feast(축제)가 fist(주먹)가 되지 않도록, peach(복숭아)를 잘못 발음해서 pitch(던지다)로 만들지 않도록 두 발음을 구별하는 훈련을 해보도록 해요.

[i:] - [i] 발음은 이렇게 달라요!

[i:]

높낮이가 다른 [이] 두 개를 자연스럽게 빨리 발음해 보세요. 첫 [이]는 평소보다 조금 높게, 두 번째 [이]는 평소처럼 발음하면 돼요.

우리말 [이]를 발음할 때보다 입술을 양옆으로 더 잡아당기면서 발음하면 높낮이 다른 [이]가 자연스럽게 입 밖으로 나오죠.

[i]

보통 높이로 [이]를 자연스럽게 발음합니다.

이때 입술은 자연스럽게 양옆으로 잡아당기면 돼요.

[i:]는 음 높낮이가 다른 두 개의 [이]를 빠르게 이어서 하는 발음이죠. 음 높낮이가 다르기 때문에 아무리 빨리 발음해도 [이]를 한 번만 발음하는 [i] 발음과 자연스럽게 구분이 돼요. [i:]를 발음할 때 두 개의 [이]가 중간에 끊어지지 않도록 주의만 하면 됩니다.

발음훈련 01 : 단어 소리내기

🎧 20-1.mp3 / 20-2.mp3

Step 01 [iː]와 [i] 발음에 주의해 다음 단어들을 읽어보세요.

1회☐ 2회☐ 3회☐ 4회☐ 5회☐

01	bead - bid	02	beat - bit
03	cheap - chip	04	cheek - chick
05	deep - dip	06	feast - fist
07	feel - fill	08	green - grin
09	heap - hip	10	heat - hit
11	keen - kin	12	leave - live
13	peach - pitch	14	peel - pill
15	reach - rich	16	reap - rip
17	seat - sit	18	sheep - ship
19	steal - still	20	wheat - wit

- ⁰⁶feast, fist에서 -st는 혀끝을 윗니 뒤쪽에 두고 [s]를 길게 발음하다가 혀끝을 윗니 뒤쪽 잇몸이 시작하는 곳에 대면서 [t] 발음을 끝냅니다.
- ¹²leave, live의 단어 끝 -e는 발음을 하지 않아요. 즉 -ve는 자음 [v]로 발음이 끝나는 거죠. [으]를 섞어서 발음하지 않도록 하세요.

Step 02 오디오를 듣고 따라읽으며 단어를 써보세요.

01	02 ....
03	04 ....
05	06 ....

Step 01 해석

01 구슬 – 입찰하다

02 박자, 치다 – 조금, 약간

03 싼 – 컴퓨터 칩

04 뺨 – 병아리, (속어) 여자

05 깊은 – 얕은 구덩이

06 축제 – 주먹

07 (감정을) 느끼다 – 채우다

08 녹색 – 활짝 웃다

09 무더기 – 엉덩이

10 열기 – 때리다

11 열망하는 – 친척

12 떠나다 – 살다

13 복숭아 – 던지다

14 껍질을 벗기다 – 알약

15 도착하다 – 부유한

16 수확하다 – 찢다

17 자리 – 앉다

18 양 – 선박

19 훔치다 – 아직도, 계속해서

20 밀 – 위트, 재치

Step 02 정답

01 keen   02 fill

03 feast   04 chick

05 wit   06 cheek

발음훈련 02 : 문장 소리내기

🎧 20-3.mp3 / 20-4.mp3

 20-2.wmv

Step 01 문장 속에서 [iː]와 [i] 발음을 익혀보세요.

1회☐ 2회☐ 3회☐ 4회☐ 5회☐

이렇게 해보세요!

1회 | 오디오 들어보기

2회 | 오디오 듣고 따라읽기

3회 | 자신의 목소리를 녹음하면
서 혼자 읽어보기

4. 5회 | 문장을 보지 않고 오디
오만 듣고 따라읽기

01 It's a bit interesting to listen to the 70s techno beat music.

02 I bought a computer memory chip for a cheap price.

03 This chick has a dimple on her right cheek.

04 Be careful with a dip in the road even though it's not deep.

05 "A Green Card," she whispered with a broad grin.

06 This little town was hit by an unusual heat wave this year.

07 We have to leave this country or we'll live in poverty.

08 I'm so tired and dying to sit down on a soft leather seat.

09 There is a ship at the dock loading a flock of sheep.

10 A rich man tried to reach out to touch his face.

표현

dimple 보조개

Green Card 미국 영주권

heat wave 열파, 폭염

be dying to + 동사원형 ~을
하고 싶은 마음이 간절하다

Step 01 해석

01 70년대 테크노 비트를 듣는 것
은 약간 재미있어.

02 컴퓨터 메모리칩을 싼 가격에
샀어.

03 이 여자는 오른쪽 뺨에 보조개
가 있어.

04 도로에 있는 얕은 구덩이를 조심
해. 구덩이가 깊지 않더라도 말야.

05 "녹색 카드(미국 영주권)." 그녀
는 큰 웃음을 지으며 속삭였다.

06 이 작은 도시는 올해 흔치 않은
폭염을 맞았다.

07 우리는 이 나라를 떠나야 해. 그렇
지 않으면 가난 속에서 살 거야.

08 난 너무 지쳐서 부드러운 가죽
의자에 앉고 싶은 맘이 간절해.

09 부두에 한 무리 양떼를 싣고 있
는 배가 있다.

10 한 부유한 남자가 그의 얼굴을
만지려고 손을 뻗으려고 했다.

Step 02 오디오를 듣고 따라읽으며 문장을 써보세요.

01 ....

02 ....

03 ....

Step 02 정답

01 This little town was hit by
an unusual heat wave this
year.

02 We have to leave this
country or we'll live in
poverty.

03 Be careful with a dip in the
road even though it's not
deep.

Step 01 짧은 이야기를 읽으며 [i:]와 [i] 발음을 연습해 보세요.

1회☐ 2회☐ 3회☐ 4회☐ 5회☐

A Neat Idea!

Lyn is a 5-year-old kid and has rich parents. She loves chocolate chips but hates vegetables and beans. One day Lyn went to the supermarket with her mom and found cheap chocolate chips in a dump bin. She was too small to reach the chocolate chips in the dump bin. She knitted her eyebrows for a while and then leaned against the bin to tip it over. "Bang!" the bin fell to the floor enabling Lyn to pick up the chips. "It was a neat idea," smiled Lyn.

- [i]와 [i:] 발음이 들어간 단어가 아주 많네요. 이 중 항상 [i:]로 길게 발음하는 단어는 She, beans, cheap, reach, leaned, neat입니다.
- Lyn의 -y-는 [i]로 짧게 발음하죠. [i:]로 길게 발음하는 lean과 번갈아가며 연습해 보세요.
- supermarket에서 -ket의 -e-는 [i]로 짧게 발음하면 돼요.
- enabling에서 첫소리 e-는 [i]로 짧게 발음하면 돼요.

표현

dump bin 할인 상품 진열장

too small to reach 키가 너무 작아서 손이 닿지 않는

knit one's eyebrows 눈살을 찌푸리다

for a while 잠시 동안

lean against ~에 기대다

tip over 쓰러뜨리다

neat idea 근사한 생각

해석

멋진 생각!

린은 5살배기 꼬마로, 부모가 부유하다. 린은 초콜릿 칩은 무척 좋아하지만 야채와 콩은 질색이다. 어느 날 린은 엄마와 함께 슈퍼마켓에 갔는데, 할인 상품 진열장에서 싸구려 초콜릿 칩을 발견했다. 린은 키가 너무 작아서 진열대에 있는 초콜릿 칩에 손이 닿지 않았다. 린은 잠시 눈살을 찌푸리더니 진열대에 기대서 진열대를 엎어버리려고 했다. "꽝!" 진열대가 바닥에 넘어져서 린은 초콜릿 칩을 집어들 수 있었다. "꽤 근사한 생각이었어," 린이 웃었다.

Lyn is a [_____] [____] and has [____] parents. [___] loves chocolate [_____] but hates vegetables and [_____]. One [____] Lyn went to the [_____] [____] her mom and found [_____] chocolate [_____] [__] a dump [____]. [___] was too small to [_____] the chocolate [_____] in the dump [____]. [___] [_____] her eyebrows for a [_____] and then [_____] against the [___] to [___] [__] over. "Bang!" the [___] fell to the floor [_____] [____] to [_____] up the [_____]. "It was a [_____] idea," smiled [_____].

01 ....

02 ....

03 ....

Step 02 정답
Step 01의 지문을 참조하세요.

Step 03 정답
01 She hates vegetables and beans.
02 Lyn found cheap chocolate chips in a dump bin.
03 She knitted her eyebrows and leaned against the bin to tip it over.

영어는 모음 없이 자음만 연달아 발음할 수 있다!

'ㄴㄷㅈ' 이런 글자가 있다면 도대체 어떻게 읽어야 될까요? 우리말은 자음과 모음이 이어져서 발음하기가 쉽지만 영어 단어 중에는 이렇게 자음이 2개 이상 연결된 경우가 아주 흔하답니다. 이런 단어를 보면 항상 〈자음 + 모음〉 식의 발음에 익숙해져 있던 우리로서는 아주 난감하죠. 이렇게 자음이 2개 이상 연결된 것을 자음군이라고 하는데요, 지금부터는 영어의 자음군 발음에 익숙해지는 훈련을 세 차례에 걸쳐 집중적으로 해볼 거예요.

자음이 2개 이상 연속해서 올 때는 이렇게!

자음이 연속해서 오는 경우, 자음 사이에 [의] 발음을 넣으면 안 돼요.

자음이 연속해서 오는 경우, 한국인들이 가장 많이 범하는 오류가 바로 자음 사이에 [의] 소리를 집어넣는 거예요. 영어에 있지도 않은 소리를 만들어 넣지 않도록 주의하세요!

영어는 우리말과 달리 자음이 연속해서 오는 단어들이 많아요. sky의 sk-나 abrupt의 -pt 같은 경우 말예요. 이럴 때 자꾸만 자음과 자음 사이에 [의]라는 모음을 넣어서 발음하고 있진 않았나요?

앞에서도 간간이 얘기했던 것처럼 자음이 연속해서 오는 경우 모음 [의]를 넣어 발음해선 안 돼요. 영어에는 [의]라는 모음 소리 자체가 없으니까요. 지금까지 우리말에 없는 자음들을 제대로 발음하는 방법을 훈련했잖아요. 그때 훈련한 그대로 sky의 sk-는 자음 [s]와 [k] 발음을 연속해서 하면 되고, abrupt의 -pt 역시 자음 [p]와 [t] 발음을 연속해서 하면 된답니다.

Step 01　연속되는 자음의 발음에 주의해 다음 단어들을 읽어보세요.

1회☐　2회☐　3회☐　4회☐　5회☐

01 abrupt	02 acceptable
03 accepts	04 after
05 almonds	06 ants
07 baths	08 beds
09 bends	10 birds
11 breadth	12 bulbs
13 camped	14 camps
15 clothes	16 craft
17 depth	18 dreamt
19 drift	20 Egypt

🎧 이렇게 해보세요!

1회| 오디오 들어보기

2회| 오디오 듣고 따라읽기

3회| 자신의 목소리를 녹음하면서 혼자 읽어보기

4, 5회| 단어를 보지 않고 오디오만 듣고 따라읽기

· ⁰¹abrupt[əbrʌpt]는 입술을 다물면서 ab-의 -b-발음을 끝내고 입술을 벌리면서 -rupt의 -r- 발음을 이어서 해주세요. 끝 부분의 -pt 역시 입술을 다문 채 -p- 발음을 끝내고 입술을 벌리면서 -t 발음으로 마무리하면 되죠.

· ⁰⁵almond[ɑ́mənd]의 복수형인 almonds처럼 -nds로 끝나는 단어는 가운데 -d-발음을 생략하고 복수형 접미사 -s는 [z]로 발음하죠.

Step 01 해석

01 갑작스러운	
02 받아들일 수 있는	
03 받아들이다	04 이후에
05 아몬드	06 개미들
07 목욕탕	08 침대들
09 구부리다	10 새들
11 폭, 너비	12 전구들
13 야영했다	14 천막들
15 옷	16 기능, 기교
17 깊이	18 꿈꿨다
19 표류	20 이집트

Step 02　오디오를 듣고 따라읽으며 단어를 써보세요.

01 _____	02 _____
03 _____	04 _____
05 _____	06 _____

Step 02 정답

01 baths	02 bends
03 depth	04 camped
05 abrupt	06 almonds

Step 01 문장 속에서 연속되는 자음의 발음을 익혀보세요.

1회☐ 2회☐ 3회☐ 4회☐ 5회☐

이렇게 해보세요!
1회 | 오디오 들어보기
2회 | 오디오 듣고 따라읽기
3회 | 자신의 목소리를 녹음하면서 혼자 읽어보기
4, 5회 | 문장을 보지 않고 오디오만 듣고 따라읽기

01 These rare bi**rds** came **fr**om Egypt.

02 A **pleasant** aroma **drift**ed into the ba**ths**.

03 Wipe the ta**ble** a**ft**er eating cookies. Cookies **crumbs attract ants** easily.

04 My father **prepared** enough **clothes** and we ca**mped** in the mountain.

05 I **dreamt** about buying so many be**ds**.

06 My **friends** are deeply im**pressed** by the de**pth** of his u**nderst**anding.

07 Low quality almo**nds** are not a**cceptable** to the hotel restaura**nt**.

08 Many **skilled craft** wo**rkers** have a**pplied** for wo**rk** visas in Au**str**alia.

09 Did you know you can even pawn light**bulbs** to bo**rr**ow money?

10 We shoul**d** re**cycle empty bottles**.

표현
rare 진귀한
aroma 향기, 향내
crumb 부스러기
apply for 신청하다
pawn 저당을 잡히다
recycle 재활용하다

Step 01 해석
01 이 진귀한 새들은 이집트에서 왔다.
02 상쾌한 향이 목욕탕으로 들어왔다.
03 과자를 먹은 다음에 테이블을 닦아, 과자 부스러기에 개미들이 쉽게 몰리거든.
04 아버지가 옷을 충분히 준비하신 다음, 우리는 산에서 캠핑을 했다.
05 나는 침대를 아주 많이 사는 꿈을 꿨다.
06 내 친구들은 그의 깊이 있는 이해력에 깊이 감명을 받았다.
07 질이 낮은 아몬드는 그 호텔 식당에서 받아주지 않아.
08 많은 숙련된 공예품 기술자들이 호주에 취업 비자를 신청했다.
09 심지어 전구도 전당포에 전당잡히고 돈을 빌릴 수 있다는 걸 알았어?
10 빈병들을 재활용해야 돼.

Step 02 오디오를 듣고 따라읽으며 문장을 써보세요.

01 ....

02 ....

03 ....

Step 02 정답
01 A pleasant aroma drifted into the baths.
02 My father prepared enough clothes and we camped in the mountain.
03 We should recycle empty bottles.

Step 01　짧은 이야기를 읽으며 연속되는 자음의 발음을 연습해 보세요.

1회☐ 2회☐ 3회☐ 4회☐ 5회☐

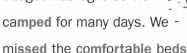

Birds from Egypt

I we**nt** to Egy**pt** with my **friends** la**st** su**mm**er. Our budget was tight so we ca**mped** for many days. We mi**ssed** the co**mfortable** be**ds** and **clothes** we u**sed** to have at home. One night we ca**mped** by an oasis and were a**ble** to see native bi**rds sleeping** on top of cacti. We di**dn't** recog**nize** what ki**nds** of bi**rds** they were, but they sounded very ex**otic** to us. **After spending** several wee**ks** in Egy**pt**, we retur**ned** home. These days I often **dream** about the bi**rds** that I saw there.

표현

budget 예산

tight 빠듯한

used to have 예전엔 가지고 있었지만 지금은 없다는 뜻

native birds 토박이 새들

cacti 선인장들(cactus[kǽktəs] 의 복수형)

recognize 알아보다

exotic 이국적인

해석

이집트의 새들

나는 지난 여름 친구들과 함께 이집트에 갔다. 예산이 빠듯해서 우리는 여러 날들을 텐트에서 보냈다. 우리는 집에서 자고 입던 편안한 침대와 옷들이 그리웠다. 어느 날 밤, 우리는 오아시스 옆에 캠핑을 하면서 선인장 위에서 잠자는 이집트 텃새를 볼 수 있었다. 어떤 종류의 새들인지는 몰랐지만 울음소리는 꽤 이국적으로 들렸다. 이집트에서 몇 주를 보내고, 우리는 집으로 돌아왔다. 요즘 나는 종종 거기서 봤던 새들을 꿈에서 본다.

- went의 -t는 원래 단어 끝 파열음 요령으로 발음을 맺으면 되지만, 여기서처럼 뒤에 to가 와서 [t] 발음이 연속되면 went의 -t는 발음이 생략됩니다.
- missed[mist] 뒤에 the[ðə]가 오면서 missed의 -ed[t] 발음은 거의 생략되죠. 결과적으로 [-st ð-]처럼 자음 발음이 3개나 연속되는 셈이니까요.
- used to 역시 [-st t-]처럼 자음 발음이 3개가 연속되는데요. 이때 같은 자음인 [t]는 한 번만 발음하면 된답니다.
- native에서 -t-는 약한 [d] 또는 [r]로 편하게 발음하세요.
- exotic[igzátik]에서 ex-는 [igz]로 발음합니다.

오디오를 듣고 따라읽으며 빈칸을 채워보세요.

I ⬚ ⬚ ⬚ with my ⬚ last ⬚. Our budget was tight so we ⬚ for many days. We ⬚ ⬚ and ⬚ we ⬚ have at home. One night we ⬚ by an oasis and were ⬚ to see native ⬚ sleeping on top of cacti. We ⬚ ⬚ what ⬚ of they were, but they sounded very exotic to us. ⬚ ⬚ several ⬚ in ⬚, we ⬚ home. These days I often ⬚ about the ⬚ that I saw there.

Step 03 오디오를 듣고 따라읽으며 문장을 써보세요.

01 _____

02 _____

03 _____

Step 02 정답

Step 01의 지문을 참조하세요.

Step 03 정답

01 I went to Egypt with my friends last summer.

02 We missed the comfortable beds and clothes.

03 After spending several weeks in Egypt, we returned home.

🔊 한마디더! 실험으로 알아보는 [s]와 [스]의 발음 차이 ●●●●●●●●●●●●●●●

❶ 양쪽 손바닥으로 두 귀를 막습니다. ❷ [s] 발음을 제대로 길게 내보세요. [으] 소리를 섞으면 안 됩니다.
❸ 이번에는 우리말 [스]를 길게 발음합니다. ❹ [스]를 발음할 때 손바닥에 느껴지는 진동을 확인하세요.

신기하게도 [s]를 발음할 때는 손바닥에 진동이 느껴지지 않다가 [스]라고 발음할 때 진동이 느껴지는 것을 알 수 있습니다. 왜 그럴까요? 그것은 바로 모음은 모두 울림소리이기 때문이죠. 그래서 [스]라고 발음하면 [으] 모음 때문에 진동이 느껴지는 거랍니다. 이제부턴 bus, mouse, fax 등의 [s] 발음을 제대로 해야겠죠?

비슷한 발음의 자음이 연속되면 앞의 발음은 생략한다!

동영상을 보며 따라해 보세요

계속해서 자음이 연속해서 오는 경우의 단어들을 발음해보는 훈련을 할 거예요. 본격적인 발음 훈련에 들어가기에 앞서 이런 자음군을 발음할 때 알아두면 좋은 발음 요령도 한 가지 더 알려드릴게요. 준비됐나요?

자음이 2개 이상 연속해서 올 때는 이렇게!

O   X

자음 3개가 연속해서 오는 경우엔 같거나 비슷한 발음은 생략돼요.

borrow의 -rr-처럼 같은 자음이 연속으로 오는 경우에도 앞의 자음을 생략하고 한 번만 발음해주면 돼요.

이번에 집어볼 내용은 자음 3개가 연속해서 오는 경우의 발음 요령이랍니다.

almonds의 -nds에서 -d와 -s처럼 소리가 나는 혀의 위치가 비슷한 경우엔 두 발음을 함께 이어서 하기가 힘들겠죠? 그래서 이런 경우엔 대개 앞의 자음이 생략된답니다. 하지만, empty의 -mpt-는 입술을 다물면서 -m을 발음하고 벌리면서 -p를 발음하다가 연이어 혀를 윗니 뒤 잇몸에 대며 -t를 발음하면 돼요. 자음 3개가 연속되는 경우엔 이처럼 크게 2가지 원리로 발음되는 경우가 대부분이죠.

Step 01 연속되는 자음의 발음에 주의해 다음 단어들을 읽어보세요.

1회 ☐ 2회 ☐ 3회 ☐ 4회 ☐ 5회 ☐

01	eighth	02	empty
03	ends	04	except
05	fifth	06	films
07	fonts	08	friends
09	friendship	10	gift
11	gifts	12	grunts
13	hands	14	helped
15	helps	16	hints
17	holds	18	hundredth
19	kept	20	kinds

이렇게 해보세요!

1회 | 오디오 들어보기
2회 | 오디오 듣고 따라읽기
3회 | 자신의 목소리를 녹음하면서 혼자 읽어보기
4, 5회 | 단어를 보지 않고 오디오만 듣고 따라읽기

· ⁰¹eighth의 발음은 [eitθ]랍니다. [θ]앞에 [t] 발음이 있는 것에 주의하세요. [t] 발음을 해주고 안 해주고에 따라 발음이 확실히 차이가 나니까요.

· ⁰⁷fonts의 -nts[nts]는 혀끝을 윗니 뒤쪽 잇몸 시작하는 곳에 대면서 [n]을 발음하고, 혀를 떨어뜨리면서 [t]와 [s]를 순차적으로 발음해야 해요.

· ¹⁴helped에서 -ped[pt]는 입술을 다물면서 [p]를, 다시 벌리면서 [t]를 발음합니다.

· ¹⁸hundredth에서 -dth[dθ]는 [d]를 생략하고 편하게 발음하세요.

Step 01 해석

01 여덟 번째		02 빈	
03 목적들			
04 ~을 제외하고			
05 다섯 번째		06 영화들	
07 서체들		08 친구들	
09 우정		10 선물	
11 선물들		12 툴툴거리다	
13 손들, 건네주다		14 도왔다	
15 돕다		16 힌트들	
17 잡다		18 100번째	
19 가지고 있었다		20 종류들	

Step 02 오디오를 듣고 따라읽으며 단어를 써보세요.

01	....	02	....
03	....	04	....
05	....	06	....

Step 02 정답

01 films	02 holds
03 except	04 kept
05 hundredth	06 empty

Step 01　문장 속에서 연속되는 자음의 발음을 익혀보세요.

1회☐ 2회☐ 3회☐ 4회☐ 5회☐

⚠️ 이렇게 해보세요!

1회 | 오디오 들어보기

2회 | 오디오 듣고 따라읽기

3회 | 자신의 목소리를 녹음하면서 혼자 읽어보기

4, 5회 | 문장을 보지 않고 오디오만 듣고 따라읽기

01　Many **friends** hel**ped** me a lot when I was **broke**.

02　I bought some gi**fts** for my son's ei**ghth** bir**thd**ay.

03　Wash your ha**nds** thoroughly a**ft**er **pl**aying out**s**ide.

04　I have co**ll**ected a**ll** ki**nds** of la**mps** a**ll** over the wo**rld**.

05　Taking hi**nts f**rom the book hel**ped** me a lot for the **pr**oject.

06　"Why did you use so many fo**nts** for the repo**rt**?" my teacher a**sked**, making so**ft grunts**.

07　I'm **pr**eparing my **gr**and**f**ather's hund**redth** bir**thd**ay gi**ft**.

08　You can **a**pply this oi**ntment** all over your body ex**cept** your face.

09　This room has been ke**pt empty** for a long time.

10　The moment when **fr**iend**ship** e**nds** is always pain**f**ul.

표현

broke 돈이 한 푼도 없는

thoroughly 철저하게

grunt 투덜대는 소리

apply 바르다

ointment 연고

Step 01 해석

01 많은 친구들이 내가 파산했을 때 많이 도와줬어.

02 아들의 여덟 번째 생일선물을 몇 가지 샀어.

03 밖에서 논 다음에는 손을 꼼꼼하게 씻어.

04 나는 전 세계에서 갖가지 램프를 수집했다.

05 그 책에서 힌트를 구한 덕분에 프로젝트에 큰 도움이 되었어.

06 "리포트에 왜 그렇게 서체를 많이 썼니?" 선생님이 나지막하게 푸념했다.

07 나는 할아버지의 100번째 생신 선물을 준비하고 있어.

08 이 연고는 얼굴을 빼고 몸 전체에 바를 수 있어.

09 이 방은 오랫동안 비어 있었다.

10 우정이 깨지는 순간은 항상 마음이 아프다.

· 자음군을 발음할 때는 자음과 자음 사이에 [으] 소리를 넣으면 안 된다는 기본적인 사실을 항상 염두에 두고 연습해 보세요.

Step 02　오디오를 듣고 따라읽으며 문장을 써보세요.

01　..

02　..

03　..

Step 02 정답

01 I bought some gifts for my son's eighth birthday.

02 I have collected all kinds of lamps all over the world.

03 You can apply this ointment all over your body except your face.

짧은 이야기를 읽으며 연속되는 자음의 발음을 연습해 보세요.

1회 ☐　2회 ☐　3회 ☐　4회 ☐　5회 ☐

My Son and His Friends

My son is in the **first grade** and has many **friends**. For my son, **friendship** means sharing cookies during lunch **break** or giving toys to his **friends** as bi**rth**day gi**fts**. I can easily te**ll** how many **friends** he has by looking at the cookie jar; how **quickly** it becomes e**mpty** gives me hi**nts** about the **number** of his **friends**. Sometimes a **friendship** is te**mp**orarily e**nded** by arguing over who would win if their superheroes fought each other or what fi**lm** they should watch during a pajama pa**rty**. The next day, however, the **friendship** is always renewed.

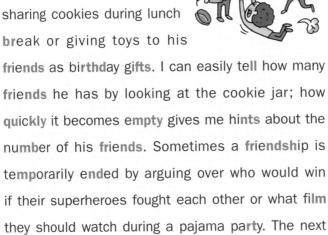

이렇게 해보세요!

1회 | 오디오 들어보기

2회 | 오디오를 들으며 한 문장씩 따라읽기

3회 | 자신의 목소리를 녹음하면서 혼자 읽어보기

4, 5회 | 오디오를 들으며 네이티브와 거의 동시에 읽어보기

표현

first grade 1학년
lunch break 점심시간
tell 구별해서 알다
jar 항아리, 단지
temporarily 일시적으로
argue over ~에 대해 말다툼을 하다
pajama party 친구 집에서 잠옷을 입고 밤새 노는 파티
renew 새로 시작하다

- is in은 [izin]으로 자연스럽게 이어서 발음합니다. be 동사는 회화에서 종종 앞, 뒤에 오는 단어와 이어서 또는 축약형으로 발음하죠.

- first에서 -st를 발음할 때 [으] 소리를 넣지 말아야겠죠? 그런데 문장 속에서 first의 -t는 워낙 약하게 발음되기 때문에 들릴락 말락 해요. 하지만 발음은 생략하지 말고 꼭 해줘야 한다는 사실, 명심하세요.

- quickly의 발음은 [kwíkli]입니다. 강세 및 qu-[kw]와 -kl[kl]의 발음에 주의해 말해보세요.

해석

아들과 친구들

초등학교 1학년인 내 아들은 친구가 많다. 내 아들에게 우정이란 점심시간에 쿠키를 나눠먹거나 친구에게 생일선물로 장난감을 주는 것을 뜻한다. 아들에게 친구가 몇 명 있는지는 쿠키 단지를 보면 쉽게 알 수 있다. 얼마나 빨리 단지가 비는지 보면 친구가 몇 명인지 대략 알 수 있으니까. 때로는 자기들이 좋아하는 영웅들이 서로 싸우면 누가 이기는지를 두고 말다툼을 하거나 밤새 친구 집에서 놀 때 무슨 영화를 볼지를 두고 싸우면서 아들과 친구들의 우정이 일시적으로 깨져버린다. 그러나 언제나 다음날에는 다시 우정이 시작된다.

My son is in the [____] [____] and has many [____]. For my son, [____] means sharing cookies during lunch [____] or giving toys to his [____] as [____] [____]. I can easily tell how many [____] he has by looking at the cookie jar; how [____] it becomes [____] gives me [____] about the number of his [____]. Sometimes a [____] is [____] [____] by arguing over who would win if their superheroes fought each other or what [____] they should watch during a pajama party. The next day, however, the [____] is always renewed.

01 ....

02 ....

03 ....

Step 01의 지문을 참조하세요.

01 My son is in the first grade and has many friends.

02 How quickly it becomes empty gives me hints about the number of his friends.

03 The next day, however, the friendship is always renewed.

동영상을 보며
따라해 보세요

트라이 어겐이
츄라이 어겐이 되는 이유!

영어에는 우리말에 없는 자음 발음들이 있잖아요. 게다가 우리말은 자음이 연속해서 오지도 않고요. 때문에 자음이 연속해서 오는 경우의 단어를 정확히 발음하기란 쉬운 일이 아니랍니다. 하지만, Practice makes perfect!라고 했죠. 어려운 만큼 정확한 발음 원리에 따라 반복적으로 훈련을 하면 금세 네이티브처럼 완벽한 발음을 할 수 있을 거예요. 자음이 연속해서 오는 경우의 발음 훈련, 그 마지막 시간입니다!

자음이 2개 이상 연속해서 올 때는 이렇게!

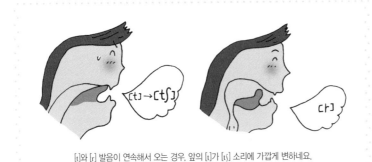

[t]와 [r] 발음이 연속해서 오는 경우, 앞의 [t]가 [tʃ] 소리에 가깝게 변하네요.

자, 자음이 연속해서 오는 경우의 발음 요령을 다시 한 번 정리해 볼까요? 우선, 영어에 있지도 않은 [으] 발음을 넣지 않도록 주의해야 하죠. 같거나 비슷한 발음의 자음이 연속해서 오면 앞의 발음은 생략합니다. 그래서 자음 3개가 연속해서 오는 경우에도 중간 발음이 생략되는 경우들이 생기는 거죠.

이제 끝으로, 자음이 연속해서 오는 경우에 발음이 살짝 변형되는 경우를 보도록 해요. tr-의 경우, 앞서 배운 각 자음의 발음 요령에 따라 [t]와 [r]을 연속적으로 발음해보면 [t]가 [tʃ]에 가까운 소리로 바뀌는 걸 느낄 수 있을 거예요. dr-의 경우에도 마찬가지로 [d]가 [dʒ]에 가까운 소리로 변형되죠.

발음훈련 01 : 단어 소리내기　　🎧 23-1.mp3 / 23-2.mp3　　 **23-1.wmv**

Step 01　연속되는 자음의 발음에 주의해 다음 단어들을 읽어보세요.

1회☐ 2회☐ 3회☐ 4회☐ 5회☐

이렇게 해보세요!

1회 | 오디오 들어보기

2회 | 오디오 듣고 따라읽기

3회 | 자신의 목소리를 녹음하면서 혼자 읽어보기

4, 5회 | 단어를 보지 않고 오디오만 듣고 따라읽기

01	lamps	02	lift
03	lifts	04	loft
05	maths	06	oaths
07	often	08	pants
09	paths	10	soft
11	softly	12	sounds
13	temptation	14	thousandth
15	trumps	16	truths
17	twelfth	18	weeds
19	width	20	words

· ⁰¹lamps, ⁰⁵maths, ⁰⁸pants의 -a-는 모두 입을 턱이 빠질 정도로 벌리고 말해야 하는 [æ] 발음이에요. [æ] 발음에 신경 써서 발음하세요.

· ⁰⁴loft, ⁰⁷often, ¹⁰soft, ¹¹softly의 o는 모두 [ɔ:]로 발음합니다. 입술 모양과 혀의 위치에 주의해 성실하게 발음해 주세요.

· ¹⁴thousandth에서 -ndth의 가운데 -d- 발음은 생략합니다.

Step 02　오디오를 듣고 따라읽으며 단어를 써보세요.

01	⋯⋯⋯⋯⋯⋯⋯	02	⋯⋯⋯⋯⋯⋯⋯
03	⋯⋯⋯⋯⋯⋯⋯	04	⋯⋯⋯⋯⋯⋯⋯
05	⋯⋯⋯⋯⋯⋯⋯	06	⋯⋯⋯⋯⋯⋯⋯

Step 01 해석

01 램프들	02 리프트
03 리프트들	04 지붕 밑 방
05 수학	06 맹세들
07 종종	08 바지
09 길들	10 부드러운
11 부드럽게	12 소리들
13 유혹	14 1000번째
15 (카드) 으뜸패 한 벌	
16 진실들	
17 열두 번째	18 잡초들
19 폭	20 단어들

Step 02 정답

01 maths	02 trumps
03 often	04 loft
05 twelfth	06 width

발음훈련 02 : 문장 소리내기

Step 01 문장 속에서 연속되는 자음의 발음을 익혀보세요.

1회☐ 2회☐ 3회☐ 4회☐ 5회☐

01 You have to wash your face so**ftly**.

02 These Chinese wor**ds** have many **strange** sounds.

03 This li**ft** ma**kes** funny soun**ds** when it mo**ves**.

04 Measure the de**pth** and wi**dth** of the box.

05 It's time to te**ll** you a few **truths** about your**self**.

06 This chemical wi**ll kill all** kin**ds** of wee**ds**.

07 I o**ften** saw ra**ts** in our **previous** lo**ft** apa**rtment**.

08 Those pa**ths** are cove**red** with wee**ds**.

09 He coul**dn't** resi**st** my te**mpting** job o**ffer**.

10 My younger **brother** **sneaked** out of his be**dr**oom
and lau**ghed** so**ftly**.

· ⁰³funny의 -nn-, ⁰⁹offer의 -ff-처럼 같은 자음이 연속으로 오는 경우엔 한 번만 발음해주면 되죠.

· ⁰⁹couldn't에서 -l-은 소리 값이 없어요. 또, [n] 다음의 [t] 발음은 아주 약하게 발음하거나 아예 생략해버리기도 하죠.

· ¹⁰out of에서 out의 -t를 약한 [d] 내지 [r]로 발음해 of와 붙여 읽으면 돼요.

Step 02 오디오를 듣고 따라읽으며 문장을 써보세요.

01 ....

02 ....

03 ....

표현

Chinese word 중국어 단어

strange (낯설어서) 이상한

funny (우스꽝스러워서) 이상한

chemical 화학약품

loft apartment 창고를 개조한 아파트

resist 거부하다

sneak out of ~에서 몰래 빠져나가다

Step 01 해석

01 얼굴을 부드럽게 씻어야 해.

02 이 중국어 단어들은 이상한 소리/발음들이 많아.

03 이 엘리베이터는 움직일 때 이상한 소리를 내.

04 이 상자의 깊이와 너비를 재봐.

05 네게 너 자신에 대한 진실을 몇 가지 말해줄 때가 됐어.

06 이 화학약품은 모든 종류의 잡초를 제거해.

07 우리가 전에 살던, 창고를 개조한 아파트에서 쥐들을 자주 봤어.

08 저기 길들은 잡초로 덮여 있다.

09 그는 아주 매력적인 나의 일자리 제안을 거절하지 못했어.

10 남동생이 침실을 몰래 빠져나가서 조용히 웃었다.

Step 02 정답

01 These Chinese words have many strange sounds.

02 It's time to tell you a few truths about yourself.

03 He couldn't resist my tempting job offer.

 Step 01 짧은 이야기를 읽으며 연속되는 자음의 발음을 연습해 보세요.

1회 ☐ 2회 ☐ 3회 ☐ 4회 ☐ 5회 ☐

A Haunted Loft Apartment

In my **home**town there is one **loft apart**ment which peo**ple** believe to be haunted. There are many **st**ories about the **pl**ace but no one knows the **tr**uth. Some say that long ago one man u**sed br**oken la**mps** to kill hi**mself** inside the li**ft**. The li**ft st**ill wo**rks** fine and mo**ves soft**ly. Recently, a man got in the li**ft** and his pa**nts** got **st**uck in the li**ft** door. He **cl**aimed that so**meb**ody pu**lled** his pa**nts** and **tr**ied to **st**ab him with pieces of a **br**oken la**mp**. If you thi**nk** the **st**ory so**unds** silly, you should go **tr**y the li**ft** yourself.

이렇게 해보세요!

1회 | 오디오 들어보기
2회 | 오디오를 들으며 한 문장
씩 따라읽기
3회 | 자신의 목소리를 녹음하면
서 혼자 읽어보기
4, 5회 | 오디오를 들으며 네이티
브와 거의 동시에 읽어보기

표현

hometown 고향
loft apartment 공장이나 창고
를 개조해서 만든 아파트. 건물 옥
상에 있는 공간을 이용해 만든 경우
도 있음
haunted 귀신 들린, 유령이 나
오는
no one knows 아무도 모른다
kill oneself 자살하다
lift 엘리베이터
get stuck in ~에 끼다
claim 주장하다
stab 찌르다
sound silly 어리석은 소리로 들
리다
go try go to try 혹은 go and
try에서 to 및 and를 생략한 표현

해석

귀신 들린 아파트

내 고향에는 사람들이 귀신이 나온
다고 믿는 창고를 개조한 아파트가
한 채 있어요. 이 아파트에 대해서
여러 가지 말이 많지만 사실을 아는
사람은 아무도 없죠. 어떤 사람들은
오래 전에 엘리베이터 안에서 한 남
자가 깨진 램프로 자살했다고 하더
군요. 엘리베이터는 아직도 잘 작동
하고 부드럽게 움직여요. 그런데 어
느 날, 한 남자가 엘리베이터에 들어
갔는데, 문에 바지가 끼었어요. 그
남자는 누군가 바지를 잡아당겼고
깨진 램프로 자신을 찌르려고 했다
고 주장했죠. 만약 이 이야기가 어
처구니가 없다고 생각한다면 엘리
베이터를 직접 타보세요.

· haunted에서 -au-는 [ɔː]로 발음해야 합니다. [ɔː] 발음 요령은 잘 알고 있죠?

· hometown에서 home-은 [홈]이 아니라 [houm]으로 발음해야 해요. -o-를 [o]로
만 발음하지 않도록 주의하세요.

· long의 -o-도 [o]로 잘못 발음하는 사람들이 많은데, 실제 발음은 [ɔ]랍니다.

· claimed의 -ed[d] 발음은 원래도 약한데다 뒤이어 나오는 that의 th-[ð] 발음에 묻
혀 소리가 거의 안 들리거나 생략됩니다.

· tried의 -ed[d] 역시 이어지는 to에 소리가 묻혀 발음이 거의 생략되다시피 해요.

오디오를 듣고 따라읽으며 빈칸을 채워보세요.

In my [____] there is one [___] [____] which [____] believe to be haunted. There are many [____] about the [____] but no one knows the [____]. Some say that long ago one man [____] [____] to kill [____] inside the [___]. The [____] [____] fine and [____] [____]. [____], a man got in the [___] and his [____] got [____] in the [____] door. He [____] that [____] [____] his [____] and to [____] him with pieces of a [____] [____]. If you [____] the [____] [____] silly, you should go [____] the [___] [____].

오디오를 듣고 따라읽으며 문장을 써보세요.

01 ....

02 ....

03 ....

박자로 훈련하는 이중모음!

[ai], [ei], [ɔi], [ou], [au]와 같은 발음들을 이중모음이라고 합니다. 우리말로는 각각 [아이], [에이], [오이], [오우], [아우]에 가까운 소리죠. 이러한 이중모음을 발음할 때는 다음과 같은 요령에 따라 연습해 보세요.

이중모음을 발음할 때는 이렇게!

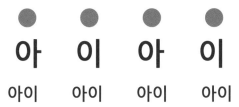

아이   아이   아이   아이

동그라미에 맞춰 일정한 박자로 손뼉을 칩니다. 손뼉 소리에 맞춰 한 번은 '아', '이', '아', '이'를, 한 번은 '아이', '아이', '아이', '아이'를 말해보세요. 이중모음인 '아이'를 말할 때는 손뼉 한 번에 '아이'를 말해야 하죠.

손뼉을 한 번 칠 때 '아이'를 짧게 말하는 속도, 느낌이 바로 이중모음을 제대로 발음하는 요령이랍니다. 어렵지 않죠? 그럼 이중모음이 포함된 단어들로 실제 훈련을 해보세요.

발음훈련 : 🎧 23-8.mp3   1회 ☐ 2회 ☐ 3회 ☐ 4회 ☐ 5회 ☐

01	able	08	ice	15	nail
02	baby	09	idea	16	nation
03	cake	10	join	17	page
04	day	11	kind	18	rain
05	face	12	library	19	safe
06	great	13	male	20	table
07	high	14	mine		

해석

01	할 수 있는	11	친절한
02	아기	12	도서관
03	케익	13	남성
04	날	14	내 것
05	얼굴	15	손톱
06	위대한	16	국가
07	높은	17	페이지
08	얼음	18	비
09	생각	19	안전한
10	합치다	20	테이블

Part

3

영어 단어에는
리듬이 있다!

모나리자 리듬 훈련

12개 영어 발음과 비슷한 발음 훈련을 마친 여러분께 남은 마지막 과제
는 리듬을 살려 말하는 훈련입니다. 영어는 우리말과 달리 단어에도 강
약의 리듬이 있고, 나아가 문장 속에서도 강약의 리듬이 발생하죠. 하지
만 결국, 영어 문장 리듬은 단어 리듬에서 출발하게 됩니다. 그래서 이번
파트에서는 '모나리자 훈련법'을 이용해 영어 단어의 리듬부터 집중적으
로 훈련해볼 텐데요. '모나리자 훈련법'이 뭔지 궁금하시죠? 자, 그럼 다
음 페이지를 보세요~!

영어 단어에는 리듬이 있다!

영어는 우리말과 달리 하나의 단어에 강약의 리듬이 발생하는데요. 이 리듬을 잘 살려 말해야지만 의사소통이 원활해지죠. chocolate이란 단어를 예로 들어보죠. chocolate을 음절 단위로 구분해보면 아래처럼 세 부분으로 나뉩니다.

choc	o	late		choc	o	late
tʃɔːk	ə	lət	➡	tʃɔːk		lət

이렇게 세 부분으로 나누어진 음절 중 첫 번째 choc-을 유독 강하게 발음해 보세요. 자연스럽게 두 번째 음절인 -o-의 소리가 묻히고 -late는 약하게 발음되죠. 이처럼 단어에 강세가 있는 음절만 강하게 말하다 보면 강세가 없는 음절은 자연스럽게 약하게 발음되고, 일부 음절은 종종 생략되는 경우도 생깁니다. 이것이 바로 영어 단어 특유의 리듬 원리예요.

'모나리자 훈련법'이란?

그런데 일상회화에서 주로 사용하는 대부분의 영어 단어들은 1~4개의 음절을 갖습니다. 그래서 이런 단어들의 강세를 효과적으로 훈련할 수 있는 '모나리자 훈련법'이 만들어지게 된 거죠. 아래에서 보듯 굵게 표시된 각각의 '모, 나, 리, 자' 글자는 강세가 있는 음절을 표시합니다. 즉, 굵게 표시된 글자는 강하게 발음하고 그렇지 않은 글자는 약하게 발음하면 자연스럽게 단어의 리듬을 훈련하게 되는 거죠. 여기에 다음과 같이 '노란색 고무줄'을 활용하면 모나리자 훈련법의 효과는 배가됩니다.

모나리자	1음절에 강세가 오는 단어에 해당
모**나**리자	2음절에 강세가 오는 단어에 해당
모나**리**자	3음절에 강세가 오는 단어에 해당
모나리**자**	4음절에 강세가 오는 단어에 해당

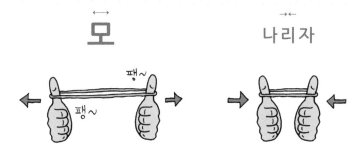

양쪽 엄지손가락에 노란 고무줄을 끼우고 좌우로 천천히 늘리면서 '모'를 발음합니다. 이때 고무줄의 팽팽한 긴장감을 느끼면서 발음도 천천히 강하게 하세요.

늘어난 고무줄을 원위치시키면서 빠르게 '나리자'를 발음합니다. 늘어난 고무줄이 다시 제위치로 돌아갈 때의 속도감을 느끼면서 빠르게 발음해야 해요.

이것을 영어 단어 훈련에 그대로 가져오면 다음과 같아요. computer를 예로 들어보죠. computer는 3음절 단어로 2음절인 -put-에 강세가 있습니다. 3음절 단어라 '모나리자' 중 '모나리' 세 글자만 있으면 돼요.

com **put** er

01 '모'에 해당하는 com-은 강세가 없으므로, 두 엄지손가락에 끼운 고무줄을 늘인 상태에서 원위치시키며 '모'를 빠르게 발음합니다.
02 고무줄을 다시 천천히 늘이면서 '나'를 길고 강하게 발음합니다.
03 다시 고무줄을 원위치시키면서 빠르게 '리'를 발음합니다.
04 '모나리'로 요령을 익힌 다음에는 computer를 같은 요령으로 발음해 봅니다.

참고로, 모나리자 훈련에서 고무줄을 쓰는 이유는 고무줄을 늘이고 줄일 때의 긴장감이 손가락에 전해져서 영어의 강약 리듬을 직접 몸으로 느낄 수 있기 때문입니다. 자, 그럼 본격적으로 '모나리자 훈련법'을 통한 단어 리듬 익히기에 들어가 보죠!

트레이닝
24
[모나] 패턴 리듬 훈련

2음절 첫 소리에 강세를 넣어 airplane!

동영상을 보며
따라해 보세요

'모나리자 모나리자 모나리자 모나리자~' 친구들과 한번쯤 해봤던 놀이일 텐데요. 이제는 영어 단어로 '모나리자' 리듬을 훈련해 보려고 해요. 맨 먼저 제일 쉬운 패턴인 '모나'에서 끝나는 2음절 단어, 그 중에서 첫 음절에 강세가 오는 [모나] 패턴의 리듬부터 익혀보자구요. 자, 그럼 노란 고무줄 준비하시고 훈련장으로 고고 씽~!

[모나] 패턴의 리듬은 이렇게!

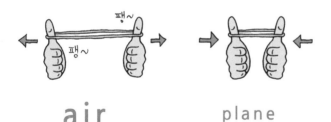

air · plane

air

plane

양쪽 엄지손가락에 끼운 고무줄을 그림처럼 늘이면서 길게 air를 발음하세요. 손가락에 걸린 고무줄이 팽팽해지는 것처럼 목소리를 천천히 크게 냅니다.

늘어난 고무줄을 원위치시키면서 빠르게 plane을 발음합니다. 늘어난 고무줄이 다시 제위치로 돌아갈 때의 속도감을 느끼는 것이 중요해요.

1음절 단어는 강약이 안 들어가기 때문에 굳이 훈련을 할 필요가 없어요. 음절이 하나밖에 없는데 '강'과 '약'이 공존할 리 없잖아요. 1음절 단어는 해당 발음만 정확히 알면 되는 거죠.

우선 양쪽 엄지손가락에 끼운 고무줄을 늘였다 줄였다 하며 '모나'부터 소리 내어 말해보세요. '모'는 강하게, '나'는 약하게! 아셨죠? [모나] 패턴의 리듬이 입에 익으면 이젠 airplane을 같은 방식으로 소리 내 말해보는 거예요. '모' 부분인 air-에 강세를 넣어 발음하면 뒤따르는 -plane엔 자연스럽게 약한 리듬이 실린답니다.

리듬훈련 01 : 단어 소리내기   🎧 24-1.mp3 / 24-2.mp3   DVD 24-1.wmv

Step 01   [모나] 패턴의 리듬을 살려 다음 단어들을 읽어보세요.

1회☐ 2회☐ 3회☐ 4회☐ 5회☐

이렇게 해보세요!
1회 오디오 들어보기
2회 오디오 듣고 따라읽기
3회 자신의 목소리를 녹음하면서 혼자 읽어보기
4, 5회 단어를 보지 않고 오디오만 듣고 따라읽기

01 ←→ →← **and**roid
02 ←→ →← **bag**gage
03 **chil**dren
04 **chi**na
05 **class**room
06 **dead**line
07 **en**gine
08 **ex**port
09 **ki**tchen
10 **mar**riage
11 **Mon**day
12 **moun**tain
13 **note**book
14 **pen**cil
15 **post**man
16 **pres**ent
17 **pro**blem
18 **set**up
19 **soft**ware
20 **ta**ble

· ⁰⁸export는 명사뿐 아니라 동사로도 쓰이는 단어랍니다. 단, 명사일 때와 동사일 때 '모나' 리듬이 다음과 같이 바뀐다는 점, 주의하세요!

n. 수출	v. 수출하다
←→ →← **ex**port [ékspɔːrt]	→← ←→ ex**port** [ikspɔ́ːrt]

· ¹⁵postman의 -st-와 ¹⁹software의 -ft-처럼 두 개의 자음이 연속되는 소리에는 불필요한 [으] 소리를 내지 않도록 주의하세요.

Step 02   오디오를 듣고 따라읽으며 단어의 리듬을 기호(←→ , →←)로 표시해 보세요.

01 engine
02 postman
03 software
04 present
05 export
06 android

해석
01 안드로이드(인간 모습의 로봇)
02 수화물
03 아이들   04 도자기
05 교실   06 마감기한
07 엔진   08 수출
09 주방   10 결혼
11 월요일   12 산
13 노트   14 연필
15 집배원   16 현재(의), 선물
17 문제   18 구성
19 소프트웨어 20 테이블

정답
01 engine   02 postman
03 software   04 present
05 export   06 android

 밑줄 친 단어의 [모너] 리듬에 주의해 다음 문장을 읽어보세요.

1회☐ 2회☐ 3회☐ 4회☐ 5회☐

😎 이렇게 해보세요!

먼저 밑줄 친 단어의 리듬을 기호(↔, →←)로 표시해본 다음, 본격적인 읽기에 들어가 보세요.

1회 오디오 들어보기
2회 오디오 듣고 따라읽기
3회 자신의 목소리를 녹음하면서 혼자 읽어보기
4, 5회 문장을 보지 않고 오디오만 듣고 따라읽기

01 It's **al**most impossible to tell an **and**roid from a **hu**man by appearance.

02 It's called a 'random baggage check' but it happens every time to me.

03 Food and beverage are not allowed in the **class**room.

04 The **dead**line for the application was last **Mon**day.

05 An **en**gine **fai**lure was believed as the main **rea**son for the crash.

06 The **lo**cal economy heavily relied on **cot**ton ex**ports** to **Eu**rope.

07 "What's that smell?" I think **some**thing is burning in the **ki**tchen.

08 The new **may**or will take **of**fice on **Mon**day.

09 Let's not make a **moun**tain out of a **mole**hill.

10 The wrapping on the **pres**ent looks more expensive than the **pres**ent itself.

표현

tell A from B A와 B를 구분하다
appearance 외모
random baggage check 공항에서 무작위로 승객의 짐을 확인하는 절차
beverage 음료
application 지원서, 신청서
crash (비행기의) 추락
rely on ~에 의존하다
take office 취임하다
molehill '두더지가 파놓은 흙두둑으로, '사소한 일'을 의미

해석

01 겉모습만 보고 안드로이드를 사람과 구분하는 것은 거의 불가능해.
02 '무작위 수화물 확인'이라고 하는데, 난 매번 걸려.
03 식품 및 음료는 교실에 갖고 들어올 수 없습니다.
04 신청서 마감기한은 지난 월요일이었어.
05 (사람들은) 추락의 주요 원인이 엔진 고장이라고 믿었어.
06 지역 경제는 유럽으로 목화를 수출하는 것에 크게 의존하고 있었어.
07 '무슨 냄새야?' 주방에서 뭔가 타는 것 같은데.
08 새 시장이 월요일에 취임할 거야.
09 사소한 문제를 크게 만들지 말자.
10 선물 포장이 선물 자체보다 더 비싸 보여.

· ⁰⁵failure는 -ure[jər] 발음에 주의해야 해요. [j]는 혀의 가운데를 입천장 쪽으로 밀어 올려서 [이] 발음을 둔탁하게 만드는 소리랍니다.

· ⁰⁶relied on은 한 단어처럼 이어서 소리내 보세요. 이때 on은 [ən]으로 발음합니다.

· ⁰⁶Europe의 Eu- 발음은 [ju]입니다. 그냥 [유]로만 발음하지 않도록 신경 쓰세요.

· ⁰⁹make a와 out of a는 한 단어처럼 이어서 발음해 보세요.

밑줄 친 단어의 [모니] 리듬에 주의해 다음 이야기를 읽어보세요. 아울러 어떤 단어들이 연음이 되고, 약하게 발음되는지도 주의 깊게 확인해 보세요.

1회 ☐ 2회 ☐ 3회 ☐ 4회 ☐ 5회 ☐

Toby, an Android

Toby is an **and**roid and a very **hu**man-looking **ro**bot. Toby is made in **Chi**na. However, the **soft**ware used for Toby was made by Korean **stu**dents from A University. Toby can do many things to assist **stu**dents in the **class**room, such as carrying **note**books and **pic**king up **pen**cils on the floor. **Ex**perts believe that **peo**ple will find Toby even more **use**ful for household **cho**res.

- is an은 [izən]으로 한 단어처럼 이어서 발음합니다.
- made in은 [meidin]으로 한 단어처럼 이어서 발음하세요.
  ex. gave in, moved in, came in
- university의 -t-는 모음 사이에 있으므로 약한 [d] 또는 [r]로 소리가 변형되죠.
- assist에서 -ss-처럼 같은 자음이 연속되면 한 번만 발음하면 되죠.
- even의 -ven은 [vn]으로 발음합니다. ven의 -e-를 발음하지 않는 것에 주의하세요.
  ex. oven, haven't

이렇게 해보세요!

먼저 밑줄 친 단어의 리듬을 기호(↷, ⋯)로 표시해본 다음, 본격적인 읽기에 들어가 보세요.

1회 오디오 들어보기
2회 오디오를 들으며 한 문장씩 따라읽기
3회 자신의 목소리를 녹음하면서 혼자 읽어보기
4, 5회 오디오를 들으며 네이티브와 거의 동시에 읽어보기

표현

human-looking 사람처럼 생긴
assist ~을 돕다
such as ~와 같은
expert 전문가
find (어떤 사실을) 알게 되다
household chores 집안일

해석

안드로이드 토비

토비는 안드로이드인데 무척이나 사람처럼 생긴 로봇입니다. 토비는 중국에서 만들어졌지만 토비에게 사용된 소프트웨어는 한국의 A 대학교 학생들이 만들었습니다. 토비는 교실에서 학생들을 도울 수 있는 여러 가지 일을 할 수 있습니다. 노트를 갖고 오거나 바닥에 떨어진 연필을 줍는 일 등을요. 전문가들은 사람들이 토비가 집안일에 더 유용한 것을 알게 될 것이라고 믿고 있습니다.

2음절 마지막에 강세를 넣어 to**day**!

동영상을 보며 따라들해 보세요

'모나'에서 끝나는 2음절 단어, 그 중에서 첫 음절에 강세가 오는 [**모**나] 패턴의 리듬을 익혀봤습니다. 그럼 이제 2음절 단어의 리듬 중 남은 건 두 번째 음절에 강세가 오는 [모**나**] 패턴뿐이겠네요. 양쪽 엄지손가락에 노란 고무줄을 끼우고 [모**나**] 패턴의 리듬을 익히러 가볼까요?

[모**나**] 패턴의 리듬은 이렇게!

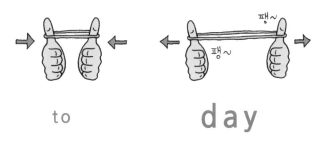

to	day
양쪽 엄지손가락에 끼운 고무줄을 늘인 상태에서 고무줄을 원위치시키면서 빠르게 to를 발음합니다. 늘어난 고무줄이 다시 제위치로 돌아갈 때의 속도감을 느끼는 것이 중요하죠.	다시 고무줄을 그림처럼 늘이면서 길게 day를 발음합니다. 손가락에 걸린 고무줄이 팽팽해지는 것처럼 목소리를 천천히 크게 내세요.

'모나'로 끝나는 2음절 단어는 '모' 부분을 강하게 말하는 [**모**나] 패턴과 '나' 부분을 강하게 말하는 [모**나**] 패턴의 두 가지 리듬밖에 없어요. today는 '나' 부분인 -day를 강하게 읽어야 하는 [모**나**] 패턴의 2음절 단어랍니다. 개별 발음뿐 아니라 [모**나**]의 강약 리듬까지 잘 살려서 말해야 진정한 today를 완성할 수 있습니다.

 25-1.mp3 / 25-2.mp3

 25-1.wmv

Step 01 [모나] 패턴의 리듬을 살려 다음 단어들을 읽어보세요.

1회☐ 2회☐ 3회☐ 4회☐ 5회☐

→→←←→
01 a**gain**

→←←→→
02 a**head**

03 a**sleep**

04 a**void**

05 be**gin**

06 con**clude**

07 con**nect**

08 de**cide**

09 de**ny**

10 en**gage**

11 ex**port**

12 post**pone**

13 re**bound**

14 re**flect**

15 re**new**

16 re**peat**

17 re**turn**

18 re**view**

19 to**day**

20 un**clear**

🔔 이렇게 해보세요!

1회 오디오 들어보기
2회 오디오 듣고 따라읽기
3회 자신의 목소리를 녹음하면서 혼자 읽어보기
4회 단어를 보지 않고 오디오만 듣고 따라읽기

· 접두사 a-, re-, un- 등과 연결된 2음절 단어들이 보이네요. 이와 같은 접두사에는 보통 강세가 들어가질 않는답니다. 따라서 자연스레 두 번째 음절인 '나' 부분을 강하게 읽어야겠죠?

· ⁰³asleep의 -ee-는 [iː]로 높낮이가 다른 두 개의 [이]를 재빨리 발음하는 것이 요령입니다. 짧게 [i]로 발음하면 a slip(여자 속옷)으로 들리게 되니 조심하세요.

· ¹⁹today에서 to-는 강세가 없으므로 [tə]로 약하게 발음합니다.

해석

01 다시   02 앞쪽에
03 잠든   04 피하다
05 시작하다   06 결말짓다
07 연결하다   08 결정하다
09 부인하다   10 관여하다
11 수출하다   12 연기하다
13 (공이) 되튀다 14 반사하다
15 새롭게 하다   16 반복하다
17 되돌아가다   18 검토
19 오늘   20 명백하지 않은

Step 02 오디오를 듣고 따라읽으며 단어의 리듬을 기호(←→, →←)로 표시해 보세요.

01 deny

02 postpone

03 unclear

04 renew

05 conclude

06 asleep

정답

01 deny   02 post**pone**
03 un**clear**   04 re**new**
05 con**clude**   06 a**sleep**

 밑줄 친 단어의 [모나] 리듬에 주의해 다음 문장을 읽어보세요.

1회☐ 2회☐ 3회☐ 4회☐ 5회☐

이렇게 해보세요!

먼저 밑줄 친 단어의 리듬을 기호(↗, ↘)로 표시해본 다음, 본격적인 읽기에 들어가 보세요.

1 오디오 들어보기
2 오디오 듣고 따라읽기
3 자신의 목소리를 녹음하면서 혼자 읽어보기
4 문장을 보지 않고 오디오만 듣고 따라읽기

01 He is a man with a brilliant ca**reer** a**head** of him.

02 I tried hard to a**void** falling a**sleep** in class.

03 My doctor tried to re**mind** me to a**void** having any alcohol.

04 My mom be**gan** her ca**reer** as a cashier in Ja**pan**.

05 My parents won't al**low** me to de**cide** for my**self**.

06 Try not to en**gage** in any dis**pute** with the boss.

07 Tom failed to re**new** his contract, which ex**pired** to**day**.

08 The boss asked me to re**view** the quarterly re**port** a**gain**.

09 He took a half-day off to**day** because of fa**tigue**.

10 It is un**clear** what he was up**set** a**bout**.

표현

career 평생 종사하는 전문적인 직업
fall asleep 잠이 들다
in class 수업 중에
engage in ~에 관여하다, 말려들다
dispute 언쟁
contract 계약, 근로계약
quarterly 분기의
fatigue 피로

해석

01 그는 직업적으로 밝은 장래를 앞두고 있는 사람이야.
02 나는 수업 중에 잠들지 않으려고 무진장 애를 썼어.
03 의사는 내게 술은 전혀 마시지 말라고 다시금 말해주려 했어.
04 내 어머니는 일본에서 출납원으로 직장 생활의 첫발을 내디뎠지.
05 내 부모님들은 내가 내 인생을 위해 결정을 하는 것을 허락하지 않을 거야.
06 직장 상사와 언쟁을 하지 않도록 해.
07 탐은 근로계약을 갱신하지 못했는데, 그 계약은 오늘 종료됐어.
08 상사가 분기 리포트를 다시 검토하라고 했어.
09 그는 피로 때문에 오늘 하루 반 차-반나절만 쉬는-를 썼어.
10 그가 무엇에 화났었는지 분명하지 않아.

· 01career는 '나' 부분에 강세가 있는 2음절 단어예요. 따라서 첫 음절인 ca-는 [kə]로 약하게 발음하죠. 자칫 [kæ]로 강하게 발음해 carrier(손잡이 달린 가방)로 잘못 말하는 일이 없도록 하세요.

· 06dispute에서 -pute는 [pjúːt]로 발음합니다. [j] 발음이 있는 것에 주의하세요.

· 08quarterly에서 -t-는 약한 [d] 내지 [r]로 소리를 부드럽게 내보세요.

· 09fatigue 역시 [모나] 패턴의 단어이죠. 이때 -gue는 [g]로만 발음한답니다.

밑줄 친 단어의 [모나] 리듬에 주의해 다음 이야기를 읽어보세요. 아울러 어떤 단어들이 연음이 되고, 약하게 발음되는지도 주의 깊게 확인해 보세요.

1회☐ 2회☐ 3회☐ 4회☐ 5회☐

Falling Asleep in Class

I tried hard to a**void** falling a**sleep**
in class, but I did it a**gain** to**day**. I
promised the teacher that I would
stop falling a**sleep** but he has
be**gun** doubting my word. I don't
de**ny** that it has happened several
times before, though. To**day** he let
me re**turn** home with**out** any punishment because
he was worried about something else. I felt re**lieved**
that he was not up**set** a**bout** what had happened.

- hard to에서 hard의 -d 소리는 거의 들리지 않고 to는 [t]로 가볍게 발음하기 때문에 자칫 heart처럼 들릴 수도 있습니다. 하지만 hard를 발음할 때 혀끝이 윗니 뒤쪽 잇몸이 시작하는 곳에 한 번 닿기 때문에 살짝 발음이 멈추는 듯한 느낌이 생기죠. [d] 발음이 정확하게 들리지는 않지만 이렇게 잠깐 멈추는 느낌으로 heart와 구분이 됩니다.

- doubting[dáutiŋ]에서 -b-는 소리 값이 없답니다. 때문에 -t-가 모음 사이에 있게 되어 약한 [d] 또는 [r]로 발음이 순화되죠.

- worried about은 한 단어처럼 자연스럽게 이어서 발음하세요. 이때 worried는 wor-에 강세가 있는 [모나] 패턴의 단어예요.

표현

stop + -ing 더 이상 ~하지 않다, ~하는 것을 그만두다

doubt one's word ~의 말을 의심하다

though 그러나

without any punishment 어떤 벌도 없이

feel relieved 마음이 놓이다

upset 화난

해석

수업 중에 졸기

나는 수업 중에 잠드는 것을 피하려고 애를 썼지만 오늘 다시 잠들어버리고 말았다. 선생님에게는 다시는 잠자지 않겠다고 했지만 선생님은 내 말을 의심하기 시작했다. 예전에 잠들어버린 일이 몇 번 있었던 것을 인정하지 않는 것은 아니지만 말이다. 선생님은 다른 무엇인가 걱정이 들어 어떤 벌도 주지 않고 나를 집으로 보냈다. 나는 선생님이 일어났던 일에 대해 화내지 않아서 마음이 놓였다.

트레이닝 26 [모나리] 패턴 리듬 훈련

첫 음절을 강하게 말하는 3음절 단어 tel_{ephone}!

동영상을 보며 따라해 보세요

2음절 단어의 리듬을 익혔다면 다음은 자연스레 3음절 단어의 리듬을 익혀봐야겠죠? 3음절 단어 중 첫 번째 음절에 강세가 오는 [모나리] 패턴의 단어부터 훈련해보죠. 음절이 길어질수록 강세의 위치에 더 주의해야 합니다.

[모나리] 패턴의 리듬은 이렇게!

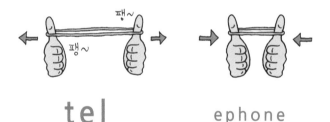

tel·e·phone

tel **ephone**

양쪽 엄지손가락에 끼운 고무줄을 그림처럼 늘이면서 길게 tel을 발음하세요. 손가락에 걸린 고무줄이 팽팽해지는 것처럼 목소리를 천천히 크게 냅니다.

늘어난 고무줄을 원위치시키면서 빠르게 ephone을 발음합니다. 늘어난 고무줄이 다시 제위치로 돌아갈 때의 속도감을 느끼는 것이 중요해요.

telephone은 강세가 있는 tel-의 -e-는 [e]로 강하게 발음되지만, 강세가 없는 중간 -e-는 [ə]로 발음이 약화되죠. 이처럼 모음은 강세의 위치에 따라 강하게 혹은 약하게 발음이 변한답니다.

telephone은 tel·e·phone의 3음절 단어로, [téləfòun]으로 발음돼요. telephone의 리듬을 연습하기 전에 우선 고무줄을 양쪽 엄지손가락에 끼운 채 길게 늘이면서 '모'를 천천히 크게 말하고 늘어난 고무줄을 원위치시키면서 '나리'를 작은 목소리로 재빨리 말해보는 [모나리] 훈련부터 해보세요. 그런 다음 똑같은 방법으로 telephone을 말해보는 거죠.

🎧 26-1.mp3 / 26-2.mp3

Step 01 [모나리] 패턴의 리듬을 살려 다음 단어들을 읽어보세요.

1회☐ 2회☐ 3회☐ 4회☐ 5회☐

이렇게 해보세요!
1회 오디오 들어보기
2회 오디오 듣고 따라읽기
3회 자신의 목소리를 녹음하면서 혼자 읽어보기
4, 5회 단어를 보지 않고 오디오만 듣고 따라읽기

←→ →←	←→ →←
01 **ap**petite	02 **al**cohol
03 **bat**tery	04 **com**edy
05 **con**fidence	06 **dif**ficult
07 **en**ergy	08 **fac**tory
09 **gen**eral	10 **gov**ernment
11 **in**terest	12 **jew**elry
13 **lim**itless	14 **min**ister
15 **pen**tagon	16 **pol**itics
17 **Sat**urday	18 **slip**pery
19 **tel**ephone	20 **tra**gedy

· ⁰³battery의 -tt-, ¹⁷Saturday의 -t-는 강모음과 약모음 사이에서 약한 [d] 내지 [r]로 소리가 부드럽게 바뀝니다.

· ⁰⁴comedy[kάmədi]는 -o-에 강세가 있어서 [a]를 강하게 발음하고, 강세가 없는 -e-는 [ə]로 약하게 발음합니다. [코메디]라고 우리말식으로 발음하지 마세요.

· ¹²jewelry의 발음은 [dʒúːəlri]이죠. 어디를 봐도 -w- 발음은 없네요. 또, [dʒ]는 우리말 [ㅈ] 발음입니다.

Step 02 오디오를 듣고 따라읽으며 단어의 리듬을 기호(←→, →←)로 표시해 보세요.

01 politics	02 tragedy
03 alcohol	04 government
05 comedy	06 pentagon

해석

01 식욕	02 알코올, 술
03 배터리	04 코미디
05 신임, 자신	06 어려운
07 에너지	08 공장
09 일반적인	10 정부
11 관심	12 보석
13 무한한	14 장관
15 5각형	16 정치
17 토요일	18 미끄러운
19 전화기	20 비극

정답

01 pol**i**tics	02 tra**ge**dy
03 **al**cohol	04 **gov**ernment
05 **com**edy	06 **pen**tagon

 밑줄 친 단어의 [모나리] 리듬에 주의해 다음 문장을 읽어보세요.

1회☐ 2회☐ 3회☐ 4회☐ 5회☐

01 Eating too much **choc**olate will spoil your **ap**petite for dinner.

02 He was accused of driving while under the **in**fluence of **al**cohol.

03 A **lith**ium **bat**tery is **com**monly used for **cel**lular phones.

04 **Nat**ural gas is not a **lim**itless **en**ergy source.

05 The **fed**eral **gov**ernment announced the new regulations for **im**migrants.

06 Todd showed **pas**sionate **in**terest in web-based learning programs.

07 Where did you buy this **beau**tiful **jew**elry box?

08 The committee has to **nom**inate a new health **min**ister soon.

09 The rain made the ground **slip**pery and **dan**gerous to walk on.

10 Turkey is dealing with a **ter**rible **tra**gedy caused by the earthquake.

- 03 lithium의 발음은 [líθiəm]이에요.
- 04 limitless의 -tl-은 혀끝을 윗니 뒤쪽 잇몸이 시작하는 곳에 대면서 [t] 발음을 맺고 바로 이어서 [l] 발음을 해주면 돼요.
- 07 did you는 [didʒu]로 한 단어처럼 이어서 발음해요.
- 10 caused의 -au-[ɔː] 발음에 주의하세요.

🔊 **이렇게 해보세요!**

먼저 밑줄 친 단어의 리듬을 기호(↔, →←)로 표시해본 다음, 본격적인 읽기에 들어가 보세요.

1회 오디오 들어보기
2회 오디오 듣고 따라읽기
3회 자신의 목소리를 녹음하면서 혼자 읽어보기
4, 5회 문장을 보지 않고 오디오만 듣고 따라읽기

표현

spoil 망치다

be accused of ~의 혐의로 기소되다

under the influence of alcohol '알코올의 영향 아래', 즉 '술이 취한 채'란 의미

federal government 연방정부

immigrant 이민자

web-based 인터넷을 이용한

nominate 지명하다

slippery 미끄러운

해석

01 초콜릿을 너무 많이 먹으면 저녁에 식욕이 없어질 거야.

02 그는 음주 운전 혐의로 기소됐다.

03 리튬 배터리는 핸드폰에 흔히 사용된다.

04 천연가스는 무한정 있는 에너지원이 아니다.

05 연방정부는 이민자들에 대한 새로운 규정을 발표했다.

06 토드는 온라인 학습 프로그램에 아주 큰 흥미를 보였다.

07 어디서 이렇게 아름다운 보석 상자를 샀니?

08 위원회는 새로운 보건부 장관을 지명해야 한다.

09 비로 인해 땅이 미끄러워 걸어 다니기에 위험해졌다.

10 터키는 지진으로 인한 끔찍한 비극에 직면하고 있다.

밑줄 친 단어의 [모나리] 리듬에 주의해 다음 이야기를 읽어보세요. 아울러 어떤 단어들이 연음이 되고, 약하게 발음되는지도 주의 깊게 확인해 보세요.

1회☐ 2회☐ 3회☐ 4회☐ 5회☐

My Grandmother's Recipe

I didn't have much **ap**petite for sweets but couldn't resist my **grand**mother's **choc**olate chip cookies and lemonade. My **grand**mother told me that she had a secret **rec**ipe, which she considered an **en**ergy booster, for the lemonade. After I left home for college, she used to send **choc**olate chip cookies to my dorm. One **Sat**urday morning, my father **tel**ephoned me and said that my **grand**mother went to sleep but never woke up. My **grand**mother left a memo stating that the secret **rec**ipe of the lemonade was love.

- lemonade[lèmənéid]는 세 번째 음절인 -nade를 강하게 발음하는 [모나리] 패턴의 리듬이에요.
- had a는 [hædə]로 이어서 발음하면 되죠. 이처럼 전치사나 관사들은 강세를 두지 않고, 보통 앞뒤에 오는 단어들과 함께 이어서 발음합니다.
- used to에서 used[ju:st]의 낱어 끝 [t] 발음은 생략됩니다. went to의 went도 마찬가지이고요. 같은 자음 두 개가 이어지면 한 번만 발음하면 되는 거죠.

이렇게 해보세요!

먼저 밑줄 친 단어의 리듬을 기호(↔, ⟶⟵)로 표시해본 다음, 본격적인 읽기에 들어가 보세요.

1회 오디오 들어보기

2회 오디오를 들으며 한 문장씩 따라읽기

3회 자신의 목소리를 녹음하면서 혼자 읽어보기

4, 5회 오디오를 들으며 네이티브와 거의 동시에 읽어보기

표현

sweets 사탕, 초콜릿처럼 단 맛이 강한 과자류

resist 거부하다

recipe 조리법

energy booster 일시적으로 몸에 에너지를 더해주는 음식이나 약

used to + 동사원형 과거에 ~하곤 했다

dorm 기숙사(dormitory의 약자)

telephone 전화하다(동사로도 사용된다는 것에 주의)

해석

할머니의 조리법

난 단것을 별로 좋아하지 않았지만 할머니의 초콜릿 쿠키와 레모네이드는 너무 좋아서 거부할 수가 없었다. 할머니는 레모네이드 비밀 조리법이 있다고 내게 말씀하셨는데, 할머니는 자신의 레모네이드는 에너지 부스터라고 여기셨다. 대학교를 다니기 위해 집을 떠난 이후로 할머니는 기숙사로 초콜릿 쿠키를 보내시곤 했다. 어느 토요일 아침, 아버지가 전화하셔서 할머니가 주무시러 (침실로) 가신 이후 깨어나지 않으셨다고 했다. 할머니는 메모를 남기셨는데 레모네이드의 비밀 조리법은 바로 사랑이라고 하셨다.

[모나리] 패턴 리듬 훈련

중간에 강세를 주는
3음절 단어 ba**na**na!

동영상을 보며
따라해 보세요

자, 이번엔 어떤 패턴의 리듬을 훈련하게 될지 다 눈치 챘죠? 그렇습니다! 3음절 단어 중 두 번째 음절에 강세가 오는 [모나리]
패턴의 리듬을 훈련해볼 거예요. 노란 고무줄을 양쪽 엄지손가락에 끼운 채 고무줄을 늘였다 원위치시켰다 하면서 '모나리'부터
리듬을 살려 말해볼까요?

[모나리] 패턴의 리듬은 이렇게!

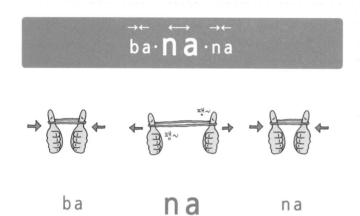

ba	**na**	na

늘어난 고무줄을 원위치시키면서 빠르게 ba[bə]를 발음합니다. 늘어난 고무줄이 다시 제위치로 돌아갈 때의 속도감을 느끼면서 빨리 약하게 발음하세요.

고무줄을 다시 늘이면서 길게 na[næ]를 발음하세요. 손가락에 걸린 고무줄이 팽팽해지는 것을 느끼며 천천히 크게 발음하세요.

늘어난 고무줄을 다시 원위치시키면서 빠르게 na[nə]를 발음합니다. 늘어난 고무줄이 다시 제위치로 돌아갈 때의 속도감을 느끼면서 빨리 약하게 발음하세요.

banana는 ba·na·na의 3음절 단어로, [bənǽnə]로 발음되죠. 모음 a
가 무려 3번이나 쓰였지만, 가운데 음절에 강세가 있기 때문에 가운데
a만 [æ]로 강하게 발음하고, 나머지 a는 모두 [ə]로 발음이 약화된답니
다. 애초에 모음을 모두 강하게 읽거나 또는 모두 약하게 읽는다면 단
어에 강약의 리듬이 생길 리가 없겠죠.

Step 01   [모나리] 패턴의 리듬을 살려 다음 단어들을 읽어보세요.

1회☐ 2회☐ 3회☐ 4회☐ 5회☐

01 **aro**ma
02 ba**na**na
03 com**put**er
04 De**cem**ber
05 de**part**ment
06 di**sas**ter
07 es**sen**tial
08 fan**tas**tic
09 fi**nan**cial
10 for**get**ful
11 his**tor**ic
12 how**ev**er
13 lo**ca**tion
14 pre**dic**tion
15 pro**pel**ler
16 re**port**er
17 re**ten**tion
18 Sep**tem**ber
19 ve**ran**da
20 vol**ca**no

· ⁰¹aroma[əróumə]에서 강세가 없는 a는 [ə]로 약하게 발음하죠.

· ⁰⁴December에서 강세가 없는 De-의 e는 [i]로 약하게, 강세가 있는 -cem-의 e는 [e]로 강하게, 강세가 없는 -ber의 e는 [ə]로 약하게 발음합니다.

· ¹³location처럼 -tion, -sion으로 끝나는 단어는 -tion, -sion 바로 앞에 강세가 있어요.

· ¹⁹veranda[vərǽndə]는 우리말로 '베란다'로 쓰기 때문에 더욱 발음에 주의해야 해요. 강세가 없는 ve-와 -da의 모음은 [ə]로 약하게 발음하세요.

Step 02   오디오를 듣고 따라읽으며 단어의 리듬을 기호(←→, →←)로 표시해 보세요.

01 propeller
02 aroma
03 veranda
04 historic
05 disaster
06 financial

해석
01 아로마, 향기
02 바나나
03 컴퓨터
04 12월
05 부서
06 재난
07 필수인인
08 아주 훌륭한
09 재정적인
10 건망증이 있는
11 역사적인
12 하지만
13 위치
14 예측
15 프로펠러
16 리포터
17 보류, 감금
18 9월
19 베란다
20 화산

정답
01 propeller
02 aroma
03 veranda
04 historic
05 disaster
06 financial

 밑줄 친 단어의 [모나리] 리듬에 주의해 다음 문장을 읽어보세요.

1회☐ 2회☐ 3회☐ 4회☐ 5회☐

01 This family is famous for a ba**na**na plan**ta**tion along the Caribbean coast.

02 Com**put**ers have become the most im**por**tant e**quip**ment for everyone.

03 It is pro**found**ly im**por**tant for us to finish the project by De**cem**ber.

04 He captivated the audience with his fan**tas**tic per**form**ance during the concert.

05 My fi**nan**cial ad**vis**ers told me not to buy Samsung stocks anymore.

06 As she grew old, she became for**get**ful and ne**glect**ful of her ap**pear**ance.

07 A convenient lo**ca**tion is an es**sen**tial element for a restaurant business.

08 A suc**cess**ful pre**dic**tion of the earthquake saved millions of lives in Turkey.

09 Looking at the re**vol**ving pro**pel**lers on the airplane makes me dizzy.

10 The HR de**part**ment is solely responsible for re**cruit**ment and re**ten**tion programs.

- 01Caribbean은 [kærəbíːən] 또는 [kəríbiən]의 두 가지로 모두 발음할 수 있어요.
- 09the airplane처럼 the 뒤에 나오는 단어의 발음이 모음으로 시작하면 the는 [ðiː]로 발음해야 해요.

🔊 이렇게 해보세요!

먼저 밑줄 친 단어의 리듬을 기호(↘, ↗)로 표시해본 다음, 본격적인 읽기에 들어가 보세요.

1회 오디오 들어보기

2회 오디오 듣고 따라읽기

3회 자신의 목소리를 녹음하면서 혼자 읽어보기

4, 5회 문장을 보지 않고 오디오만 듣고 따라읽기

표현

plantation 농장
coast 해안
profoundly 깊이, 극심하게
captivate 사로잡다
audience 청중
stock 주식
neglectful 관심을 두지 않는
revolve 회전하다
dizzy 어지러운
recruitment 채용

해석

01 이 집안은 카리브해 주변의 바나나 농장으로 유명하다.

02 컴퓨터는 모든 사람들에게 가장 중요한 도구가 되었다.

03 프로젝트를 12월까지 끝내는 것이 우리에게 무엇보다 중요하다.

04 그는 콘서트 내내 환상적인 연주로 관중들을 사로잡았어.

05 내 재정 자문관이 삼성 주식을 더 이상 사지 말라고 말했어.

06 그녀는 나이가 들면서 건망증이 생겼고, 그녀의 외모에 대해 무관심해졌다.

07 편리한 위치는 음식점 사업에 아주 중요한 요인이다.

08 성공적인 지진 예측으로 터키에서 수백만 명의 인명을 구했다.

09 비행기의 돌아가는 프로펠러를 보고 있으면 어지러워진다.

10 인사 부서는 직원채용과 관리에 대해 전적으로 책임을 진다.

밑줄 친 단어의 [모나리] 리듬에 주의해 다음 이야기를 읽어보세요. 아울러 어떤 단어들이 연음이 되고, 약하게 발음되는지도 주의 깊게 확인해 보세요.

1회☐ 2회☐ 3회☐ 4회☐ 5회☐

Just like Last Year

"Local de**part**ment stores are full of shoppers despite the fact that the fi**nan**cial crisis has hit the country hard this De**cem**ber," said the re**port**er on TV. Com**put**ers

and other es**sen**tial items for households are being sold in considerable amounts. People are neither for**get**ful nor insensitive about what has been happening. It just seems that they want to enjoy the end of the year as usual. So each house is full of the dis**tinc**tive aroma of Christmas dishes just like last year.

- TV같은 약자는 보통 마지막에 제 1강세를 두고 발음하죠. IBM(미국 컴퓨터 제조 회사), CIA(미 중앙정보부), FBI(미 연방 수사국), PC(개인용 컴퓨터) 같은 단어들 처럼 말예요.
- end of는 한 단어처럼 이어서 [endəv]로 발음되죠. 빨리 발음하면 of의 -f[v] 발음 이 생략되어 [endə] 정도로만 발음되기도 한답니다.
- as usual에서 usual의 -s-[ʒ] 발음에 주의해 말해보세요.

표현

local 특정 지역의
full of ~으로 가득 찬
despite the fact ~의 사실에 도 불구하고
financial crisis 재정위기
essential items (생활) 필수품 들
considerable amount 꽤 많은 양
neither A nor B A도 B도 아닌
insensitive 무감각한, 둔한
as usual 여느 때처럼
distinctive 특유의

해석

작년과 꼭 같은

"올해 12월 재정 위기가 이 나라를 크게 강타했다는 사실에도 불구하 고 이 지역 백화점들은 쇼핑객들로 가득 차 있습니다."라고 TV 리포터 가 말했다. 컴퓨터와 가정에 필수적 인 물건들은 꽤 많은 양이 팔렸다. 시민들은 일어난 일을 잊어버렸거나 무감각한 것은 아니지만, 여느 해처 럼 한 해의 마지막을 즐기고 싶어 하는 것으로 보인다. 각 가정은 작 년과 마찬가지로 크리스마스 특유 의 음식 냄새로 가득하다.

[모나리] 패턴 리듬 훈련

끝 음절을 강하게 말하는 3음절 단어 after**noon**!

동영상을 보며 따라해 보세요

이제 3음절 단어의 마지막 리듬 훈련입니다. af•ter•noon, em•ploy•ee는 마지막 음절인 -noon과 -ee에 강한 리듬을 싣는데요, 둘 다 3음절 단어이죠. 즉, 세 번째 음절에 강세가 오는 [모나리] 패턴의 단어들이랍니다. 우선 노란 고무줄을 이용해 '모나리' 리듬에 익숙해진 다음, 실제 3음절 단어들을 네이티브의 음성을 들으며 반복해서 따라해 보세요.

[모나리] 패턴의 리듬은 이렇게!

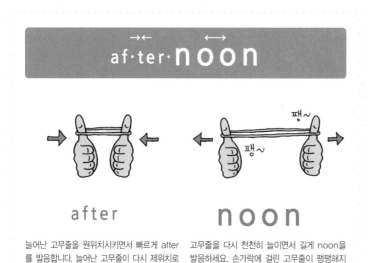

after	noon
늘어난 고무줄을 원위치시키면서 빠르게 after를 발음합니다. 늘어난 고무줄이 다시 제위치로 돌아갈 때의 속도감을 느끼면서 빨리 약하게 발음하세요.	고무줄을 다시 천천히 늘이면서 길게 noon을 발음하세요. 손가락에 걸린 고무줄이 팽팽해지는 것을 느끼며 천천히 크게 발음합니다.

노란 고무줄을 양쪽 엄지손가락에 걸고 늘여주세요. 이 상태에서 고무줄을 재빨리 원위치시키며 같은 속도로 '모나'를 약하게 말한 다음, 틈을 주지 말고 바로 이어서 고무줄을 천천히 팽팽하게 늘이면서 같은 속도로 '리'를 크게 말해봅니다. 이 리듬에 익숙해지면 [모나리] 패턴의 단어인 afternoon도 같은 방식으로 리듬을 타서 말해보세요.

리듬훈련 01 : 단어 소리내기 🎧 28-1.mp3 / 28-2.mp3   DVD 28-1.wmv

Step 01 [모나리] 패턴의 리듬을 살려 다음 단어들을 읽어보세요.

1회☐ 2회☐ 3회☐ 4회☐ 5회☐

이렇게 해보세요!

1회 | 오디오 들어보기

2회 | 오디오 듣고 따라읽기

3회 | 자신의 목소리를 녹음하면서 혼자 읽어보기

4, 5회 | 단어를 보지 않고 오디오만 듣고 따라읽기

01	after**noon**	02	compre**hend**
03	counter**act**	04	disap**pear**
05	engi**neer**	06	enter**tain**
07	guaran**tee**	08	inter**fere**
09	incom**plete**	10	inter**rupt**
11	Japa**nese**	12	maga**zine**
13	million**aire**	14	pictur**esque**
15	recom**mend**	16	refu**gee**
17	repre**sent**	18	seven**teen**
19	under**stand**	20	volun**teer**

- ⁰⁵engineer처럼 -eer로 끝나는 단어는 대개 마지막 음절인 -eer에 강세가 들어가죠.
- ⁰⁷guarantee에서 gua-는 [gæ]로 발음해야 해요. 모음 [æ] 발음에 신경 써서 [모나리] 리듬을 살려주세요. 아울러 -ee로 끝나는 단어 역시 마지막 음절인 -ee에 강세가 들어간답니다.
- ¹⁸seventeen처럼 -teen으로 끝나는 숫자들은 모두 마지막 음절에 강세가 있습니다. 첫 음절에 강세가 들어가는 seventy와 구별해서 알아두세요.

해석

01 오후   02 이해하다
03 거스르다, 중화하다
04 사라지다
05 기술자   06 즐겁게 하다
07 보증(하다)   08 방해하다
09 불완전한   10 가로막다
11 일본인, 일본의 12 잡지
13 백만장자
14 그림 같은, 아름다운
15 추천하다   16 난민
17 대변하다   18 (숫자) 17
19 이해하다   20 지원자

Step 02 오디오를 듣고 따라읽으며 단어의 리듬을 기호(←→, →←)로 표시해 보세요.

01	incomplete	02	comprehend
03	guarantee	04	refugee
05	engineer	06	picturesque

정답

01 incom**plete**
02 compre**hend**
03 guaran**tee**
04 refu**gee**
05 engi**neer**
06 pictur**esque**

 밑줄 친 단어의 [모나리] 리듬에 주의해 다음 문장을 읽어보세요.

1회☐ 2회☐ 3회☐ 4회☐ 5회☐

이렇게 해보세요!

먼저 밑줄 친 단어의 리듬을 기호(↔, ⋯→)로 표시해본 다음, 본격적인 읽기에 들어가 보세요.

1회 오디오 들어보기

2회 오디오 듣고 따라읽기

3회 자신의 목소리를 녹음하면서 혼자 읽어보기

4, 5회 문장을 보지 않고 오디오만 듣고 따라읽기

01 My father used to smoke a ciga**rette** in the after**noon**.

02 It's not hard to compre**hend** how kanga**roos** hop with their two hind legs.

03 The new medicine is believed to counter**act** ciga**rette** smoking addiction.

04 A few pop singers joined the jambo**ree** event to enter**tain** the boy scouts.

05 The refu**gee** camp construction, begun five years ago, still remains incom**plete**.

06 Japa**nese** engi**neers** are extremely precise with details.

07 This maga**zine** specializes in obso**lete** gadgets.

08 A handful of political refu**gees** disem**barked** from the plane provided by the UN.

09 I don't under**stand** how a seven**teen**-year-old boy can be a doctor.

10 Seven**teen** volun**teers** will join the charity event in the after**noon**.

표현

hop 깡충 뛰다
hind leg 뒷다리
precise 정밀한, 정확한
specialize in ~을 전문으로 하다
obsolete 한물간
gadget (휴대폰, 카메라 등의) 소형 기계 장치
disembark (배나 비행기 등에서) 내리다
charity event 자선행사

해석

01 아버지는 오후에 담배를 피우시곤 했다.
02 캥거루가 두 뒷다리로 어떻게 빨리 뛰는지를 이해하는 것은 그리 어렵지 않다.
03 새로운 약은 흡연 중독을 중화시킬 것으로 믿어지고 있다.
04 몇몇 가수들이 보이스카우트들을 즐겁게 하려고 잼버리 행사에 참가했다.
05 5년 전에 시작된 난민 캠프 건설은 아직도 미완성이다.
06 일본인 기술자들은 세세한 사항들에 극도로 정확하다.
07 이 잡지는 이미 한물간 기계 장치들을 전문으로 다룬다.
08 소수의 정치 망명자들이 UN에서 마련한 비행기에서 내렸다.
09 어떻게 17살짜리 소년이 의사가 될 수 있는지 이해를 못하겠다.
10 오후에 17명의 지원자들이 자선 행사에 참가할 예정이다.

· 04jamboree[dʒæmbərí:]도 -ee로 끝나는 다른 단어들처럼 마지막 음절에 강세가 있습니다. jam-을 강세가 없음에도 [dʒæm]으로 강하게 발음하는 이유는 여기에 제2강세가 있기 때문이죠. 즉, '약강, 약, 강'의 리듬으로 단어를 말하게 된다는 건데요. 이처럼 3음절 이상인 단어들 중 일부는 2개의 강세를 갖는 경우가 있답니다.

밑줄 친 단어의 [모나리] 리듬에 주의해 다음 이야기를 읽어보세요. 아울러 어떤 단어들이 연음이 되고, 약하게 발음되는지도 주의 깊게 확인해 보세요.

1회☐ 2회☐ 3회☐ 4회☐ 5회☐

Economic Persecution

A seven**teen**-year-old Japa**nese** million**aire** is on the cover page of a Japa**nese** maga**zine**. The maga**zine** said that the

million**aire** might become an economic refu**gee** because the government collected a huge amount of tax on his inheritance. So far, there has been no legal volun**teer** who wants to repre**sent** the million**aire**. A former Japa**nese** engi**neer** named Dakeda who fled economic persecution from the government said that he under**stood** the million**aire's** situation.

・ of a는 [əvə]로 한 단어처럼 이어서 발음합니다. a, an, the와 같은 관사와 of, on, in과 같은 전치사들에는 강세를 두지 않아서 앞뒤에 있는 단어들과 자연스럽게 이어서 발음되는 경우가 많답니다.

・ economic의 발음은 [èkənámik] 또는 [ìːkənámik]입니다. 중요한 것은 -no-에 강세가 들어가야 한다는 거죠.

・ represent[rèprizént]는 '약강, 약, 강'의 리듬을 타는군요. 그래서 처음의 -e-는 [e]로 비교적 강하게, 가운데 -e-는 [i]로 약하게, 마지막 -e-는 [e]로 강하게 발음되죠. 네이티브의 발음을 들으며 그대로 따라하다 보면 이런 리듬은 저절로 체득되니까요. 너무 의식적으로 외우려곤 하지 마세요.

표현

millionaire 백만장자

be on the cover page 표지에 실리다

economic refugee 경제 난민

inheritance 유산

so far 아직까지

represent 변호하다

former 전, 이전

fled flee(피난하다, 떠나다)의 과거형

economic persecution 경제적 박해

해석

경제적 박해

17세 일본인 백만장자가 오늘 오후 일본의 한 잡지 표지에 실렸습니다. 잡지에 따르면 이 백만장자는 정부가 그가 받은 유산에 어마어마한 세금을 부과해서 경제 난민이 될지도 모른다고 합니다. 아직까지 이 백만장자를 자진해서 변호하려는 사람은 없습니다. 정부의 경제적 박해를 피해 떠난 전 일본인 기술자 다케다 씨는 이 백만장자의 상황을 이해한다고 했습니다.

[모나리자] 패턴 리듬 훈련

첫 번째 모음을 강하게 말하는 4음절 단어 **wa**termelon!

동영상을 보며 따라해 보세요

이제 '모나리자, 모나리자, 모나리자, 모나리자' 훈련의 결정판, 4음절 단어의 강약 리듬을 본격적으로 훈련해볼 거예요. 먼저 첫 번째 음절에 강세가 오는 [모나리자] 패턴부터 리듬 훈련을 해보도록 하죠.

[모나리자] 패턴의 리듬은 이렇게!

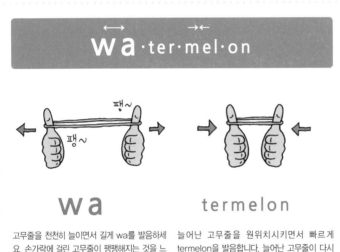

wa·ter·mel·on

wa

고무줄을 천천히 늘이면서 길게 wa를 발음하세요. 손가락에 걸린 고무줄이 팽팽해지는 것을 느끼며 천천히 크게 발음합니다.

termelon

늘어난 고무줄을 원위치시키면서 빠르게 termelon을 발음합니다. 늘어난 고무줄이 다시 제위치로 돌아갈 때의 속도감을 느끼면서 빨리 약하게 발음하세요.

양쪽 엄지손가락에 끼운 노란 고무줄을 천천히 늘이면서 고무줄이 늘어나는 속도와 긴장감을 그대로 실어 '모'를 길게 천천히 크게 말하고, 틈을 주지 말고 바로 이어서 늘어난 고무줄을 '팽-'하고 재빨리 원위치시키며 '나리자'를 약하게 빨리 말해보세요. 고무줄이 원위치로 돌아가는 찰나의 순간에 '나리자'를 한 번에 말해야 합니다. 이 리듬에 익숙해지면 watermelon도 같은 방식으로 리듬을 타서 말해보세요.

Step 01   [모나리자] 패턴의 리듬을 살려 다음 단어들을 읽어보세요.

1회☐ 2회☐ 3회☐ 4회☐ 5회☐

이렇게 해보세요!

1회 오디오 들어보기

2회 오디오 듣고 따라읽기

3회 자신의 목소리를 녹음하면 서 혼자 읽어보기

4, 5회 단어를 보지 않고 오디 오만 듣고 따라읽기

01 **all**igator   02 **ap**plicable

03 **cal**culator   04 **cap**italize

05 **cat**egory   06 **cem**etery

07 **com**mentary   08 **crit**icism

09 **ed**ucated   10 **el**igible

11 **Feb**ruary   12 **fer**tilizer

13 **hel**icopter   14 **hos**pitable

15 **Jan**uary   16 **kin**dergarten

17 **mem**orable   18 **sec**retary

19 **tes**timony   20 **wa**termelon

· 01alligator[ǽligèitər]에서 강모음과 약모음 사이에 있는 -t- 발음은 약한 [r]로 부드럽게 변합니다. 05category[kǽtəgɔ̀ːri]의 -t-도 마찬가지 경우이죠.

· 06cemetery나 07commentary, 18secretary의 -t-는 모음 사이에 있지만 [t]를 제대로 살려 발음합니다. -tery, -tary에 제 2강세가 있기 때문이죠. -t-를 약한 [d] 내지 [r]로 발음하려면 모음 사이에 있어야 하고, 또한 -t-가 포함된 음절에 강세가 없어야 하죠. 즉, 강모음과 약모음 사이에 있어야 한다는 얘기랍니다.

해석

01 악어

02 적용할 수 있는

03 계산기

04 대문자로 쓰다

05 범주   06 공동묘지

07 논평, 비평   08 비평, 흠잡기

09 교육을 받은   10 자격이 있는

11 2월   12 비료

13 헬리콥터   14 호의적인

15 1월   16 유치원

17 기억에 남는   18 비서

19 증언   20 수박

Step 02   오디오를 듣고 따라읽으며 단어의 리듬을 기호(←→, →←)로 표시해 보세요.

01 fertilizer   02 testimony

03 commentary   04 applicable

05 cemetery   06 eligible

정답

01 **fer**tilizer   02 **tes**timony

03 **com**mentary   04 **ap**plicable

05 **cem**etery   06 **el**igible

 밑줄 친 단어의 [모나리자] 리듬에 주의해 다음 문장을 읽어보세요.

1회☐ 2회☐ 3회☐ 4회☐ 5회☐

이렇게 해보세요!

먼저 밑줄 친 단어의 리듬을 기호(↔, ⌐⌐⌐)로 표시해본 다음, 본격적인 읽기에 들어가 보세요.

1회 오디오 들어보기
2회 오디오 듣고 따라읽기
3회 자신의 목소리를 녹음하면서 혼자 읽어보기
4, 5회 문장을 보지 않고 오디오만 듣고 따라읽기

01 Look up **al**ligator and crocodile in the **dic**tionary and tell me the difference.

02 Theories of psychology are **gen**erally **ap**plicable to most people.

03 If you know how to use a **cal**culator, you can be an **op**erator of this machine.

04 Don't forget to **cap**italize the first letter of **Jan**uary and **Feb**ruary.

05 **Hel**icopter pilots and astronauts don't belong to the same occupational **cat**egory.

06 My son was buried in the **mil**itary **cem**etery in Seoul.

07 Your son is not **el**igible for **kin**dergarten. He's too young for that.

08 I noticed that many **kin**dergarten teachers are **nat**urally friendly.

09 **Mil**itary service can be either a **mem**orable or a **mis**erable experience.

10 The course is open to anybody who wants to be an executive **sec**retary.

표현

crocodile 악어
theory 이론
psychology 심리학
operator 기계 등을 조작하는 사람
astronaut 우주비행사
occupational 직업의
friendly 상냥한
executive secretary 비서실장

해석

01 사전에서 alligator와 crocodile을 찾아서 차이점을 내게 말해줘.
02 심리학 이론들은 대체로 사람들 대부분에게 적용이 가능하다.
03 계산기를 쓸 줄 안다면 이 기계를 조작할 수 있어.
04 January와 February 두 단어의 첫 글자를 대문자로 쓰는 것을 잊지 마.
05 헬리콥터 조종사와 우주비행사는 같은 직업군에 속하지 않는다.
06 내 아들은 서울 국군묘지에 안장되었다.
07 당신 아들은 유치원에 갈 수 없어요. 너무 어리거든요.
08 난 많은 유치원 교사들이 천성적으로 다정다감한 것을 알게 되었다.
09 군 복무는 좋은 기억이 될 수도, 아주 끔찍한 경험이 될 수도 있다.
10 이 과정은 비서실장이 되려는 모든 사람들에게 열려 있다.

· ⁰⁵astronauts[ǽstrənɔ̀:ts]에서 -au-[ɔː] 발음을 [ə]로 하지 않도록 주의하세요.
· ⁰⁶buried는 bury[béri]의 과거분사형으로, u-를 [e]로 강하게 발음하는 것에 주의하세요. 또, Seoul을 네이티브들은 -eou-에 강세를 줘서 [sóul]이라고 발음해요.

밑줄 친 단어의 [모나리자] 리듬에 주의해 다음 이야기를 읽어보세요. 아울러 어떤 단어들이 연음이 되고, 약하게 발음되는지도 주의 깊게 확인해 보세요.

1회☐ 2회☐ 3회☐ 4회☐ 5회☐

Far from My Dream Job

I had dreamed of becoming a **hel**icopter pilot since **kin**dergarten. Last year I finally enrolled in an aviation school. I learned that there were several kinds of **hel**icopter pilots. The school is open to anybody and even middle school-**ed**ucated applicants are **el**igible for the course. After I finished the course, I got a job in **Feb**ruary. The job was far from what I dreamed of during my childhood. I was hired by a farmer and told to use a **hel**icopter to spray fields with **fer**tilizer.

- dreamed of는 dreamed의 -ed[d]와 of의 o-[ə]가 연음되어 한 단어처럼 발음되죠.
- applicants는 [모나리] 패턴의 단어랍니다. ap-[æp]의 강세 및 모음 발음에 주의해 말해보세요.
- got a job에서 got은 이어지는 a와 함께 [gatə]로 한 단어처럼 발음합니다.
- by a farmer에서 전치사, 관사에는 강세를 두지 않으므로 by a는 [baiə]로 한 번에 발음합니다.
- told to에서 told의 -d[d] 발음은 거의 들리지를 않죠. told의 -d와 to의 t-는 발음이 되는 혀의 위치가 동일하기 때문입니다.

먼저 밑줄 친 단어의 리듬을 기호(→, ←)로 표시해본 다음, 본격적인 읽기에 들어가 보세요.

1회 오디오 들어보기

2회 오디오를 들으며 한 문장씩 따라읽기

3회 자신의 목소리를 녹음하면서 혼자 읽어보기

4, 5회 오디오를 들으며 네이티브와 거의 동시에 읽어보기

표현

dream of becoming ~이 되는 꿈을 꾸다
enroll in ~에 등록하다
aviation school 항공학교
middle school-educated 중학교를 졸업한
applicant 지원자
be far from ~과는 아주 다르다
be hired 채용되다
spray 뿌리다
fertilizer 비료

해석

꿈꿨던 직업과는 너무나 다른

나는 유치원 때부터 헬리콥터 조종사가 되는 것을 꿈꿔왔다. 작년에 나는 드디어 항공학교에 등록했다. 나는 헬리콥터 조종사에는 몇 가지 유형이 있다는 것을 알게 되었다. 이 학교는 누구나 지원할 수 있는데 심지어 중학교 졸업자도 과정에 지원할 수 있었다. 과정을 끝낸 후, 2월에 직장을 구했다. 그 일은 내가 어렸을 때 꿈꾸던 것과는 거리가 아주 멀었다. 나는 농장주에게 채용이 되었는데 헬리콥터로 농장에 비료를 뿌려야 했다.

두 번째 모음을 강하게 말하는 4음절 단어 America!

동영상을 보며 따라해 보세요

단어 리듬 훈련도 이제 끝을 향해 치닫고 있는데요, 어떠세요? '모나리자' 훈련, 할 만하죠? 이번 트레이닝에서는 4음절 단어 중 두 번째 음절에 강세가 오는 [모나리자] 패턴의 리듬을 익혀볼 거예요. 조금만 더 힘을 내서 노란 고무줄을 퉁겨보도록 해요~!

[모나리자] 패턴의 리듬은 이렇게!

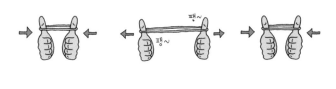

A·me·ri·ca

A

me

rica

늘어난 고무줄을 원위치시키면서 빠르게 A[ə]를 발음합니다. 늘어난 고무줄이 다시 제위치로 돌아갈 때의 속도감을 느끼면서 빨리 약하게 발음하세요.

고무줄을 다시 늘이면서 길게 me[me]를 발음하세요. 손가락에 걸린 고무줄이 팽팽해지는 것을 느끼며 천천히 크게 발음하는 게 중요해요.

늘어난 고무줄을 다시 원위치시키면서 빠르게 rica[rikə]를 발음합니다. 늘어난 고무줄이 다시 제위치로 돌아갈 때의 속도감을 느끼면서 빨리 약하게 발음하면 되겠죠?

자, 우선 손가락에 고무줄을 끼우고 늘였다 줄였다 하며 '모나리자'로 강약 리듬이 익숙해질 때까지 연습해 보세요. 그런 다음, 같은 방식으로 America와 같이 두 번째 음절에 강세가 들어가는 4음절 단어들을 연습해보는 거예요. America는 A·me·ri·ca의 4음절 단어로 -me-를 강하게 말하는 [모나리자] 패턴의 단어랍니다.

Step 01 [모나리자] 패턴의 리듬을 살려 다음 단어들을 읽어보세요.

1회☐ 2회☐ 3회☐ 4회☐ 5회☐

😊 이렇게 해보세요!

1회 | 오디오 들어보기
2회 | 오디오 듣고 따라읽기
3회 | 자신의 목소리를 녹음하면서 혼자 읽어보기
4, 5회 | 단어를 보지 않고 오디오만 듣고 따라읽기

→←↔ →←
01 **Am**erica

→←↔ →←
02 ac**ces**sible

03 am**bas**sador

04 au**thor**ity

05 a**vail**able

06 bi**noc**ulars

07 con**ver**tible

08 de**lib**erate

09 de**liv**ery

10 dis**cov**ery

11 e**mer**gency

12 ge**og**raphy

13 har**mon**ica

14 hu**mid**ity

15 im**pos**sible

16 in**vis**ible

17 me**mor**ial

18 ne**ces**sity

19 pho**tog**raphy

20 pub**lic**ity

· ⁰⁶binocular의 발음은 [bainákjulər] 또는 [bənákjulər]예요. 중요한 것은 두 번째 음절인 -no-에 강세가 있다는 거죠. -no-의 발음이 [nɑ]인 것에도 주의하세요.

· ¹⁹photography와 같은 어원의 단어라고 강약 리듬이 같은 건 아니랍니다. 다음 단어들의 발음기호를 보며 서로 다른 강약 리듬을 알아두세요.

단어	**pho**tograph 사진	pho**tog**rapher 사진사	pho**tog**raph**ic** 사진술의
발음	[fóutəgræf]	[fətágrəfər]	[fòutəgræfik]

Step 02 오디오를 듣고 따라읽으며 단어의 리듬을 기호(←→, →←)로 표시해 보세요.

01 convertible

02 humidity

03 authority

04 memorial

05 binoculars

06 geography

Step01 해석

01 미국
02 접근할 수 있는
03 대사   04 권위
05 이용할 수 있는
06 쌍안경
07 바꿀 수 있는
08 신중한, 계획적인
09 배달   10 발견
11 비상사태   12 지리학
13 하모니카   14 습도
15 불가능한   16 보이지 않는
17 기념물, 기념관 18 필수품
19 사진술
20 널리 알려짐, 홍보

Step02 정답

01 convertible 02 humidity
03 authority 04 memorial
05 binoculars 06 geography

 밑줄 친 단어의 [모나리자] 리듬에 주의해 다음 문장을 읽어보세요.

1회☐　2회☐　3회☐　4회☐　5회☐

01　It is true that mi**nor**ity groups contribute to cultural di**ver**sity in **Am**erica.

02　The national park is temporarily not ac**ces**sible to the public.

03　The Oakville **Aquar**ium is currently closed due to ongoing renovations.

04　That con**ver**tible sofa is not as comfortable as it looks.

05　The cause of the Korean War can be explained by political ge**og**raphy.

06　High hu**mid**ity can cause severe damage to some e**lec**trical ap**pli**ances.

07　It seemed im**pos**sible to have female political leaders in Korea.

08　A tra**di**tional me**mo**rial service for Korean War veterans is held in June.

09　We argued that nuclear weapons were a po**lit**ical necessity.

10　Satellite pho**tog**raphy can i**den**tify any human ac**tiv**ity in that area.

・ ⁰³aquarium[əkwέəriəm]에서 -quar-[kwέər]의 발음에 주의하세요. 우리말식 표기법인 '아쿠아리움'과는 발음이 많이 다릅니다.

🔊 **이렇게 해보세요!**

먼저 밑줄 친 단어의 리듬을 기호(↦, ⇝)로 표시해본 다음, 본격적인 읽기에 들어가 보세요.

1회 오디오 들어보기

2회 오디오 듣고 따라읽기

3회 자신의 목소리를 녹음하면서 혼자 읽어보기

4, 5회 문장을 보지 않고 오디오만 듣고 따라읽기

표현

minority group 소수민족 집단
contribute to ~에 기여하다
cultural diversity 문화적 다양성
ongoing 진행 중인
political geography 정치 지리학
electrical appliance 가전제품
veteran 참전 용사, 재향 군인
identify 식별하다

해석

01 소수민족들이 미국의 문화적 다양성에 기여한다는 것은 사실이다.

02 이 국립공원은 일시적으로 사람들에게 공개되지 않는다.

03 오크빌 수족관은 수리를 하고 있기 때문에 현재 이용이 불가능하다.

04 이 침대 겸용 소파는 보이는 것만큼 편안하지 않다.

05 한국전의 원인은 정치 지리학으로 설명 가능하다.

06 습도가 높으면 가전제품이 심각한 피해를 입을 수 있다.

07 한국에서는 여자 정치 지도자를 갖는 것이 불가능해 보였다.

08 한국전 참전 용사들을 기념하는 전통적인 추도식이 6월에 열린다.

09 우리는 핵무기가 정치적인 필수품이라고 주장했다.

10 위성사진으로 그 지역의 어떤 인간 활동도 식별할 수 있다.

 밑줄 친 단어의 [모나리자] 리듬에 주의해 다음 이야기를 읽어보세요. 아울러 어떤 단어들이 연음이 되고, 약하게 발음되는지도 주의 깊게 확인해 보세요.

1회☐ 2회☐ 3회☐ 4회☐ 5회☐

Ambassador, the Security Freak

The am**bas**sador from A**me**rica is known for being se**cu**rity conscious. He usually carries bi**no**culars and his car, a con**ver**tible, is equipped with a voice recognition device. His house is not ac**ces**sible without permission and any de**li**very service is checked by se**cu**rity guards. Hidden se**cu**rity cameras are everywhere in his place, making any intrusion im**pos**sible. The office is full of se**cu**rity devices which are only a**vail**able to secret agents. Whenever he purchases any item for his se**cu**rity, the am**bas**sador attracts pub**lic**ity.

먼저 밑줄 친 단어의 리듬을 기호(↗, ↘)로 표시해본 다음, 본격적인 읽기에 들어가 보세요.
1회 오디오 들어보기
2회 오디오를 들으며 한 문장씩 따라읽기
3회 자신의 목소리를 녹음하면서 혼자 읽어보기
4, 5회 오디오를 들으며 네이티브와 거의 동시에 읽어보기

표현

ambassador 대사
security freak 보안에 극히 신경을 쓰는 사람
security conscious 보안에 신경을 쓰는
be equipped with ~가 설치되어 있다.
voice recognition 음성인식
security guard 경비원
invisible security camera 보이지 않는 감시 카메라
intrusion 침입, 방해
secret agent 비밀 요원

해석

돌다리도 두드려야 마음이 놓이는 대사님

미국 대사는 보안에 대해 유난히 신경을 쓰는 것으로 유명하다. 대사는 보통 쌍안경을 들고 다니고, 컨버터블 자동차는 음성인식 장치가 설치되어 있다. 대사의 집은 허락 없이는 접근할 수 없고 어떤 배달 서비스도 경비원의 확인을 받아야 한나. 눈에 보이지 않는 감시 카메라가 집 곳곳에 설치되어 있어서 어떤 침입도 불가능하게 한다. 그의 사무실은 비밀 요원들만 이용할 수 있는 감시 장비로 가득 차 있다. 대사가 보안을 위해 장비를 살 때마다 대중의 관심을 끈다.

- equipped[ikwípt]의 -quip- 발음에 주의하세요. 철자에는 보이지 않지만, [w] 발음을 살려줘야 해요.
- 우리말 '카메라'로 잘 알려진 camera의 실제 발음은 [kǽmərə]예요. 첫 번째 음절에 강세가 들어가는 [모나리] 패턴의 단어이죠. 복수형 cameras의 -s는 [z]로 발음되고요. 우리말식으로 발음하지 않도록 주의하세요.

세 번째 모음을 강하게 말하는 4음절 단어 edu**ca**tion!

동영상을 보며 따라해 보세요

드디어 단어 리듬 훈련의 마지막 시간이네요. 4음절 단어 중 네 번째 음절에 강세가 오는 경우는 드물기 때문에 세 번째 음절에 강세가 오는 [모나리자] 패턴의 리듬까지만 집중 훈련하고 단어 리듬 훈련은 마칠 거예요. 노란 고무줄 준비됐죠? 그럼 훈련장으로 고고씽~!

[모나리자] 패턴의 리듬은 이렇게!

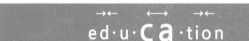

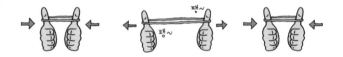

edu	**ca**	tion
늘어난 고무줄을 원위치시키면서 빠르고 약하게 edu[edʒu]를 발음하세요.	고무줄을 늘이면서 길고 강하게 ca[kei]를 발음합니다.	늘어난 고무줄을 다시 원위치시키면서 빠르고 약하게 tion[ʃn]으로 마무리하면 education의 리듬이 살아나요!

4음절 단어에서 네 번째 음절에 강세가 들어가는 경우는 electioneer(선거 운동원)처럼 접미사 자체에 강세가 있는 경우이기 때문에 굳이 따로 떼어서 연습할 필요가 없죠. -ee나 -eer로 끝나는 단어들은 보통 -ee나 -eer에 강세를 둔다는 점만 알고 있으면 되니까요.

자, 이제 굳이 얘기하지 않아도 노란 고무줄을 양쪽 엄지손가락에 끼운 채 늘였다 줄였다 하며 '모나**리**자'라고 리듬 훈련을 하는 여러분의 모습이 보이네요. '모나**리**자' 리듬에 충분히 젖어들었다면 이젠 education으로 리듬 훈련을 해보면 되겠죠? education은 ed·u·ca·tion의 4음절 단어로 세 번째 음절인 -ca-[kei]에 강세가 들어가는 [모나**리**자] 패턴의 단어예요.

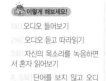
Step 01   [모나리자] 패턴의 리듬을 살려 다음 단어들을 읽어보세요.

1회☐ 2회☐ 3회☐ 4회☐ 5회☐

→← ←→ →←		→← ←→ →←	
01	aca**dem**ic	02	aro**mat**ic
03	circu**la**tion	04	cele**bra**tion
05	compre**hen**sive	06	contra**dic**tion
07	contro**ver**sial	08	demo**graph**ic
09	demo**li**tion	10	edu**ca**tion
11	elec**tri**cian	12	engi**neer**ing
13	ener**get**ic	14	hori**zon**tal
15	idi**ot**ic	16	infor**ma**tion
17	invi**ta**tion	18	ope**ra**tion
19	super**hu**man	20	vari**a**tion

이렇게 해보세요!

1회 오디오 들어보기
2회 오디오 듣고 따라읽기
3회 자신의 목소리를 녹음하면서 혼자 읽어보기
4, 5회 단어를 보지 않고 오디오만 듣고 따라읽기

- ⁰⁷controversial에서 -sial의 발음은 [ʃəl]이에요. 참고로 universal의 -sal은 [səl]로 발음한답니다.
- ¹⁵idiotic에서 -dio-를 발음할 때 -di-와 -o-로 구분해서 발음합니다. -o-에 있는 강세를 살려서 발음하도록 하세요.
- ¹⁹superhuman은 -hu-에 강세가 들어가죠. 첫 음절에 강세가 있는 superman과 구분해 알아두세요.

해석

01 학원[대학]의, 학구적인
02 향기로운, 방향제
03 순환   04 축하
05 이해력이 있는, 종합적인
06 모순
07 논쟁의 여지가 있는
08 인구 통계학의
09 파괴   10 교육
11 전기 기술자   12 공학
13 활기찬   14 수평의
15 바보스런   16 정보
17 초대   18 운영
19 초인   20 변화, 차이

Step 02   오디오를 듣고 따라읽으며 단어의 리듬을 기호(←→, →←)로 표시해 보세요.

01	idiotic	02	controversial
03	superhuman	04	horizontal
05	academic	06	demographic

정답

01 idi**ot**ic
02 contro**ver**sial
03 super**hu**man
04 hori**zon**tal
05 aca**dem**ic
06 demo**graph**ic

 밑줄 친 단어의 [모나리저] 리듬에 주의해 다음 문장을 읽어보세요.

1회☐ 2회☐ 3회☐ 4회☐ 5회☐

이렇게 해보세요!

먼저 밑줄 친 단어의 리듬을 기호(→, ↔)로 표시해본 다음, 본격적인 읽기에 들어가 보세요.

1회 | 오디오 들어보기

2회 | 오디오 듣고 따라읽기

3회 | 자신의 목소리를 녹음하면서 혼자 읽어보기

4, 5회 | 문장을 보지 않고 오디오만 듣고 따라읽기

01 Perfume is a combi**na**tion of fragrant oils and aro**ma**tic compounds.

02 Various discount coupons are available during the Hilton's 30th anniversary cele**bra**tion.

03 The corpo**ra**tion provides compre**hen**sive programs for new employees.

04 There are funda**men**tal contra**dic**tions in the mayor's edu**ca**tion policies.

05 Congress tried to pass the most contro**ver**sial legis**la**tion in the country's history.

06 A few poli**ti**cians promised to make high school edu**ca**tion compulsory.

07 You don't need an engi**neer**ing degree to become an elec**tri**cian.

08 Elementary edu**ca**tion in Korea became compulsory in 1948.

09 Hori**zon**tal balance is essential for constant water circu**la**tion in the pipe.

10 Infor**ma**tion on radi**a**tion levels in Japan was released by an unknown official.

표현

fragrant 향기가 있는

compound 성분

corporation 기업

fundamental 기본적인

legislation 법안

compulsory 의무적인

elementary education 초등교육

해석

01 향수는 향기로운 기름과 방향 성분을 합친 것이다.

02 여러 가지 할인 쿠폰들을 힐튼 호텔의 개관 30주년 기념 행사 기간 동안 이용할 수 있다.

03 회사는 새로 채용된 직원들을 위해 포괄적인 프로그램들을 제공한다.

04 시장의 교육 정책에는 근본적인 모순들이 있다.

05 국회는 이 나라에서 가장 논란의 여지가 있는 법안을 통과시키려고 했다.

06 몇몇 정치인들이 고등학교 교육을 의무화하겠다고 약속했다.

07 전기 기술자가 되는데 공학 학위는 필요하지 않다.

08 한국 초등학교 교육은 1948년에 의무화되었다.

09 지속적으로 물이 순환되려면 파이프가 수평을 유지해야만 한다.

10 일본의 방사능 수준에 관한 정보는 신원이 밝혀지지 않은 정부 관리가 전달한 것이다.

· ⁰⁴mayor[méiər]의 -ay-는 [ei]로 발음합니다. -y-가 [j]로 발음되지 않는 것에 주의하세요.

· ⁰⁶compulsory[kəmpʌ́lsəri]는 [모나리저] 패턴의 단어로 -pul-에 강세를 넣어 발음하세요.

밑줄 친 단어의 [모니리저] 리듬에 주의해 다음 이야기를 읽어보세요. 아울러 어떤 단어들이 연음이 되고, 약하게 발음되는지도 주의 깊게 확인해 보세요.

1회☐ 2회☐ 3회☐ 4회☐ 5회☐

The Keys to Success

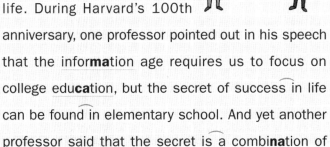

It is quite contro**ver**sial whether a college edu**ca**tion and high aca**dem**ic performance are the keys to success in life. During Harvard's 100th anniversary, one professor pointed out in his speech that the infor**ma**tion age requires us to focus on college edu**ca**tion, but the secret of success in life can be found in elementary school. And yet another professor said that the secret is a combi**na**tion of knowing how to influence people and make friends.

· quite의 발음은 [kwait]이죠. '조용한'의 quiet[kwáiət]와 헷갈리지 마세요.

· the keys to success in life는 하나의 의미 덩어리로 죽 이어서 말해도 되고, the keys to success와 in life의 2개 의미 덩어리로 끊어서 말해도 되죠. 죽 이어서 말할 경우, success in은 연음되어 마치 한 단어처럼 들리는 거구요.

· 100th(hundredth)에서 -dth[dθ]는 [d] 발음을 생략하고 [θ]만 발음해요.

· age[eidʒ]의 -ge를 [지] 로 발음하지 않도록 하세요.

· is a는 [izə]로 한 번에 발음합니다. 보통 be 동사는 강세를 두지 않기 때문에 뒤에 이어지는 관사와 함께 한 단어로 이어서 발음되는 게 보통이죠. 물론 말하는 사람의 취향이나 의도, 습관에 따라 a를 [ei]라고 발음하기도 한답니다.

표현

academic performance 학교 성적
key to success 성공의 열쇠
point out 지적하다
information age 정보화 시대
can be found in ~에서 찾을 수 있다

해석

성공의 열쇠

대학교 교육과 학교 성적이 인생의 성공의 열쇠인지는 꽤 논란의 여지가 있다. 하버드 대학교의 100주년 기념식에서 어느 교수가 연설에서 정보화 시대는 대학교 교육에 집중하도록 요구하지만 삶의 성공의 비밀은 초등학교에서 찾을 수 있다고 지적했다. 또 다른 한 교수는 어떻게 사람들에게 영향력을 미치고 친구를 만드는지를 아는 조합이 비결이라고 했다.

Part
4

영어 문장에는
리듬이 있다!

di Da di Da 리듬 훈련

영어는 단어뿐 아니라 여러 단어들이 모인 문장에도 강약의 리듬이 실린 답니다. 그래서 이러한 리듬에 익숙해지면 영어로 말하는 게 더욱 재미 있어지고, 틈만 나면 말하고 싶은 충동이 들죠.

이제 영어 문장에는 어떤 식으로 리듬이 실리는지를 알고 우리의 입과 혀를 그 리듬에 맞추는 훈련을 해볼 텐데요. '모나리자'가 단어 리듬을 위한 효과적인 훈련법이라면, 영어의 문장 리듬을 익히기 위한 훈련법엔 di Da di Da가 있답니다. di Da di Da 훈련이 뭐냐구요? 영어 문장의 리듬을 쉽게 훈련할 수 있도록 특별히 개발한 훈련법인데요, 다음 페이지에서 자세히 설명해 드리죠.

영어 발음, 리듬으로 완성한다!

글자 하나하나를 또박또박 말하는 우리말과 달리 영어는 리듬을 살려서 말합니다. 영어의 리듬은 단어 리듬을 기본으로 하지만, 그 단어가 문장 속에서 내용상 중요한 역할(명사, 동사, 형용사, 부사, 의문사)을 하느냐, 기능상 중요한 역할(관사, 전치사, 접속사, 대명사)을 하느냐에 따라 각 단어의 입지가 달라지죠. 때문에 단어 리듬을 다 익힌 후에 문장 리듬의 패턴까지 익혀야 비로소 영어의 리듬을 마스터했다고 말할 수 있답니다. 다음 문장을 보세요.

What are you going to **do** to him?

	What	are	you	going	to	do	to	him?
각 단어를 또박또박 발음할 때	hwát	á:r	jú:	góuiŋ	tú:	dú:	tú:	hím
강약의 리듬을 살려 발음할 때	wá	ər	jə	gouin	t	dú:	t	im

단어 한 자 한 자 또박또박 말할 때와 중요한 의미를 갖는 단어인 What과 do만 강하고 정확하게 말할 때와 어떤 차이가 느껴지나요? What과 do만 강조해 말을 하면 나머지 단어들엔 자연스레 약한 리듬이 실리게 됩니다.

위의 표를 보세요. 강약의 리듬을 살려 말을 하니 결국 중요하지 않은 단어의 발음은 모두 약화 또는 생략되거나, 때로는 발음하기 편한 소리로 바뀌었죠. 이것이 바로 영어 문장 특유의 리듬 원리예요. 우리가 평소 연음, 약음, 생략, 변화라고 말하는 영어의 4가지 발음 현상은 바로 이런 영어 특유의 문장 리듬 때문에 자연스레 생겨나는 현상이랍니다.

di Da di Da 훈련법이란?

우리말도 '아버지가방에들어가신다'처럼 띄어쓰기를 무시하고 말하면 의미가 통하지 않듯, 영어도 의미 단위로 표현 덩어리를 제대로 끊어읽을 수 있어야 상대방에게 자신의 의사를 제대로 전달할 수 있어요. 여기에 영어는 강약의 리듬까지 실어야 하죠. 그래서 표현 덩어리별로 그 표현들의 강약 리듬을 익히는 데서부터 출발하는 문장 리듬 훈련법이 바로 **di Da di Da** 훈련이에요. 다음 표현 덩어리를 예로 들어보죠. 이미 눈치 챘겠지만, 작은 동그라미인 **di**엔 '약한' 리듬을, 큰 동그라미인 **Da**엔 '강한' 리듬을 실어 말하면 돼요.

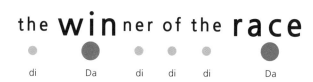

01 음악 시간에 박자를 맞출 때처럼 발바닥이나 손바닥을 치며 [di Da di di di Da]를 반복해 말해보세요. 마치 하나의 단어인 것처럼 죽 이어서 말하되 di는 약하게, Da는 강하게 말해야 해요.

02 [di Da di di di Da] 패턴의 리듬에 익숙해지면, 이번엔 the winner of the race를 같은 리듬으로 죽 이어서 말해봅니다.

이번 파트에서는 이런 식의 표현 덩어리 중 일상생활에서 가장 많이 사용되는 표현 덩어리 15가지 패턴의 di Da 리듬을 훈련하게 될 텐데요. 이러한 리듬 패턴은 영어의 리듬을 효과적으로 익히기 위한 방법에 불과하기 때문에 리듬 패턴 자체를 의식적으로 외울 필요는 없답니다. 걱정 말고 책이 시키는 대로 훈련 과정을 거치다 보면 자연스럽게 문장 리듬에 대한 감각이 길러질 거예요. 영어 리듬은 공식이라기보다는 감각이니까요.

[Da Da] 패턴 리듬 훈련

한 자 한 자 강하게 소리 내는 good luck!

자, 이제 본격적으로 문장 리듬을 익히기 위한 di Da di Da 훈련에 들어가 볼까요? 첫 번째 트레이닝에서는 제일 간단한 리듬인 Da Da 패턴부터 연습해볼 거예요. 보통 〈형용사 + 명사〉 형태의 표현이 여기에 해당되는데요, 각 단어가 다 중요하기 때문에 둘 다 강하게 소리내야 하는 경우랍니다.

[Da Da] 패턴의 리듬은 이렇게!

박자를 맞출 때 흔히 하듯 발바닥으로 바닥을 쾅쾅 치며 Da Da를 여러 번 반복해 말해보세요. Da Da의 '강 강' 리듬이 익숙해지면 이번엔 같은 리듬으로 brown shirt와 good luck을 반복해서 말해보는 거죠. Da Da 패턴의 핵심은 Da를 발음할 때의 속도로 한 단어를 발음하는 것입니다.

[Da Da] 리듬을 살려 다음 표현들을 읽어보세요.

1회☐ 2회☐ 3회☐ 4회☐ 5회☐

이렇게 해보세요!

1회 | 오디오 들어보기

2회 | 오디오 듣고 따라읽기

3회 | 자신의 목소리를 녹음하면서 혼자 읽어보기

4, 5회 | 표현을 보지 않고 오디오만 듣고 따라읽기

01 **brown shirt** · brown의 br-을 발음할 때 [으] 소리를 넣지 않도록 주의하세요.

02 **blue sky**

03 **large house**

04 **small town**

05 **green grass**

06 **fresh fruit**

07 **bright light** · 단어 끝의 -t는 혀끝을 윗니 뒤쪽 잇몸 시작하는 곳에 대면서 발음을 빠르게 마무리하세요.

08 **big chairs**

09 **clean rooms**

10 **sweet voice**

11 **gold coins** · coins의 -s에 [으] 소리를 붙이면 안 돼요.

12 **good luck**

13 **lean meat** · 두 단어 모두 -ea-는 [i:] 발음으로 높낮이가 다른 [이] 두 개를 연속해서 발음하죠.

14 **damp air**

15 **clear sky**

16 **blue eyes**

17 **long time**

18 **gray tie**

19 **small bird** · bird의 단어 끝 -d 발음 역시 -t 발음과 마찬가지로 마무리하면 돼요.

20 **rich folks**

해석

01 갈색 셔츠 02 파란 하늘

03 큰 집 04 작은 마을

05 녹색 잔디 06 신선한 과일

07 밝은 빛 08 큰 의자들

09 깨끗한 방들

10 듣기 좋은 목소리

11 금화들 12 행운

13 살코기 14 습한 공기

15 맑은 하늘 16 파란 눈동자

17 긴 시간 18 회색 넥타이

19 작은 새 20 부자들

 밑줄 친 표현 덩어리들의 [Da Da] 리듬을 살려 다음 문장을 읽어보세요.

1회☐ 2회☐ 3회☐ 4회☐ 5회☐

01 This **gray tie** goes well with my **brown shirt**.

02 Look at the **small bird** flying in the **blue sky**.

03 Only **rich folks** can afford to buy that **large house**.

04 Do you hear the sound coming from the **small house**?

05 The **green grass** withers away in winter.

06 **Fresh fruit** and **lean meat** are the secrets to longevity.

07 Avoid **bright light** and **damp air** and keep the medicine in the fridge.

08 I need a **big desk** and **small chairs** for the living room.

09 It's impossible to have a **clean room** and **three kids** at the same time.

10 Nothing can be more lovely than her **sweet voice** and **blue eyes**.

- ⁰³folks의 -l- 발음을 하지 않는 것에 주의하세요. ex. balm 향유 half 절반의 talk 이야기하다 walk 걷다
- ⁰³large의 -ge는 [이] 소리를 내지 않고 발음하도록 하세요. ex. age 나이 bridge 다리 edge 가장자리
- ⁰⁵wither에서 th[ð]는 [d] 발음과 구분해야 합니다.
- ⁰⁶longevity에서 -ge-는 [dʒe]로 발음하고, -ty의 t는 약한 [d] 또는 [r]로 발음해요.

이렇게 해보세요!

먼저 밑줄 친 부분의 표현 덩어리만 읽어보면서 Da Da 리듬 기호(● ●)를 표시해본 다음, 본격적인 읽기에 들어가 보세요.

1회 오디오 들어보기
2회 오디오 듣고 따라읽기
3회 자신의 목소리를 녹음하면서 혼자 읽어보기
4, 5회 문장을 보지 않고 오디오만 듣고 따라읽기

표현

go well with ~와 잘 어울리다
can afford to + 동사원형 ~할 수 있는 여유가 있다
wither away 시들어버리다
longevity 장수
fridge 냉장고
at the same time 동시에

해석

01 이 회색 넥타이는 내 갈색 셔츠랑 잘 어울리는 걸.
02 파란 하늘을 날고 있는 저 작은 새를 봐.
03 오직 부자들만 저 큰 집을 살 여유가 있어.
04 저 작은 집에서 나오는 소리가 들려?
05 이 녹색 잔디는 겨울이면 시들어버려.
06 신선한 과일과 살코기는 장수의 비결이다.
07 밝은 빛과 습한 공기를 피해서 이 약을 냉장고에 보관해.
08 거실에 큰 책상과 작은 의자들이 필요해.
09 깨끗한 방과 세 아이를 동시에 갖는 것은 불가능해.
10 그녀의 듣기 좋은 목소리와 파란색 눈동자보다 더 사랑스러운 것은 없어.

밑줄 친 표현 덩어리들의 [Da Da] 리듬을 살려 다음 이야기를 읽어보세요. 아울러 어떤 단어들이 연음이 되고, 약하게 발음되는지도 주의 깊게 확인해 보세요.

1회☐　2회☐　3회☐　4회☐　5회☐

I'm a Concerned Eater

I'm not a health nut but a concerned eater. I prefer **light meat** or **white meat** to **red meat** because **light meat** has less fat. Chicken is a good example of **light meat**. **Red meat** is also called **dark meat** because of its color. Pork and beef are considered **dark meat**. When I have to cook **red meat**, I always make sure I buy **short loin** more than any other cuts because **short loin** contains less fat.

기름기가 적은 닭괴를 주로 먹어요~

이렇게 해보세요!

먼저 밑줄 친 부분의 표현 덩어리만 읽어보면서 Da Da 리듬 기호(● ●)를 표시해본 다음, 본격적인 읽기에 들어가 보세요.

1회 오디오 들어보기

2회 오디오를 들으며 한 문장씩 따라읽기

3회 자신의 목소리를 녹음하면서 혼자서 읽어보기

4, 5회 오디오를 들으며 네이티브와 거의 동시에 읽어보기

표현

concerned eater 음식을 가려 먹는 사람

health nut 건강을 지나치게 걱정하는 사람

light meat, white meat 지방이 적은 흰 살 고기

red meat 붉은 살 고기

dark meat 요리하면 색이 검어지는 고기

make sure (that) + 문장 반드시 ~하려고 하다

short loin 안심고기

· not a에서 -t는 약한 [d] 또는 [r]로 발음돼요.

· eater의 -t- 역시 강모음과 약모음 사이에서 약한 [d] 또는 [r]로 소리가 변하네요.
   ex. heater 난방장치　seater ~인승　theater 극장

· light meat를 Da Da 리듬에 맞춰 반복해 발음해 보세요. 특히 light를 짧게 발음하도록 하며, meat의 -ea-[iː]는 음 높낮이가 다른 [이] 두 개를 빠르게 발음하도록 합니다.

· loin[lɔin]을 말할 때는 턱을 아래로 떨어뜨려야 하는 [ɔ] 발음에 신경 쓰세요.

· fat[fæt]를 말할 때는 턱을 확 떨어뜨리는 [æ] 발음에 신경써야겠죠.

해석

음식은 가려 먹어야죠

나는 건강을 지나치게 걱정하는 편은 아니지만 음식을 가려 먹는 편이다. 지방이 적기 때문에 라이트 고기, 즉 흰 살 고기를 붉은 살 고기보다 좋아한다. 닭고기가 흰 살 고기의 좋은 예이다. 붉은 살 고기는 색깔 때문에 색깔이 진한 고기라고도 한다. 돼지고기와 소고기가 진한 고기로 여겨진다. 붉은 살 고기를 요리해야 할 때는, 기름기가 적기 때문에 다른 부위보다 항상 안심고기를 사려고 한다.

'쿵짝쿵짝'의 리듬으로 al_{most} **read**y!

각각 2음절인 〈부사 + 형용사〉 형태의 패턴입니다. 2음절 단어라는 점 이외에는 앞에서 훈련했던 Da Da 패턴과 같네요. Da di 는 첫 번째 음절에 강세가 있는 2음절 단어 [모나] 패턴을 떠올리며 연습해 보세요.

[Da di Da di] 패턴의 리듬은 이렇게!

이번엔 음악 시간에 손바닥을 치며 강약을 느끼듯 우선 손바닥을 치며 Da di Da di(강 약 강 약)를 소리 내 말해보세요. Da는 강하게, di 는 약하게, 아시죠? 그런 다음 이 리듬에 맞춰 nearly constant를 큰 소리로 반복해 말해보세요. near-와 con-에 강세를 두면서 말이죠. almost ready도 마찬가지로 첫 번째 음절인 al-과 read-에 강세를 두 며 말해봅니다. Da 리듬에만 신경을 써서 강하게 발음하면 di는 자연 스레 약하게 발음되니까요, 음악의 리듬을 타듯 '강 약 강 약'의 리듬을 느껴보도록 하세요.

[Da di Da di] 리듬을 살려 다음 표현들을 읽어보세요.

1회☐ 2회☐ 3회☐ 4회☐ 5회☐

이렇게 해보세요!

1회 오디오 들어보기
2회 오디오 듣고 따라읽기
3회 자신의 목소리를 녹음하면
서 혼자 읽어보기
4, 5회 표현을 보지 않고 오디
오만 듣고 따라읽기

01 **near**ly **con**stant

02 **bad**ly **bro**ken · broken에서 b-와 r- 사이에 [으] 소리를 넣으면 안 되겠죠?

03 **bare**ly **cov**ered

04 **hard**ly **a**ble

05 **close**ly **wov**en

06 **tight**ly **man**aged · managed에서 -ge[dʒ]를 [지]로 소리 내지 않도록 주의하세요.

07 **fair**ly **ac**tive

08 **tru**ly **awe**some · awesome의 awe-는 [ɔː]로 발음하세요.

09 **bad**ly **in**jured

10 **al**most **read**y

11 **new**ly **mar**ried

12 **al**most **bank**rupt

13 **pret**ty **aw**ful · awful의 -ful[fəl]은 강세가 없기 때문에 -u-[ə] 발음을 생략해도 돼요.

14 **al**ways **bor**ing

15 **slight**ly **bit**ter

16 **high**ly **gift**ed

17 **ra**ther **bar**ren

18 **rare**ly **fa**tal

19 **deep**ly **fear**ful

20 **ve**ry **pleas**ant

해석

01 거의 일정한
02 심하게 부서진
03 거의 가려지지 않은
04 거의 불가능한
05 촘촘하게 짠
06 빡빡하게 관리된
07 꽤 활동적인
08 너무나 멋진
09 심하게 다친
10 거의 다 준비된
11 갓 결혼한
12 거의 파산한
13 꽤 끔찍한
14 늘 지루한
15 살짝 쓴 맛이 나는
16 아주 재능이 있는
17 조금 메마른
18 드물게 치명적인
19 아주 무서운
20 매우 상쾌한

밑줄 친 표현 덩어리들의 [Da di Da di] 리듬을 살려 다음 문장을 읽어보세요.

1회 ☐ 2회 ☐ 3회 ☐ 4회 ☐ 5회 ☐

01 My father maintained a **near**ly **con**stant speed
   without looking at the speedometer.

   ● ● ●

02 Tom's arm was **bad**ly **bro**ken in a car accident.

03 The president's death was **bare**ly **cov**ered by the
   press.

04 I am **hard**ly **a**ble to finish my report by Monday.

05 Our department will be **tight**ly **man**aged by the
   new manager.

06 The sequel to *Kung Fu Panda* is **tru**ly **awe**some.

07 Many soldiers were **bad**ly **in**jured during the war
   in Afghanistan.

08 After ten days of rehearsal, the play is **al**most
   ready.

09 The professor's lectures are **al**ways **bor**ing.

10 This mandarin orange is **slight**ly **bit**ter.

- ⁰¹speedometer[spidάmitər]는 두 번째 모음에 강세가 있는 [모**나**리자] 패턴의 단어
  랍니다. 강세가 들어가는 -o-의 발음이 [ɑ]인 것에 주의하세요.
- ⁰³barely covered에서 covered의 단어 끝 [d] 발음은 혀끝을 윗니 뒤 잇몸에 갖다
  댄 채로 멈추면 되죠.
- ⁰⁶sequel[síːkwəl]의 -qu- 발음에 주의하세요.
- ¹⁰slightly bitter에서 bitter의 -tt-는 약한 [r]로 발음합니다.

이렇게 해보세요!

먼저 밑줄 친 부분의 표현 덩어
리만 읽어보면서 Da di Da di
리듬 기호(● ● ●)를 표시해본
다음, 본격적인 읽기에 들어가
보세요.

1회 오디오 들어보기

2회 오디오 듣고 따라읽기

3회 자신의 목소리를 녹음하면
서 혼자 읽어보기

4, 5회 문장을 보지 않고 오디
오만 듣고 따라읽기

표현

maintain 유지하다
speedometer 속도계
press 언론
sequel 영화 등의 속편
rehearsal 예행연습
play 연극
mandarin orange 귤

해석

01 아버지는 자동차 속도계를 보지
   않고도 거의 일정한 속도를 유지
   했다.

02 톰의 팔은 자동차 사고로 심하게
   부러졌어.

03 언론은 대통령의 죽음을 거의
   다루지 않았다.

04 내가 보고서를 월요일까지 끝내
   는 것은 거의 불가능해.

05 우리 부서는 새로 온 부서장이
   세심하게 관리할 거야.

06 (쿵푸 팬더)의 속편은 너무 멋져.

07 많은 병사들이 아프가니스탄에
   서 심하게 부상을 입었다.

08 10일 동안의 리허설 이후 이 연
   극은 거의 다 준비되었다.

09 이 교수의 강의는 항상 지루해.

10 이 귤은 살짝 쓴 맛이 나.

밑줄 친 표현 덩어리들의 [Da di Da di] 리듬을 살려 다음 이야기를 읽어보세요. 아울러 어떤 단어들이 연음이 되고, 약하게 발음되는지도 주의 깊게 확인해 보세요.

1회☐　2회☐　3회☐　4회☐　5회☐

The Ski Resort Accident

The accident at the ski resort was **bare**ly **cov**ered
by the local newspaper but a reliable source said
that a **new**ly **mar**ried couple were **bad**ly **in**jured.
The investigation was **tight**ly **man**aged by the local
police. The chief of police said that the final report
about the accident was **al**most
ready for the press conference.
After the accident the resort was
almost **bank**rupt and **hard**ly
able to compensate the
couple for damages.

책임져요!

최송
합니다!

이렇게 해보세요!

먼저 밑줄 친 부분의 표현 덩어리만 읽어보면서 Da di Da di 리듬 기호(●●●●)를 표시해본 다음, 본격적인 읽기에 들어가 보세요.

1회 오디오 들어보기
2회 오디오를 들으며 한 문장씩 따라읽기
3회 자신의 목소리를 녹음하면서 혼자 읽어보기
4, 5회 오디오를 들으며 네이티브와 거의 동시에 읽어보기

표현

barely 거의 ~하지 않은
cover 다루다, 보도하다
reliable source 믿을 만한 소식통
chief of police 경찰의 장(우두머리)
final report 최종 보고서
press conference 기자회견
pay for damages 피해를 배상하다

해석

스키 리조트 사고

스키 리조트에서 있었던 사고는 지역 신문이 거의 보도하지 않았지만 믿을 만한 소식통에 의하면 신혼부부가 심하게 다쳤다니 했다. 사고 조사는 지역 경찰에 의해 면밀히 다루어졌다. 경찰서장은 사고에 대한 최종 보고서가 거의 마무리되어 기자회견을 할 것이라고 말했다. 사고 이후 그 리조트는 거의 파산해서 부부에 대한 보상도 간신히 할 수 있었다.

- accident[ǽksidənt]는 ac-에 강세가 있어 -ci와 -dent는 모두 약하게 발음합니다. [모나리] 패턴의 단어로군요.

- but a에서 but의 -t는 강모음과 약모음 사이에서 약한 [r]로 소리가 부드럽게 변합니다.

- source의 발음은 [sɔːrs]예요. [r] 발음을 놓치지 말고 해줘야 요리할 때 쓰는 소스인 sauce[sɔːs]와 혼동하지 않는답니다.

- almost의 -st, After의 -ft와 같이 자음이 연속으로 오는 경우에 자음과 자음 사이에 [으] 소리를 넣지 않도록 합니다. 하도 연습을 많이 해서 이젠 자신 있다구요?'

- damages의 -ge[dʒ]를 [지]로 발음하지 않도록 하세요. -s는 [z]로 발음합니다.

트레이닝

34

[Da di di] 패턴 리듬 훈련

동사에 강한 리듬을 실어
dream of it!

동영상을 보며
따라해 보세요

이번에는 〈동사 + (전치사) + 목적어〉 형태의 Da di di 패턴을 집중적으로 훈련해볼 거예요. 이 표현을 하나의 덩어리로 보고 마치 첫 음절에 강세가 있는 3음절 단어처럼 [모나리] 패턴의 느낌으로 말하면 된답니다.

[Da di di] 패턴의 리듬은 이렇게!

Da · · di di

Da · · di di

di Da di Da 훈련법은 문장 리듬을
보다 편하게 익히기 위한 하나의 방법
에 불과해요. 일일이 패턴 자체를 외울
필요는 없답니다. 문장 리듬의 기본 원
리만 이해하고 있으면 돼요.

영어의 문장 리듬에는 기본적인 원리가 있답니다. 문장에서 **Da**라고 강하게 읽는 부분은 명사, 동사, 형용사, 부사 및 의문문 속 의문사이죠. 문장 속에서 실제 중요한 의미를 갖는 부분이랍니다. 반면, 전치사, 관사, 접속사, 대명사들은 특별히 내용상 강조할 필요가 있는 경우를 제외하곤 대개 강세를 두지 않아요. 따라서 〈동사 + 전치사 + 목적어〉의 표현 덩어리는 당연히 동사 부분을 강하게 말해야겠죠. 이때 〈전치사 + 목적어〉 부분은 보통 연음되어 힌 던어처럼 발음된답니다.

[Da di di] 리듬을 살려 다음 표현들을 읽어보세요.

1회☐ 2회☐ 3회☐ 4회☐ 5회☐

이렇게 해보세요!
1회 오디오 들어보기
2회 오디오 듣고 따라읽기
3회 자신의 목소리를 녹음하면서 혼자 읽어보기
4, 5회 표현을 보지 않고 오디오만 듣고 따라읽기

01 **sell** yourself

02 **told** me that

03 **count** on her

04 **pay** for it · for it은 한 단어처럼 이어서 발음합니다.

05 **an**swer me

06 **talk** to him

07 **think** of it · 세 단어를 자연스럽게 이어서 마치 한 단어처럼 말해보세요.

08 **speak** to him

09 **come** at him

10 **put** it there · put의 -t는 뒤에 있는 it과 이어지면서 약한 [r]로 소리가 변해요.

11 **go** for it

12 **take** me there

13 **bring** it here

14 **take** it there · take it은 연음되어 한 단어처럼 들려요.

15 **care** for him

16 **look** for it

17 **sit** on it · sit의 -t는 on과 이어져서 약한 [d]로 발음되죠.

18 **look** at it · at의 -t는 it과 이어져 약한 [r]로 발음되네요.

19 **beg** for it

20 **dream** of it

해석
01 남을 설득하다
02 나에게 그것을 이야기했다
03 그녀에게 의지하다
04 그것을 지불하다
05 내게 대답해주다
06 그에게 말하다
07 그것을 생각하다
08 그에게 얘기하다
09 그에게 다가가다
10 그것을 저기에 두다
11 그것에 찬성하다
12 나를 저기에 데려다주다
13 그것을 여기로 가져오다
14 그것을 저기로 가져가다
15 그를 돌보다
16 그것을 찾다
17 그것에 앉다
18 그것을 바라보다
19 그것을 간절히 바라다
20 그것을 꿈꾸다

리듬훈련 02 : 문장 소리내기 🎧 34-2.mp3 **34-2.wmv**

밑줄 친 표현 덩어리들의 [Da di di] 리듬을 살려 다음 문장을 읽어보세요.

1회☐ 2회☐ 3회☐ 4회☐ 5회☐

01 If you can't **sell** yourself, you can't sell anything else.

02 My mom **told** me that I had to do the dishes before going out.

03 You can always **count** on her when you want to have fantastic nails. She's the expert.

04 **An**swer me! What did you do to the table? It's broken.

05 A stranger **came** at him with a gun.

06 Dust the vase and **put** it there.

07 Everybody likes her idea and I **go** for it.

08 I want you to **take** it there with you.

09 His grandparents have always **cared** for him since he moved to their place.

10 The chair is still wet. Don't **sit** on it.

- 빨리 빨리 흘러가는 영어 문장 속에서 대명사 him, her는 종종 h- 발음을 생략하고 말하기도 한다는 점을 염두에 두고, 네이티브의 음성을 들어보세요.

- ⁰¹yourself 하나만 뚝 떼서 보면 [모**나**] 패턴의 리듬이지만, 문장 속에서 sell yourself의 한 덩어리 표현으로 쓰이면 내용상 중요한 단어인 sell이 제 1강세를 받기 때문에 yourself의 -self는 상대적으로 약하게 발음되는 거죠.

- ⁰⁴What did you do에서 did you는 연음되어 [diju] 정도로 발음돼요.

이렇게 해보세요!

먼저 밑줄 친 부분의 표현 덩어리만 읽어보면서 Da di di 리듬 기호(●●●)를 표시해본 다음, 본격적인 읽기에 들어가 보세요.

1회 오디오 들어보기
2회 오디오 듣고 따라읽기
3회 자신의 목소리를 녹음하면서 혼자 읽어보기
4, 5회 문장을 보지 않고 오디오만 듣고 따라읽기

표현

do the dishes 설거지를 하다
fantastic 멋진
expert 전문가
dust 먼지를 털다
wet 페인트가 마르지 않은, 젖은

해석

01 남들에게 자신을 설득할 수 없으면 아무것도 팔 수 없어.
02 엄마가 밖에 나가기 전에 설거지를 다 해야 한다고 하셨어.
03 아주 멋진 손톱을 갖고 싶으면 언제든 그녀에게 맡겨도 돼. 그녀가 전문가거든.
04 말해봐. 탁자에 무슨 짓을 한 거야? 부서졌잖아.
05 낯선 한 남자가 총을 가지고 그에게 다가갔다.
06 꽃병에 먼지를 털고 저기에 둬.
07 모두들 그녀의 아이디어를 좋아해. 나도 그 아이디어가 좋아.
08 네가 그걸 저기로 가져갔으면 해.
09 그가 할아버지 할머니 댁으로 옮긴 이후로 할아버지 할머니가 늘 그를 돌봐주셨어.
10 그 의자는 아직 페인트가 마르지 않았어. 거기에 앉지 마.

밑줄 친 표현 덩어리들의 [Da di di] 리듬을 살려 다음 이야기를 읽어보세요. 아울러 어떤 단어들이 연음이 되고, 약하게 발음되는지도 주의 깊게 확인해 보세요.

1회☐ 2회☐ 3회☐ 4회☐ 5회☐

My Strict Father and Loving Mom

My father is a soldier and **shouts** at me things like, "**Bring** it here, **take** it there, **an**swer me." all the time. He treats me like a young soldier and I never like the way he **talks** to me. However, I am lucky to have a loving mom. I can **count** on her for everything. She **cares** for me a lot and supports me in whatever I do. Unlike my father, she tells me, "If you **dream** of it, then **go** for it."

· 동사 뒤에 a가 오면 보통 동사의 끝 자음과 a의 모음 [ə]가 합쳐져 마치 한 단어처럼 이어서 들리죠. 위 이야기에서도 is a, like a, have a가 바로 이런 경우에 해당됩니다.

· soldier[sóuldʒər]는 첫 번째 음절인 -o-[ou]에 강세가 있는 [모너] 패턴의 단어랍니다. 강세 및 -d-[dʒ] 발음에 신경 써서 말해보세요.

· count on her에서 on her는 한 단어처럼 이어서 발음되는군요. 전치사 뒤에 her나 him, 그리고 it이 오는 경우는 대부분 이처럼 전치사와 연결되어 한 단어처럼 발음되죠.

· dream of it은 세 단어가 자연스럽게 이어져 한 단어처럼 발음되네요.

🐾 **이렇게 해보세요!**

먼저 밑줄 친 부분의 표현 덩어리만 읽어보면서 Da di di 리듬 기호(●●●)를 표시해본 다음, 본격적인 읽기에 들어가 보세요.

1회 오디오 들어보기

2회 오디오를 들으며 한 문장씩 따라읽기

3회 자신의 목소리를 녹음하면서 혼자 읽어보기

4, 5회 오디오를 들으며 네이티브와 거의 동시에 읽어보기

표현

all the time 항상

treat A like B A를 B처럼 다루다

the way he talks to me 나에게 말씀하시는 말투

a loving mom 정다운 엄마

in whatever I do 내가 무엇을 하든 그것에

unlike ~와 달리

go for it 노력하다

해석

엄한 아버지와 다정하신 엄마

내 아버지는 군인인데, 나에게 항상 "이리 가져와, 저기로 가져가, 대답해."라고 소리친다. 아버지는 나를 어린 병사처럼 다루는데, 아버지가 내게 말씀하시는 말투를 나는 좋아하지 않는다. 그렇지만, 정다운 엄마가 있어 나는 운이 좋다. 나는 무엇이든 엄마에게 의지할 수 있다. 엄마는 날 돌봐주시고 내가 무엇을 하든 날 응원해 주신다. 아버지와는 달리 엄마는 "꿈꾸는 게 있으면, 그것을 이루려고 노력해봐."라고 말씀하신다.

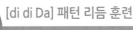

명사에 강한 리듬을 실어
at a **gym**!

동영상을 보며
따라해 보세요

〈전치사 + (관사) + 명사〉로 이루어진 덩어리 표현입니다. 이 표현에서 강세는 어디에 있을까요? 눈치 챘다고요? 그렇습니다! 당연히 명사에 강세가 있겠죠. 그래서 〈전치사 + (관사) + 명사〉는 di di Da 패턴이 되는 거랍니다. 마지막 음절에 강세가 있는 3음절 단어처럼 [모나리] 패턴의 느낌으로 말하면 될 텐데요, 이때 관건은 di di 리듬이 자연스럽게 이어지도록 발음하는 거죠.

[di di Da] 패턴의 리듬은 이렇게!

마지막 명사에만 강세를 두고 나머지는 약하게, 이어서 발음하도록 합니다. until은 un·til의 2음절 단어로, 이 단어 하나만 딱 떼서 보면 -til에 강세가 있지만 until May라는 덩어리 내에서는 주요 내용인 May에 제 1강세가 오기 때문에 -til의 강도가 상대적으로 약해집니다. at a gym에서 at a는 -t를 약한 [d] 또는 [r]로 바꿔 [ædə] 내지 [ærə]로 발음하면 자연스럽게 이어지게 되죠. 〈전치사 + 관사〉는 한 단어처럼 자연스럽게 이어서 말하는 연습을 해보세요.

🎧 35-1.mp3 35-1.wmv

 [di di Da] 리듬을 살려 다음 표현들을 읽어보세요.

1회 ☐ 2회 ☐ 3회 ☐ 4회 ☐ 5회 ☐

이렇게 해보세요!

1회 오디오 들어보기

2회 오디오 듣고 따라읽기

3회 자신의 목소리를 녹음하면 서 혼자 읽어보기

4, 5회 표현을 보지 않고 오디 오만 듣고 따라읽기

01 in the **car**

02 on the **map**

03 at a **dance**

04 to the **boys**

05 until **May**

06 in her **sight**

07 Come a**gain**?　· 상대방이 한 말을 알아듣지 못했을 때 되물어
　　　　　　　　　　보는 표현이죠. 질문이므로 마지막 음절에 강

08 you are **right**　세를 두게 됩니다.

09 from Ja**pan**

10 on the **road**

11 down the **road**

12 at their **house**

13 at a **gym**

14 in the **park**

15 in the **air**

16 on the **floor**　· floor의 fl-을 발음할 때 [으] 소리를 넣지 않
　　　　　　　　　도록 하세요.

17 on the **roof**

18 on the **phone**

19 to the **farm**

20 from his **bag**　· from의 fr-을 발음할 때 역시 [으] 소리를 넣
　　　　　　　　　지 않도록 합니다.

해석

01 차 안에서　　02 지도상에

03 댄스파티에서　04 소년들에게는

05 5월까지

06 그녀의 의견에는

07 뭐라고요?　　08 네가 맞아

09 일본으로부터, 일본에서

10 차량으로 이동 중에

11 미래에　　　12 그들의 집에서

13 체육관에서　14 공원에서

15 기운이 감도는 16 바닥에

17 지붕에　　　18 전화중인

19 농장으로　　20 그의 가방에서

 밑줄 친 표현 덩어리들의 [di di Da] 리듬을 살려 다음 문장을 읽어보세요.

1회 ☐ 2회 ☐ 3회 ☐ 4회 ☐ 5회 ☐

🐵 **이렇게 해보세요!**

먼저 밑줄 친 부분의 표현 덩어리만 읽어보면서 di di Da 리듬 기호(●●●)를 표시해본 다음, 본격적인 읽기에 들어가 보세요.

1회 오디오 들어보기

2회 오디오 듣고 따라읽기

3회 자신의 목소리를 녹음하면서 혼자 읽어보기

4, 5회 문장을 보지 않고 오디오만 듣고 따라읽기

01 It's still freezing outside. You'd better stay in the **car**.

02 Will you show me where we are on the **map**?

03 I think I saw her at the **dance**.

04 Will you give this letter to the **boy** waiting outside?

05 The guest will stay with us until **May**.

06 These books are equally good in her **sight**.

07 Come a**gain**? What did you just say to me?

08 You are **right**. I should have never dated him.

09 This dried seaweed is from Ja**pan**.

10 Several years down the **road**, you will finish the course.

표현

freezing 몹시 추운
outside 밖은
where we are 여기가 어디인지
wait outside 밖에서 기다리다
dried seaweed 김

- ⁰¹freezing의 fr-을 [으] 소리를 내지 않고 발음하도록 합니다.
- ⁰²on the map에서 on the는 di di 리듬으로 약하게, map은 Da 리듬으로 한 번에 강하게 발음하면 될 텐데요. on은 약화되면 [ən] 정도로 발음된답니다.
- ⁰⁸You are는 일상회화에서는 You're로 곧잘 줄여서 말하죠. 또 I should have에서 should have는 빨리 말하면 [ʃudəv]로 확 줄여서 발음해요.
- ⁰⁹seaweed는 [모나] 패턴의 단어이죠. 이때 sea-와 -weed의 모음은 둘 다 [i:]로 길게 발음하세요.

해석

01 아직 밖은 몹시 추워. 차 안에 있는 편이 좋을 거야.

02 우리가 지도상에서 어디에 있는지 보여줄래요?

03 내 생각에 그녀를 댄스파티에서 본 거 같아.

04 이 편지를 밖에서 기다리고 있는 소년에게 줄래요?

05 이 손님은 5월까지 우리와 지낼 거야.

06 그녀의 의견으로는 이 책들은 똑같이 좋아.

07 뭐라고요? 방금 제게 뭐라고 하셨어요?

08 네가 옳아. 그 남자랑 데이트를 하지 말았어야 했어.

09 이 김은 일본에서 온 거야.

10 앞으로 몇 년 뒤면 너는 이 과정을 끝낼 거야.

 밑줄 친 표현 덩어리들의 [di di Da] 리듬을 살려 다음 이야기를 읽어보세요. 아울러 어떤 단어들이 연음이 되고, 약하게 발음되는지도 주의 깊게 확인해 보세요.

1회 ☐ 2회 ☐ 3회 ☐ 4회 ☐ 5회 ☐

The Girl at the Dance

Chet was driving while Todd was sitting in the **car** looking for the party place on the **map**. Todd was also thinking about the girl from Ja**pan**. Todd met the girl at the **dance** last week. The girl didn't seem to be interested in the **boys** at the party. In her **sight**, having a boyfriend was boring. After spending some time on the **road**, Chet and Todd found the party place in the **park**. Todd took out his phone from his **bag** and called Miwa, the Japanese girl. He knew that he wouldn't be able to see Miwa again until **May**.

표현

while ~하는 동안
look for ~을 찾다
seem to be ~인 듯하다
be interested in ~에 관심이 있다
in one's sight ~의 생각에는
take out ~을 꺼내다

해석

댄스파티에서 만난 소녀

토드가 차 안에 앉아서 지도에서 파티 장소를 찾는 동안 쳇은 운전을 하고 있었다. 토드는 또한 일본에서 온 소녀를 생각하는 중이었다. 토드는 그 소녀를 댄스파티에서 만났다. 그 소녀는 댄스파티에 온 남자아이들에게는 관심이 없는 듯했다. 그녀의 생각에는 남자친구를 갖는 것은 지루한 것이었다. 한동안 차로 이동한 후에 쳇과 토드는 공원에 있는 파티 장소를 찾았다. 토드는 가방에서 전화기를 꺼내 일본에서 온 미와에게 전화를 걸었다. 토드는 5월까지는 미와를 다시 볼 수 없을 거라는 사실을 알게 되었다.

· sitting의 -tt-는 [t] 발음을 한 번만 해주면 되죠. 이때 [t]는 약한 [d] 내지 [r]로 소리가 부드럽게 변한답니다. 뒤에 나오는 party의 -t-도 마찬가지죠.

· girl의 -rl 발음에 주의하세요. [r]과 [l]을 모두 제대로 발음해 주어야 합니다.

· Japan이 -pan에 강세가 들어가는 [모**나**] 패턴의 단어인 반면, 뒤에 나오는 Japanese는 -nese에 강세가 들어가는 [모나**리**] 패턴의 단어랍니다.

· boring의 -o-와 called의 -a-는 둘 다 [ɔː] 발음이랍니다. 우리말에 없는 발음이니 신경 써야겠죠?

처음과 끝을 강하게
pret_{ty} a_{mazed}!

Da di di Da 리듬은 〈부사 + 형용사〉에 자주 나타나는 패턴이에요. 부사, 형용사 둘 다 문장에서 강하게 발음하는데, 앞에 오는 부사가 2음절 이상의 긴 단어인 경우에 이런 패턴의 리듬이 생기게 된답니다.

[Da di di Da] 패턴의 리듬은 이렇게!

자, 먼저 손바닥을 치며 Da di di Da 리듬을 반복해 보세요. 이 리듬에 익숙해지면 finally done과 pretty amazed를 같은 리듬으로 말해봅니다. finally done은 fi-와 done에 Da 리듬을 싣고, pretty amazed는 pret-과 -mazed에 Da 리듬을 실어 말하면 되죠. 이렇게 말하다 보면 중간에 낀 di di 부분의 발음은 너무 약한 데다 순식간에 흘러가기 때문에 정확히 들리지 않는 경우가 많답니다.

[Da di di Da] 리듬을 살려 다음 표현들을 읽어보세요.

1회☐ 2회☐ 3회☐ 4회☐ 5회☐

이렇게 해보세요!

1회 오디오 들어보기

2회 오디오 듣고 따라읽기

3회 자신의 목소리를 녹음하면서 혼자 읽어보기

4, 5회 표현을 보지 않고 오디오만 듣고 따라읽기

01 **ter**ribly **sick**
● ● ● ●

· terribly를 Da di di 리듬에 맞춰 발음해보세요. di di 부분은 아주 빠르고 약하게 발음합니다.

02 **neat**ly ar**ranged**

03 **close**ly re**viewed**

04 **tot**ally **fine**

05 **bad**ly a**bused**

· abused의 a-는 약모음 [ə]로 순식간에 지나가기 때문에 제대로 들리지 않는 경우가 많죠.

06 **wide**ly di**verse**

07 **dead**ly as**sault**

08 **fi**nally **done**

09 **new**ly en**gaged**

10 **fair**ly ad**ept**

11 **near**ly a**sleep**

12 **al**most ex**tinct**

13 **ve**ry in**tense**

14 **pret**ty a**mazed**

15 **aw**fully **big**

· awfully의 aw-는 [ɔː]로 발음해야 해요.

16 **slight**ly a**fraid**

17 **huge**ly com**plex**

18 **ra**ther ab**surd**

19 **hard**ly u**nique**

20 **per**fectly **clean**

해석

01 끔찍이 아픈
02 깔끔하게 정돈된
03 면밀히 검토된
04 정말 좋은
05 심하게 남용된
06 폭넓게 다양한
07 치명적인 공격
08 마침내 끝난
09 최근에 약혼한
10 꽤 숙달된
11 거의 잠든
12 거의 멸종한
13 매우 격렬한
14 꽤 놀라운
15 끔찍이 큰
16 살짝 겁먹은
17 엄청 복잡한
18 좀 부조리한
19 독특하지 않은
20 완벽히 깨끗한

 밑줄 친 표현 덩어리들의 [Da di di Da] 리듬을 살려 다음 문장을 읽어보세요.

1회☐ 2회☐ 3회☐ 4회☐ 5회☐

01 My mom got **ter**ribly **sick** after her trip to Australia.

02 The tables are **neat**ly ar**ranged** in the recreation room.

03 Your final paper should be **close**ly re**viewed** before submission.

04 The reporter tried to cover **wide**ly di**verse** topics about the country.

05 The presentation for the meeting is **fi**nally **ready**.

06 I felt **slight**ly a**fraid** in front of a big audience.

07 I have spent 10 days working on my school project and it is **fi**nally **done** today.

08 I had to take several painkillers because the pain was **ve**ry in**tense**.

09 His argument about mercy killing is **ra**ther ab**surd**.

10 My parents want to have a **per**fectly **clean** house.

이렇게 해보세요!

먼저 밑줄 친 부분의 표현 덩어리만 읽어보면서 Da di di Da 리듬 기호(●●●●)를 표시해본 다음, 본격적인 읽기에 들어가보세요.

1회 | 오디오 들어보기

2회 | 오디오 듣고 따라읽기

3회 | 자신의 목소리를 녹음하면서 혼자 읽어보기

4·5회 | 문장을 보지 않고 오디오만 듣고 따라읽기

표현

recreation room 연회장
submission 제출
audience 청중
painkiller 진통제
mercy killing 안락사

해석

01 엄마는 호주로 여행을 갔다 온 후에 아주 심하게 아프셨어.

02 연회장의 테이블들이 깔끔하게 정돈되어 있다.

03 네 졸업 논문은 제출하기 전에 면밀히 검토되어야 해.

04 이 리포터는 이 나라에 대해 폭넓게 다양한 주제들을 다루려고 했다.

05 회의의 프레젠테이션이 마침내 준비됐어요.

06 나는 많은 청중 앞에서 조금 겁이 났어.

07 학교 프로젝트에 열흘이 걸려서 오늘 마침내 끝났어.

08 고통이 아주 심해서 진통제를 몇 알 먹을 수밖에 없었어.

09 그의 안락사에 대한 논쟁은 좀 불합리해.

10 내 부모님은 완벽하게 깨끗한 집을 원하셔.

· ⁰¹Australia[ɔ(ː)stréiljə]의 Au-는 턱을 떨어뜨리면서 발음하는 [ɔ]임을 기억하세요. 강세는 중간의 -a-[ei]에 있어요.

· ⁰⁶in front of는 front의 -t 발음을 종종 생략해 말하기도 하죠.

· ⁰⁹absurd에서 -surd의 발음은 [səːrd] 또는 [zɔ́ːrd]입니다.

· ¹⁰want to는 연음되면서 [want] 정도로 발음하거나, 중간의 -t t- 발음이 바로 앞의 -n- 발음에 동화되어 [wanə] 정도로 아예 발음이 바뀌기도 하죠.

밑줄 친 표현 덩어리들의 [Da di di Da] 리듬을 살려 다음 이야기를 읽어보세요. 아울러 어떤 단어들이 연음이 되고, 약하게 발음되는지도 주의 깊게 확인해 보세요.

1회☐　2회☐　3회☐　4회☐　5회☐

Second Thoughts about a Suburban Home

Ken and Cindy were **new**ly en**gaged** and were looking for a house. They found a **per**fectly **clean** one among **neat**ly ar**ranged** houses in a suburb. They were **tot**ally **fine** with living in a suburb but the houses were **aw**fully **big** for them. Ken was **pret**ty a**mazed** by how expensive the house was and felt **ter**ribly **sick** at the thought of paying a mortgage on the house. Cindy became **slight**ly a**fraid** of cleaning the house every day. They realized they were not **fi**nally **done** looking for a house.

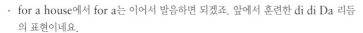

표현

newly engaged 갓 약혼한

suburb 교외, 도시 근교

how expensive the house was 그 집이 얼마나 비싼지

mortgage 장기 주택 융자(미국에서는 차나 집을 20년 이상 장기로 돈을 빌려서 사는 경우가 보통임)

해석

교외 주택 매입에 대한 재고

켄과 신디는 최근에 약혼을 해서 집을 알아보는 중이다. 둘은 깔끔하게 정리된 교외의 집들 중에 아주 깨끗한 집 한 채를 찾았다. 켄과 신디는 교외에서 사는 것에는 전혀 문제가 없었지만 그 집들은 그들에게는 너무나 컸다. 켄은 그 집이 얼마나 비싼지에 상당히 놀랐고 주택 담보 융자를 갚을 생각을 하니 끔찍했다. 신디는 벌써 집을 청소할 생각에 겁이 좀 났다. 둘은 결국 집을 구하는 일이 끝난 것이 아니라고 생각했다.

· for a house에서 for a는 이어서 발음하면 되겠죠. 앞에서 훈련한 di di Da 리듬의 표현이네요.

· houses에서 -es는 [iz]로 발음합니다. boxes, buses, dishes의 -es와 같은 경우이죠.

· suburb의 발음은 [sʌ́bəːrb]예요. sub-에 강세가 들어가다는 점에 유의하세요.

· thought와 of는 연음되면서 thought의 끝 자음 -t 소리가 약한 [r]로 부드럽게 변하지요.

· mortgage의 발음은 [mɔ́ːrɡidʒ]입니다. -t-는 소리 값이 없죠. 우리말에 없는 [ɔ̀ː] 및 [dʒ] 발음에 주의해 발음해 보세요.

명사의 첫 음절을 강하게
in my pocket!

전치사구에서 자주 나타나는 di di Da di 리듬이에요. 단어로 치면 [모나리자]와 똑같은 리듬이죠. 그래서 두세 단어를 마치 한 단어처럼 자연스럽게 이어서 발음하는 것이 요령이랍니다. 실제 표현들을 네이티브의 음성을 들으며 따라읽어 보세요.

[di di Da di] 패턴의 리듬은 이렇게!

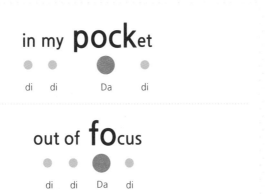

in my **pock**et

di   di   Da   di

out of **fo**cus

di   di   Da   di

손바닥을 치며 di di Da di를 한 단어처럼 빨리 소리 내 말해보세요. 물론 Da 부분을 강하게 말해야겠죠? 그런 다음 같은 리듬으로 in my pocket을 말해봅니다. pocket의 po-[pa]를 큰소리로 길게 발음해 보세요. 그러면 pock- 부분에 강한 Da 리듬이 들어가게 되니까요.
out of focus에서는 fo-[fou]를 큰소리로 길게 발음하고, 나머지는 작은 소리로 후다닥 발음하면 되는데요. 특히 out of는 연음되면서 -t 받음이 부드럽게 변해 [auɾəv] 내지는 [aurəv]로 발음되죠. 더욱 빨리 발음하면 of의 -f[v] 발음이 생략되기도 한답니다.

[di di Da di] 리듬을 살려 다음 표현들을 읽어보세요.

1회☐ 2회☐ 3회☐ 4회☐ 5회☐

😊 **이렇게 해보세요!**

1회| 오디오 들어보기

2회| 오디오 듣고 따라읽기

3회| 자신의 목소리를 녹음하면
서 혼자 읽어보기

4, 5회| 표현을 보지 않고 오디
오만 듣고 따라읽기

01　in my **pock**et

02　about **twen**ty

03　behind **sched**ule

04　in a **min**ute

05　out-of-**pock**et

06　for her **birth**day

07　in the **morn**ing

08　on the **ta**ble

09　out of **fo**cus

10　at the **doc**tor's

11　at the **cor**ner

12　in the **mid**dle

13　to my **knowl**edge

14　in my **of**fice

15　off-the-**rec**ord

16　at a **par**ty

17　at the **mo**ment

18　at a **con**cert

19　out of **pa**per

20　out of **dan**ger

· about의 a-는 거의 들리지 않을 정도로
빠르게 발음합니다.

· 강세가 없는 in a는 연음되어 한 단어처럼
들리는군요.

· at a가 연음되면서 at의 -t 소리가 부드럽
게 변하네요.

해석

01 내 주머니 안에

02 대략 20 정도

03 일정보다 늦은

04 잠시 후에

05 개인 비용으로 지출하고 이후에
회사에 청구하는

06 그녀의 생일로

07 오전에

08 탁자 위에

09 초점이 맞지 않는

10 병원에서

11 길모퉁이에서

12 한 가운데에

13 내가 알기로는

14 내 사무실에

15 비공개로

16 파티에서

17 지금은, 그 당시는

18 콘서트에서

19 종이가 떨어진

20 위험에서 벗어나

 밑줄 친 표현 덩어리들의 [di di Da di] 리듬을 살려 다음 문장을 읽어보세요.

1회☐ 2회☐ 3회☐ 4회☐ 5회☐

이렇게 해보세요!

먼저 밑줄 친 부분의 표현 덩어리만 읽어보면서 di di Da di 리듬 기호(●●●●)를 표시해본 다음, 본격적인 읽기에 들어가 보세요.

1회 오디오 들어보기

2회 오디오 듣고 따라읽기

3회 자신의 목소리를 녹음하면서 혼자 읽어보기

4, 5회 문장을 보지 않고 오디오만 듣고 따라읽기

01 I fumbled for the keys in my **pock**et.

02 "How many apples did you buy?" "About **twen**ty."

03 The train was behind **sched**ule because of the heavy snow.

04 Mr. Lee will be here in a **min**ute.

05 Parking fees are considered an out-of-**pock**et expense on any trip.

06 I have to buy a glamorous dress for her **birth**day.

07 I'll give you a call in the **morn**ing.

08 These pictures are all out of **fo**cus.

09 There used to be a newsstand at the **cor**ner.

10 To my **knowl**edge, physical education is as important as math.

표현

fumble 손으로 더듬다
heavy snow 폭설
parking fee 주차비
newsstand 신문 가판대
physical education 체육

해석

01 나는 주머니의 열쇠들을 손으로 더듬어 찾았다.

02 "사과를 몇 개나 샀니?" "대략 20개 정도."

03 폭설로 이 기차가 일정보다 늦어졌다.

04 이 씨가 잠시 후에 여기에 오실 겁니다.

05 주차비는 자기 비용으로 처리하고 이후에 회사에 청구할 수 있는 출장비용으로 여겨집니다.

06 그녀의 생일로 나는 아주 멋진 드레스를 사야 해.

07 노선에 네게 전화할게.

08 이 사진들은 모두 초점에서 벗어났어.

09 예전에 길모퉁이에 신문 가판대가 있었어.

10 내가 알기로는, 체육은 수학만큼 중요해.

· ⁰³behind의 -e- 발음은 [ə]로 약화되거나 아예 생략되기도 하죠.

· ⁰³because는 [모나] 패턴의 단어인데요, 첫 음절의 be-는 아주 약하게 b- 정도만 발음하는 경우도 많아요. 격식 없는 대화에서는 아예 be-를 생략해 버리기도 하죠.

· ⁰⁷I'll의 발음은 [ail]이에요.

· ⁰⁹used to가 자연스럽게 이어지면서 used의 -ed[t]는 발음이 생략돼요.

· ¹⁰important에서 -tant[tnt]의 [tn]은 콧소리로 발음하고, 마지막 [t]는 발음을 생략해요.

밑줄 친 표현 덩어리들의 [di di Da di] 리듬을 살려 다음 이야기를 읽어보세요. 아울러 어떤 단어들이 연음이 되고, 약하게 발음되는지도 주의 깊게 확인해 보세요.

1회 ☐ 2회 ☐ 3회 ☐ 4회 ☐ 5회 ☐

 🔊 **이렇게 해보세요!**

먼저 밑줄 친 부분의 표현 덩어리만 읽어보면서 di di Da di 리듬 기호(●●●)를 표시해본 다음, 본격적인 읽기에 들어가 보세요.

1회 오디오 들어보기

2회 오디오를 들으며 한 문장씩 따라읽기

3회 자신의 목소리를 녹음하면서 혼자 읽어보기

4·5회 오디오를 들으며 네이티브와 거의 동시에 읽어보기

A Sign of Serious Depression

I am a psychiatrist and I'd like to keep this story off-the-**rec**ord. One day I got a call from a lady while I was finishing a conversation with another patient. The lady wanted to see me in a **min**ute and sounded serious. At the **mo**ment I had no further appointment, so I said yes. I told her my office was at the **cor**ner of Main and Broadway. About **twen**ty minutes later the lady arrived in my **of**fice. As usual, I fumbled for the recorder in my **pock**et and pressed the record button. She took out a gun and put it on the **ta**ble. She said that she bought it on her **birth**day as a gift for herself. To my **knowl**edge, she had never seen a psychiatrist before.

표현

a sign of ~의 징후, 표시

depression 우울증

psychiatrist 정신과 의사

sound serious 심각하게 들리다

further appointment 이후 약속

as usual 여느 때처럼

fumble for the recorder 녹음기를 손을 더듬거려 찾다

해석

심각한 우울증 증세

나는 정신과 의사입니다. 그리고 이 이야기는 비공개로 하고 싶습니다. 어느 날, 다른 환자와 이야기를 나누고 있는 동안 한 여자에게서 전화를 받았어요. 그 여자는 잠시 후에 저를 만나려고 했죠. 목소리가 심각했어요. 그때는 다른 이후 약속이 없어서 그렇게 하겠다고 했어요. 나는 그 여자에게 내 진료실은 메인가와 브로드웨이가 모퉁이에 있다고 알려줬죠. 대략 20분이 지나서 그 여자가 제 진료실에 도착했어요. 여느 때처럼, 주머니에 있는 녹음기를 손을 더듬거려 찾아서 녹음 버튼을 눌렀어요. 그 여자는 권총을 꺼내서 테이블에 올려 놓았어요. 그 여자는 자기 생일선물로 샀다고 했죠. 제가 알기로는 그 여자는 전에 한 번도 정신과 의사를 찾아본 적이 없었어요.

· psychiatrist[saikáiətrist]는 [모**나**리자] 패턴의 단어이죠. p-에 소리 값이 없고, 강세 음절인 -chi-는 [kai]로 발음됩니다.

· got a에서 got의 -t는 약한 [r]로 소리가 바뀌어 뒤의 a와 자연스럽게 한 단어처럼 연음되죠. 이야기 후반부의 out a도 마찬가지 경우랍니다.

· sounded에서 -ed는 [id]로 발음하세요.

· as a **gift**는 앞서 훈련했던 di di Da 리듬으로 말하면 돼요.

무게 중심은 맨 앞 동사에!
give it to them!

동영상을 보며 따라해 보세요

〈동사 + 목적어〉 형태 중 give it to them이나 come after him처럼 동사 뒤에 대명사 및 전치사구가 따라나오는 경우의 리듬을 익혀볼 거예요. 무게 중심이 당연히 동사에 쏠리면서 뒤따르는 어구들은 줄줄이 di 리듬을 타게 된답니다.

[Da di di di (di)] 패턴의 리듬은 이렇게!

give it to them

Da   di   di   di

tell me about it

Da   di   di   di

di Da di Da 훈련을 하면서 기억해야 할 것은 발음 현상은 발음을 좀더 편하게 하기 위해서 생기는 것이지 결코 문법처럼 외워야 하는 것이 아니라는 점이에요. 문장에서 Da 강세를 두는 부분만 정확하게 발음하고 di 리듬은 서로 자연스럽게 이어서, 빨리 발음해 보세요. 그럼 연음, 약음, 생략, 변화의 4가지 발음 현상이 저절로 해결되니까요.

Da di di di (di) 패턴의 리듬은 di di di (di) 부분을 아주 빠르게, 자연스럽게 이어서 발음하는 것이 관건입니다. 모음이 약해지고 연음이 생기는 것도 바로 이 di di di (di) 부분이죠. give it to them에서 give는 강하게, 나머지는 약하게 di di di 리듬으로 말해보세요. it이 자연스럽게 give에 붙고, to는 [t] 정도로, them은 [ðəm] 정도로 발음될 거예요.

tell me about it 역시 일단 tell에 Da 리듬을 실어 말해보세요. 당연히 뒤에 이어지는 리듬은 약해질 텐데요. me about it을 약하게 죽 이어서 말하면 about it이 [əbáudit] 내지 [əbáurit]으로 덩어리째 들린답니다.

[Da di di di (di)] 리듬을 살려 다음 표현들을 읽어보세요.

1회☐ 2회☐ 3회☐ 4회☐ 5회☐

이렇게 해보세요!

1회 오디오 들어보기
2회 오디오 듣고 따라읽기
3회 자신의 목소리를 녹음하면서 혼자 읽어보기
4, 5회 표현을 보지 않고 오디오만 듣고 따라읽기

01 **give** it to them

02 **hide** it from her

03 **keep** it for him

04 **read** it to her

05 **sell** it to her

06 **clean** it for me

07 **throw** it at them

08 **show** it to him

09 **hold** it for me

10 **sell** it to us

11 **take** it from me

12 **say** this for you

13 **tell** me about it

14 **tell** me another

15 **go** against it

16 **tell** them apart

17 **come** after him

18 **keep** it away

19 **have** them behind

20 **leave** her with them

· 자음으로 끝나는 단어가 앞에 오면 it은 보통 앞 단어에 연음되죠.

· her나 him의 h- 발음은 종종 생략되기도 해요. [ər], [im] 정도로만 말해도 알아들을 수 있죠?

· for는 [fər]로 약하게 발음해야죠. [fɔ:r]로 강하게 발음하면 숫자 four로 들릴 수 있어요.

· against it은 [əgé(i)nstit]으로 이어서 발음돼요.

· them을 약하게 발음하면 [ðəm]이지만, 속사포처럼 아주 빨리 발음하면 [ðm] 내지 'em[əm] 정도로 소리 나기도 해요.

해석

01 그것을 그들에게 주다
02 그것을 그녀로부터 숨기다
03 그것을 그를 위해 가지고 있다
04 그것을 그녀에게 읽어주다
05 그것을 그녀에게 설득시키다
06 그것을 날 위해 청소해주다
07 그것을 그들에게 던지다
08 그것을 그에게 보여주다
09 그것을 나를 위해 잡고 있다
10 그것을 우리에게 팔다
11 정말이야
12 널 위해 하는 말이야
13 나도 무슨 소리인지 알아
14 말이 되는 소리를 해!
15 저항하다
16 그것들을 구분하다
17 그 남자를 뒤쫓다
18 그것을 멀리 두다
19 그것들을 뒤에 두다
20 그녀를 그들과 함께 지내게 하다

밑줄 친 표현 덩어리들의 [Da di di di (di)] 리듬을 살려 다음 문장을 읽어보세요.

1회□ 2회□ 3회□ 4회□ 5회□

01 You don't need the book anyway. Why don't you **give** it to them?

02 If you don't want to share the cake with her, **hide** it from her.

03 This letter is addressed to him. Will you **keep** it for him?

04 My daughter loves this storybook and I **read** it to her every night.

05 That idea is so lame. We can't **sell** it to her.

06 I forgot to clean the dining table. Will you **clean** it for me?

07 Aim the ball at the targets and **throw** it at them.

08 When you buy a car, **show** it to him.

09 I am allergic to dogs. Please **keep** them away.

10 They are identical twins. It's hard to **tell** them apart.

- ⁰¹don't you는 [dountʃu]로 이어서 발음하세요.
- ⁰²want to와 ⁰⁶forgot to의 -t t-에서 앞의 -t는 생략되어 각각 [wan], [fərgát] 정도로 발음됩니다. 이때 [t]는 단어 끝 파열음이 아니라 원래 [t] 발음을 제대로 해주어야 해요.
- ⁰⁵can't은 문장 속에서 보통 강하게 [kǽn(t)]으로 말하죠. 약하게 [kən] 또는 [kn]으로 발음하는 can과 비교해 알아두세요.

이렇게 해보세요!

먼저 밑줄 친 부분의 표현 덩어리만 읽어보면서 Da di di di (di) 리듬 기호(●●●●(●))를 표시해본 다음, 본격적인 읽기에 들어가 보세요.

1회 오디오 들어보기
2회 오디오 듣고 따라읽기
3회 자신의 목소리를 녹음하면서 혼자 읽어보기
4, 5회 문장을 보지 않고 오디오만 듣고 따라읽기

표현
share 나누다
lame 서투른, 약한
aim 겨누다
be allergic to ~에 알레르기가 있다
identical twin 일란성 쌍둥이

해석
01 어쨌든 넌 이 책이 필요 없잖니. 그들에게 줘버리는 게 어때?
02 케이크를 그녀와 나누기 싫으면, 그걸 그녀가 보지 못하게 감춰.
03 이 편지는 그에게 온 거야. 그를 위해 가지고 있겠니?
04 내 딸은 이 이야기를 너무 좋아해서 제가 매일 밤 딸에게 읽어주죠.
05 그 아이디어는 너무 서툴러. 그녀에게 설득할 수 없어.
06 식탁 치우는 것을 깜박했네. 대신 치워줄래?
07 과녁을 향해 공을 겨눈 다음 던져.
08 차를 사면 그에게 보여줘.
09 난 강아지 알레르기가 있어. 제발 좀 치워줘.
10 그들은 일란성 쌍둥이야. 서로 구분하는 게 힘들지.

 밑줄 친 표현 덩어리들의 [Da di di di (di)] 리듬을 살려 다음 이야기를 읽어보세요. 아울러 어떤 단어들이 연음이 되고, 약하게 발음되는지도 주의 깊게 확인해 보세요.

1회☐ 2회☐ 3회☐ 4회☐ 5회☐

Got Dumped

"**Take** it from me. Ken is a really nice guy," I said to Cindy. I tried hard to sell this idea to her but she didn't seem to be persuaded. "**Tell** me another," Cindy answered bluntly. I thought Cindy had broken up with Ken. I thought she had **sent** him away for good. She realized I didn't know the truth so she took out a letter from her bag and **read** it to me. It was a letter from Ken. Ken had dumped Cindy for another girl last month. "Oh, my gosh! Why didn't you **show** it to me earlier?" I replied after she had read the letter.

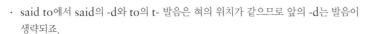

표현

get dumped 차이다
take it from me 정말이야
sell A to + 사람 ~에게 A를 납득시키다
seem to be persuaded 설득된 듯하다
tell me another 말이 되는 소리를 해
bluntly 퉁명스럽게
for good 영원히

해석

나, 차였어

"정말이야. 켄은 정말 좋은 사람이야." 내가 신디에게 말했다. 나는 신디를 설득하려고 애썼지만 신디는 설득이 되지 않는 듯했다. "말이 되는 소리를 해." 신디가 퉁명스럽게 대답했다. 나는 신디가 켄과 헤어졌다고 생각했다. 나는 신디가 켄을 영영 차버렸다고 생각했던 것이다. 신디는 내가 사실을 모르고 있다는 것을 깨닫자 가방에서 편지 하나를 꺼내 내게 읽어줬다. 그것은 켄에게서 온 편지였다. 켄은 지난달에 다른 여자가 생겨서 신디를 차버렸던 것이다. "세상에! 이걸 왜 진작 보여주지 않았어?" 신디가 편지를 다 읽자 내가 말했다.

- said to에서 said의 -d와 to의 t- 발음은 혀의 위치가 같으므로 앞의 -d는 발음이 생략되죠.
- tried에서 -ed[d]는 문장 속에서 약하게 발음되어 거의 들리지 않는 경우도 많답니다.
- didn't seem에서 didn't의 -t는 빌음이 생략되고, seem의 -ee-는 [i:]로 길게 발음되죠.
- read it to me의 read와 had read의 read는 내용상 과거와 과거완료이므로 둘 다 [red]로 발음해야 해요.
- earlier[ə́:rliər]에서 연달아 오는 [r]과 [l] 발음에 신경 쓰세요.

양쪽 명사에 강한 리듬을 실어 day by **day**!

동영상을 보며
따라해 보세요

day by day처럼 두 개의 같은 명사가 전치사로 이어진 경우, 어떤 리듬으로 말하면 될까요? 그렇죠! 두 개의 명사는 Da 리듬으로 강하게, 전치사는 di 리듬으로 약하게 살짝 발음해주면 됩니다. 지금부터는 바로 이런 Da di Da 리듬들만 묶어서 훈련해볼 거예요.

[Da di Da] 패턴의 리듬은 이렇게!

Da di Da 훈련을 효과적으로 하는 요령 중 하나는 Da 리듬을 과장되다 싶을 정도로 크고 강하게 말하는 거예요. 훈련할 때 이렇게 해야 실제로 말을 해야 하는 상황에서 심리적으로 좀 위축된다 싶어도 자동적으로 di Da 리듬이 몸에 배여 자연스럽게 말이 튀어나오거든요.

Da di Da의 '강 약 강' 리듬이로군요. 손바닥을 치며 Da di Da 리듬에 익숙해지는 훈련부터 하세요. 그런 다음 같은 리듬으로 day by day를 말해보는 거죠. day는 둘 다 과장되다 싶을 정도로 크고 강하게 말하고, by는 약하게 살짝 말하면 돼요.
arm in arm 역시 앞뒤의 arm은 강하게 Da 리듬으로 in은 약하게 di 리듬으로 말하면 되는데요. 이때 arm in은 arm의 -m 발음과 in의 i- 발음이 연결되어 한 단어처럼 들린답니다.

🎧 39-1.mp3 39-1.wmv

 [Da di Da] 리듬을 살려 다음 표현들을 읽어보세요.

1회☐ 2회☐ 3회☐ 4회☐ 5회☐

이렇게 해보세요!
1회 오디오 들어보기
2회 오디오 듣고 따라읽기
3회 자신의 목소리를 녹음하면서 혼자 읽어보기
4, 5회 표현을 보지 않고 오디오만 듣고 따라읽기

01 **bit** by **bit**

02 **face**-to-**face**

03 **step**-by-**step**

04 **day** by **day**

05 **hand** in **hand** · hand in이 연음되네요.

06 **back** to **back**

07 **heart**-to-**heart** · 앞쪽 heart의 -t 발음이 to의 t-와 겹치면서 발음이 생략되죠.

08 **day** and **night**

09 **back** to **front**

10 **head**-to-**head**

11 **one**-on-**one**

12 **man** and **wife**

13 **man** and **boy**

14 **ways** and **means**

15 **hand** in **glove**

16 **body** and **soul**

17 **head** of **hair** · head of는 한 단어처럼 연음되는데, head의 -d가 약한 [r]로 소리가 바뀌어 연음되기도 하죠.

18 **arm** in **arm**

19 **dead** and **gone**

20 **bed** and **board**

해석
01 아주 조금씩
02 얼굴을 맞대고
03 한걸음씩 차근차근
04 매일
05 손을 맞잡고
06 두 개의 일이 순서대로 일어나는
07 두 사람 사이의 아주 개인적인
08 밤낮으로, 항상
09 옷이 뒤집힌
10 얼굴을 맞대고 (경쟁하는 또는 회의하는)
11 일대일로
12 부부
13 어렸을 적부터 오랫동안
14 수단과 방법
15 누군가와 긴밀하게 일하다
16 모든 측면에서
17 머리숱이 많은
18 팔짱을 끼고
19 완전히 사라진
20 숙식을 제공하는

 밑줄 친 표현 덩어리들의 [Da di Da] 리듬을 살려 다음 문장을 읽어보세요.

1회 ☐ 2회 ☐ 3회 ☐ 4회 ☐ 5회 ☐

01 **Bit** by **bit** I got used to the muggy summer in Korea.
   ● · ●

02 Follow the **step**-by-**step** instructions and you'll be able to finish the course.

03 I often have a **heart**-to-**heart** talk with my father about my dreams.

04 The students had to work **day** and **night** to finish the school project.

05 Two shops are in **head**-to-**head** competition.

06 The two men agreed to have a **one**-on-**one** duel.

07 The man has worked as a plumber for 20 years, **man** and **boy**.

08 She has been completely committed to her work, **body** and **soul**.

09 The couple are walking **arm** in **arm** along the river.

10 I had a hard time looking for a **bed** and **board** in the town.

· ⁰¹got used to에서 used의 -s-는 [s]로 발음되지만, used가 '중고의'란 의미로 쓰일 때 -s-가 [z]로 발음된답니다.

· ⁰⁷plumber[plʌmər]에서 -b-는 소리 값이 없답니다.

· ⁰⁸completely committed to에는 다양한 [t] 발음이 들어있네요. 네이티브의 음성을 잘 듣고 따라해 보세요.

 이렇게 해보세요!

먼저 밑줄 친 부분의 표현 덩어리만 읽어보면서 Da di Da 리듬 기호(●●●)를 표시해본 다음, 본격적인 읽기에 들어가 보세요.

1회 | 오디오 들어보기
2회 | 오디오 듣고 따라읽기
3회 | 자신의 목소리를 녹음하면서 혼자 읽어보기
4, 5회 | 문장을 보지 않고 오디오만 듣고 따라읽기

표현
get used to ~에 익숙해지다
muggy 무더운
instructions 설명서
competition 경쟁
duel 결투
plumber 배관공
be committed to ~에 전념하다

해석
01 나는 조금씩 한국의 무더운 날씨에 익숙해져갔다.
02 단계별로 차근차근 설명되어 있는 내용을 따라하다 보면 이 과정을 끝낼 수 있게 됩니다.
03 종종 아버지와 내 꿈(미래)에 대해 개인적으로 대화를 나눠.
04 학생들은 학교 프로젝트를 끝내려고 밤낮으로 열심히 해야만 했다.
05 두 가게가 정면으로 경쟁하고 있다.
06 두 남자가 일대일로 결투하기로 결정했다.
07 이 남자는 어렸을 때부터 20년 동안 배관공 일을 해왔어.
08 그녀는 모든 측면에서 일에 완전히 전념했다.
09 커플이 팔짱을 끼고 강가를 걷고 있다.
10 마을에서 숙식을 제공하는 숙소를 찾는 데 애를 먹었어.

밑줄 친 표현 덩어리들의 [Da di Da] 리듬을 살려 다음 이야기를 읽어보세요. 아울러 어떤 단어들이 연음이 되고, 약하게 발음되는지도 주의 깊게 확인해 보세요.

1회☐ 2회☐ 3회☐ 4회☐ 5회☐

 이렇게 해보세요!

먼저 밑줄 친 부분의 표현 덩어리만 읽어보면서 Da di Da 리듬 기호(●●●)를 표시해본 다음, 본격적인 읽기에 들어가 보세요.

1회 오디오 들어보기

2회 오디오를 들으며 한 문장씩 따라읽기

3회 자신의 목소리를 녹음하면서 혼자 읽어보기

4회 오디오를 들으며 네이티브와 거의 동시에 읽어보기

Until Dead and Gone

It started to rain and became cold **bit** by **bit**. Ken and Cindy were walking **arm** in **arm** in the town looking for a cheap **bed** and **board**. Since they became **man** and **wife**, they had been together **day** and **night**. Ken loved Cindy, **body** and **soul**. He had been looking for **ways** and **means** to earn the trust of Cindy's parents but to no avail. He didn't want to go back to Cindy's hometown until his in-laws were **dead** and **gone**.

· started의 -ed는 [id]로 발음되죠. 이때 -ed 바로 앞의 -t-는 약한 [r]로 소리를 부드럽게 바꿔 말해도 된답니다.

· cold의 -o-는 이중모음 [ou]로 발음하세요.

· walking[wɔ́:kiŋ]의 -a-와 in-laws[inlɔ́:z]의 -a-는 둘 다 [ɔ:]로 발음해야 해요. 이제까지 훈련한 대로 [ɔ:] 발음, 정확하게 해주세요.

· for a cheap에서 for a는 자연스럽게 이어서 발음하고, cheap의 -ea-는 [i:]로 길게 발음합니다.

· trust of 역시 한 단어처럼 자연스럽게 이어서 발음하면 돼요.

표현

it started to rain 비가 오기 시작했다

look for ~을 찾다

since ~이후로

to no avail 헛수고인

hometown 고향

in-laws 법으로 맺어진 가족들. 즉 인척 또는 사돈 식구들을 뜻함. 여기서는 장인과 장모를 의미

해석

눈에 흙이 들어갈 때까지

비가 내리기 시작하더니 조금씩 추워졌다. 켄과 신디는 숙식을 제공하는 싼 민박집을 찾아 팔짱을 끼고 마을을 걷고 있었다. 둘은 부부가 된 이후로 항상 함께 있었다. 켄은 헌신적으로 신디를 사랑했다. 켄은 신디 부모님의 신뢰를 얻을 수단과 방법을 찾았지만 헛수고였다. 켄은 장인과 장모가 모두 죽어서 사라질 때까지 신디의 고향으로 돌아가고 싶지 않았다.

트레이닝
40

[di Da di] 패턴 리듬 훈련

명사의 첫 음절만 강하게
by **e**mail!

동영상을 보며
따라해 보세요

이번에는 〈전치사 + 명사〉 표현 중 1음절 전치사와 [모나] 패턴의 2음절 명사가 만났을 때의 리듬을 연습해볼 텐데요. 당연히 전치사엔 di 리듬이 실리겠죠? 그래서 이런 류의 〈전치사 + 명사〉 표현엔 자연스레 di Da di 리듬이 실린답니다.

[di Da di] 패턴의 리듬은 이렇게!

by **e**mail

di　Da　di

in **dan**ger

di　Da　di

우선 손바닥을 치며 di Da di의 '약 강 약' 리듬을 익혀보세요. 금세 익숙해지죠? 그럼 by email과 in danger를 같은 리듬으로 말해봅니다. by email은 e-에 Da 리듬을 실어 천천히 길게 발음하고, in danger는 dan-[dein]에 Da 리듬을 실어 발음하면 되죠.

이때 by의 모음 -y[ai]는 두 개의 모음 [아], [이]로 떨어지지 않도록 빠르게 이어서 발음합니다. email의 모음 -ai-[ei] 역시 [에], [이] 두 개의 모음으로 떨어지지 않도록 빠르게 이어서 발음해야 하구요.

[di Da di] 리듬을 살려 다음 표현들을 읽어보세요.

1회☐ 2회☐ 3회☐ 4회☐ 5회☐

이렇게 해보세요!

1회 오디오 들어보기

2회 오디오 듣고 따라읽기

3회 자신의 목소리를 녹음하면서 혼자 읽어보기

4,5회 표현을 보지 않고 오디오만 듣고 따라읽기

01　at **night**time

· nighttime에서 -tt-는 한 번만 발음하면 되죠.

02　at **sup**per

03　at **mid**night

04　at **break**fast

05　at **col**lege

· college의 -ge[dʒ]를 [지]로 [이] 모음을 더해서 발음하지 않도록 하세요.

06　at **pres**ent

· 여기서 present의 발음은 [préznt]예요. 동사 [prizént]로 쓰일 때의 발음 및 강세와 헷갈리지 마세요.

07　by **A**pril

08　by **na**ture

09　by **air**plane

10　by **e**mail

11　in **pen**cil

12　in **En**glish

13　for **Christ**mas

14　with **plea**sure

· pleasure의 -sure[ʒər] 발음을 주의하세요. 이때 [ʒ]는 성대를 울려 진동을 만들어야 하는 울림소리이죠.

15　with **mush**rooms

16　on **Mon**day

17　on **wa**ter

18　for **stor**age

19　in **farm**ing

20　in **dan**ger

해석

01 밤에

02 저녁식사 중에

03 자정에　　04 아침식사에

05 대학교 재학 중 06 지금 (현재)

07 4월까지

08 천성적으로 (본래)

09 비행기로　　10 이메일로

11 연필로　　12 영어로

13 크리스마스에 14 기꺼이

15 버섯으로　　16 월요일에

17 물 위에　　18 저장용의

19 농사에 관해　20 위험에 처해

 밑줄 친 표현 덩어리들의 [di Da di] 리듬을 살려 다음 문장을 읽어보세요.

1회☐ 2회☐ 3회☐ 4회☐ 5회☐

01 My doctor advised me not to eat so much at **night**time.

02 My boss usually drinks a glass of wine at **sup**per.

03 "Can you give me a ride home?" "With **plea**sure."

04 My father died at **mid**night when nobody was awake.

05 I met my wife when I was at **col**lege.

06 It takes only 4 hours to the Philippines by **air**plane.

07 Most lectures are delivered in **En**glish in this university.

08 The construction of the bridge will be finished by **A**pril.

09 Todd is, by **na**ture, optimistic and cheerful.

10 My father wants to engage in **farm**ing after retirement.

- ⁰²a glass of wine과 ⁰⁵I met my wife는 di Da di Da 리듬이죠. 이때 a glass of는 [əglæsəv]로 한 단어처럼 이어서 발음합니다.

    a **glass** of **wine**   I **met** my **wife**
    ● ● ○ ● ○ ●   ○ ● ○ ● ○ ●

- ⁰⁴died at은 연음되어요.
- ⁰⁶the Philippines에서 Ph-는 [f] 발음입니다.

이렇게 해보세요!

먼저 밑줄 친 부분의 표현 덩어리만 읽어보면서 di Da di 리듬 기호(●●●)를 표시해본 다음, 본격적인 읽기에 들어가 보세요.

1회 오디오 들어보기
2회 오디오 듣고 따라읽기
3회 자신의 목소리를 녹음하면서 혼자 읽어보기
4, 5회 문장을 보지 않고 오디오만 듣고 따라읽기

표현

give + 사람 + a ride ~를 차로 태워주다
awake 깨어 있는
optimistic 낙천적인
cheerful 쾌활한
retirement 은퇴

해석

01 의사가 내게 밤에 너무 많이 먹지 말라고 충고했어.
02 내 상사는 보통 저녁식사에 와인을 한 잔씩 마셔.
03 "집까지 차로 태워다 줄래요?" "기꺼이 (그러죠)."
04 아버지는 아무도 깨어 있지 않았던 자정에 돌아가셨어.
05 나는 대학교를 다닐 때 집사람을 만났어.
06 필리핀까지는 비행기로 고작 4시간밖에 안 걸려.
07 이 대학교에서는 대부분이 강의가 영어로 진행돼.
08 이 다리의 공사는 4월까지 끝날 거야.
09 토드는 천성적으로 긍정적이고 밝아.
10 아버지는 은퇴하신 다음에 농사에 관한 일을 하고 싶어 하셔.

밑줄 친 표현 덩어리들의 [di Da di] 리듬을 살려 다음 이야기를 읽어보세요. 아울러 어떤 단어들이 연음이 되고, 약하게 발음되는지도 주의 깊게 확인해 보세요.

1회☐ 2회☐ 3회☐ 4회☐ 5회☐

Fooling a Body's Clock

When I was at **col**lege, I often had snacks at **night**time and stayed up until morning. Sometimes I read books at **sup**per. People by **na**ture sleep at **night**time and wake up at sunrise in order to keep in shape. However, many students believe that they can fool their body's clock. At **pres**ent, I'm in the hospital and writing a letter to my son who has to finish his thesis by **A**pril. I advised him to eat more at **break**fast and at **sup**per and sleep early.

표현

at college 대학교에 다닐 때
stay up 자지 않고 깨어 있다
at sunrise 동틀 때
keep in shape 건강을 유지하 다
fool one's body clock 신체 리듬을 속이다. 여기서는 자야 할 때 잠자지 않는다는 뜻으로 쓰였음
thesis 학위 논문

해석

신체 리듬 속이기

내가 대학교를 다닐 때, 자주 밤에 간식을 먹으면서 아침까지 자지 않 았다. 때로는 저녁식사를 하면서 책 을 읽었다. 사람들은 본능적으로 건 강을 유지하기 위해 밤에 자고 해가 뜨면 일어난다. 하지만 많은 학생들 은 신체 리듬을 속일 수 있다고 믿 는다. 지금 나는 병원에 입원해 있으 면서, 4월까지 논문을 끝내야 하는 아들에게 편지를 쓰고 있다. 나는 내 아들에게 아침과 저녁식사 때 더 많이 먹고 일찍 자라고 충고한다.

· stayed up, wake up, keep in은 모두 한 단어처럼 자연스럽게 이어서 발음하세 요. 동사에 강세를 두고 Da di 리듬으로 말하면 되죠.

· Sometimes I read ~는 과거의 일을 얘기한 문장이죠. 따라서 read는 [red]로 발 음해야 해요.

· in order to는 order의 or-에 Da 리듬을 싣고 나머지는 di 리듬으로 약하게 말하 면 돼요.

· thesis의 발음을 정확하게 하는 사람들이 드문데요. thesis의 발음은 [θíːsis]입니다. [모나] 패턴의 단어로, [θ]와 [iː] 발음에 주의하세요.

· advised에서 -se-는 [z] 발음이죠. 명사 advice의 -ce[s] 발음과 구별해 알아두세요.

핵심만 강하게!
a **piece** of it!

a piece of it, a pair of them 같은 표현은 어느 부분을 강하게 말하면 될까요? 또, how light they are는요? 대답은 간단합니다. piece, pair 같은 핵심 명사와 light 같은 핵심 형용사에 최강의 리듬을 싣고 나머지는 상대적으로 약하게 말하면 되죠. 결국 di Da di di의 리듬이 나타나는 표현들인데요, 여기서는 이런 리듬을 가진 덩어리 표현들을 훈련해볼 거예요.

[di Da di di] 패턴의 리듬은 이렇게!

a **piece** of it

| di | Da | di | di |

how **light** they are

| di | Da | di | di |

di Da di di 리듬은 단어로 치면 [모나리자] 패턴의 리듬에 해당되는군요.

a piece of, a pair of, a couple of 같이 양을 나타내는 한정사와 대명사 it/them이 한 덩어리로 쓰이는 표현의 경우, piece, pair, couple 같은 단위 명사에 Da 리듬을 실어 강하게 말해주세요. 강세가 없는 a, of, it/them은 앞뒤의 단어와 함께 한 단어처럼 이어서 발음합니다.

how light they are 같은 〈how + 형용사 + 대명사 + be동사〉 표현은 형용사 light에 Da 리듬을 싣고 나머지는 di 리듬으로 약하게 말하면 되죠. be동사가 약해질 대로 약해지면 they're처럼 아예 축약되기도 한답니다.

[di Da di di] 리듬을 살려 다음 표현들을 읽어보세요.

1회☐ 2회☐ 3회☐ 4회☐ 5회☐

📢 이렇게 해보세요!
1회 오디오 들어보기
2회 오디오 듣고 따라읽기
3회 자신의 목소리를 녹음하면서 혼자 읽어보기
4, 5회 표현을 보지 않고 오디오만 듣고 따라읽기

01 a **piece** of it

02 a **pair** of them

03 a **loaf** of it

04 a **slice** of them

05 a **lot** of them

06 a **friend** of mine
· a friend of는 한 단어처럼 자연스럽게 이어서 발음하면 돼요.

07 as **good** as yours

08 the **same** as you

09 on **top** of it
· on은 [ən] 정도로 약하게 발음하고, of it 역시 강세를 두지 않고 [əvit]으로 짧게 이어서 발음합니다.

10 in **front** of you

11 how **smart** he is

12 how **fast** it is

13 how **good** they are

14 how **bad** it was

15 how **kind** she is

16 how **slow** it was

17 how **light** they are

18 how **cheap** it is

19 how **new** they are

20 how **old** it is
· it is는 [idiz] 내지 [iriz]로 약하게, 이어서 발음합니다.

해석
01 한 조각의 그것
02 한 쌍의 그것들
03 한 덩어리의 그것
04 한 조각의 그것들
05 그것들 한 무더기
06 내 친구들 중 한 명
07 네 것만큼 좋은
08 너와 같은
09 그것의 위에 있는
10 네 앞에 있는
11 그가 얼마나 똑똑한지
12 그것이 얼마나 빠른지
13 그들이 얼마나 좋은지
14 그것이 얼마나 나빴는지
15 그녀가 얼마나 친절한지
16 그것이 얼마나 느렸는지
17 그(것)들이 얼마나 가벼운지
18 그것이 얼마나 싼지
19 그(것)들이 얼마나 새로운지
20 그것이 얼마나 오래된 건지

 🎧 41-2.mp3   41-2.wmv

 밑줄 친 표현 덩어리들의 [di Da di di] 리듬을 살려 다음 문장을 읽어보세요.

1회☐ 2회☐ 3회☐ 4회☐ 5회☐

01 Mom baked a chocolate cake and gave me a **piece** of it.

02 I bought many socks and gave a **pair** of them to Cindy.

03 I just baked a lot of bread. Why don't you take a **loaf** of it?

04 Many people joined the protest and a **lot** of them were farmers.

05 This used car is as **good** as yours.

06 Move the table there and put the vase on **top** of it.

07 The guy in **front** of you is Cindy's boyfriend.

08 A **friend** of mine gave me a call from Korea.

09 I'm amazed at how **smart** he is.

10 People always talk about how **kind** she is.

- ⁰⁵used가 '중고의'란 의미일 땐 [juːzd]로 발음되죠.
- ⁰⁸gave me a call은 Da di di Da 리듬으로 발음해 보세요. gave와 call에 Da 리듬을 실으면 me a에 저절로 약한 리듬이 실려 자연스럽게 발음이 이어져요.

  gave me a **call**
  ● · · ●

- ¹⁰talk about은 Da di di 리듬으로, talk는 강하게 about은 상대석으로 약하게 발음하면 되죠. 특히 talk의 [ɔː] 발음을 잘 살려 말해보세요.

  talk about
  ● · ·

이렇게 해보세요!

먼저 밑줄 친 부분의 표현 덩어리만 읽어보면서 di Da di di 리듬 기호(●●●●)를 표시해본 다음, 본격적인 읽기에 들어가 보세요.

1회. 오디오 들어보기
2회. 오디오 듣고 따라읽기
3회. 자신의 목소리를 녹음하면서 혼자 읽어보기
4, 5회 문장을 보지 않고 오디오만 듣고 따라읽기

표현

bake (빵이나 케이크 등을) 굽다
join 합세하다
protest 항의시위
used car 중고차량
be amazed 놀라다

해석

01 엄마가 초콜릿 케이크를 구워서 내게 한 조각 주셨다.
02 나는 양말을 많이 사서 한 켤레를 신디에게 줬다.
03 방금 빵을 많이 구웠어. 빵 한 덩어리 가져갈래?
04 많은 사람들이 시위에 참가했는데 그 중 많은 사람들이 농부들이었다.
05 이 중고차는 네 차만큼 좋아.
06 테이블을 저기로 옮기고 꽃병을 그 위에 올려둬.
07 네 앞에 있는 남자가 신디의 남자친구야.
08 내 친구 중 한 명이 한국에서 전화를 했어.
09 그 사람 얼마나 똑똑한지 놀랍다니까.
10 사람들은 항상 그녀가 너무 착하다고 그래.

밑줄 친 표현 덩어리들의 [di Da di di] 리듬을 살려 다음 이야기를 읽어보세요. 아울러 어떤 단어들이 연음이 되고, 약하게 발음되는지도 주의 깊게 확인해 보세요.

1회☐ 2회☐ 3회☐ 4회☐ 5회☐

 이렇게 해보세요!

먼저 밑줄 친 부분의 표현 덩어리만 읽어보면서 di Da di di 리듬 기호(●●●)를 표시해본 다음, 본격적인 읽기에 들어가 보세요.

1회: 오디오 들어보기

2회: 오디오를 들으며 한 문장씩 따라읽기

3회: 자신의 목소리를 녹음하면서 혼자 읽어보기

4, 5회: 오디오를 들으며 네이티브와 거의 동시에 읽어보기

A Friend of Mine

A **friend** of mine came to my place yesterday and baked some cookies and a loaf of bread. I was amazed at how **fast** she was at baking. I sliced the bread and tasted a **slice** of it and told her how **good** it was. My friend prepared cookies with jam on **top** of them. 'Cookies with jam. How **smart** she is,' I thought. My neighbor smelled the cookies and came to my place to see them. I gave her a **lot** of them and told her how **good** they were.

 내 친구가 만든 거예요!

 최고!

· how fast she was에서 fast의 -st는 혀끝을 윗니 뒤쪽에 두고 [s]를 발음한 다음 재빨리 이어서 혀끝을 윗니 뒤쪽 잇몸이 시작하는 곳에 대면서 [t]를 발음하면 돼요.

· tasted의 -ed는 [id]로 발음해요.

· told her에서 her의 h- 발음을 생략해서 [touldər]로 이어서 발음하더라도 잘 알아들을 수 있죠?

· how good it was에서 good it이 연음되면서 good의 -d가 살짝 약한 [r]로 발음이 번하네요.

표현

a loaf of bread 빵 한 덩어리
be amazed at ~에 놀라다
slice 얇게 썰다. 얇게 썬 한 조각
taste 맛을 보다. 시식하다

해석

내 친구 중 한 명

친구 한 명이 어제 우리 집에 와서는 쿠키와 식빵을 좀 구웠다. 나는 그녀가 얼마나 빨리 빵을 굽는지 보고 놀랐다. 빵을 썰어서 한 조각 맛을 보고는 얼마나 맛있는지 그녀에게 말해줬다. 내 친구는 쿠키 위에 잼을 올려서 준비했다. '쿠키 위에 잼이라니. 얼마나 똑똑한 애인지'라고 생각했다. 이웃이 쿠키 냄새를 맡고는 우리 집에 쿠키를 보러 왔다. 나는 이웃에게 쿠키를 잔뜩 나눠주면서 쿠키가 얼마나 맛있는지 말했다.

첫 명사에 강한 리듬을 실어
a **ba**by shower!

주로 〈명사 + 명사〉의 복합명사에서 나타나는 패턴입니다. 명사 두 개가 나란히 오면 앞에 있는 명사가 마치 형용사처럼 뒤에 있는 명사를 꾸며주게 되는데, 이때 앞의 명사에만 Da 리듬을 실어 말하게 되죠.

[di Da di di di] 패턴의 리듬은 이렇게!

a **ba**by shower

di　Da　di　di　di

a **watch** battery

di　　Da　　di　di　di

손바닥을 치며 di Da di di di의 '약 강 약 약 약' 리듬을 단숨에 말해 보세요. 같은 리듬으로 a baby shower를 말해볼까요? 2음절 명사인 baby의 ba-[bei]에 Da 리듬을 실어서 말이죠. shower는 ba-에 비해 상대적으로 약한 리듬을 싣는다는 것이지, shower[ʃáuər] 자체의 [모니] 리듬이 사라지는 것은 아니랍니다.

1음절 명사인 watch에 Da 리듬을 실어 a watch battery도 말해보세요. battery는 bat·ter·y[bǽtəri]의 3음절 단어로, -tt-를 악한 [d] 내지 [r]로 바꿔 말하면 훨씬 편하게 발음할 수 있겠죠?

[di Da di di di] 리듬을 살려 다음 표현들을 읽어보세요.

1회☐ 2회☐ 3회☐ 4회☐ 5회☐

이렇게 해보세요!
1회 오디오 들어보기
2회 오디오 듣고 따라읽기
3회 자신의 목소리를 녹음하면서 혼자 읽어보기
4, 5회 표현을 보지 않고 오디오만 듣고 따라읽기

01 a **broth**er in law　· brother in은 [brʌðərin]으로 연음되는군요.

02 the **ex**ercise guide

03 a **bud**dy movie

04 a **rec**ord breaker　· 명사 record[rékərd]의 발음에 주의하세요. 동사일 때의 발음 [rikɔ́ːrd]와 헷갈리면 안 돼요.

05 a **ba**by shower

06 the **mon**ey market

07 a **wa**ter filter

08 a **stud**y table

09 the **mem**ory card

10 a **can**dle holder　· candle의 -dle[dl]을 발음할 때 [으] 소리를 넣지 않도록 하세요.

11 a **glass** partition

12 a **watch** battery

13 a **pa**per towel

14 a **ra**dio star

15 a **mir**ror image

16 com**put**er language　· language의 -guage[gwidʒ] 발음에 주의하세요.

17 a **win**dow cleaner

18 a **cab**inet door

19 a **bot**tom feeder　· bottom의 -tt- 및 feeder의 -ee-[iː] 발음에 신경 쓰세요.

20 a **din**ner lady

해석
01 시아주버니, 시동생, 처남
02 운동 가이드
03 우정에 관한 영화
04 기록을 깨뜨린 사람
05 베이비 샤워(임신을 축하하는 파티)
06 단기 금융 시장
07 정수 필터
08 책상
09 메모리 카드
10 촛대
11 유리 파티션
12 손목시계 배터리
13 종이 수건
14 라디오 스타
15 거울에 비친 상
16 컴퓨터 언어
17 유리창닦이
18 캐비닛 문
19 밑바닥 인생, 강이나 바다 바닥에 사는 물고기
20 급식 담당 여성

밑줄 친 표현 덩어리들의 [di Da di di di] 리듬을 살려 다음 문장을 읽어보세요.

1회 ☐ 2회 ☐ 3회 ☐ 4회 ☐ 5회 ☐

이렇게 해보세요!

먼저 밑줄 친 부분의 표현 덩어리만 읽어보면서 di Da di di di 리듬 기호(●●●●●)를 표시해본 다음, 본격적인 읽기에 들어가 보세요.

1회│오디오 들어보기
2회│오디오 듣고 따라읽기
3회│자신의 목소리를 녹음하면서 혼자 읽어보기
4, 5회│문장을 보지 않고 오디오만 듣고 따라읽기

01 I have a **broth**er-in-law who went to Harvard.

02 This treadmill came with an **ex**ercise guide.

03 A **bud**dy movie is about the friendship between two friends.

04 His new album is a big hit and it is believed it will be a **rec**ord breaker in terms of sales.

05 My wife is planning to throw a **ba**by shower for her friend this weekend.

06 I have a **wa**ter filter to fix.

07 This is my shopping list; a **study** table, notebooks, and chairs.

08 I think there is a problem with the **mem**ory card in the computer.

09 I need a **watch** battery which will last for more than a year.

10 My father makes a living as a **win**dow cleaner.

표현

treadmill 걷거나 달리기를 할 수 있는 운동기구
sales 판매액
throw (파티 등을) 열다
fix 고치다, 수리하다
last 지속되다
make a living 돈을 벌다, 생계를 꾸리다

해석

01 나에게는 하버드 대학교 출신 시동생이 있다.
02 이 트레드밀에는 운동 가이드가 함께 딸려왔어.
03 버디 무비란 두 친구간의 우정에 관한 영화야.
04 그의 새로운 앨범은 아주 크게 성공해서 판매 기록을 갱신할 것으로 생각된다.
05 내 아내는 이번 주말에 친구의 베이비 샤워 파티를 열려고 해.
06 나는 정수필터를 수리해야 해.
07 내 쇼핑 리스트에는 책상, 공책, 그리고 의자 몇 개가 적혀 있다.
08 컴퓨터의 메모리 카드에 문제가 있는 것 같아.
09 나는 일 년 이상 가는 손목시계 배터리가 필요해.
10 내 아버지는 창문닦이가 직업이다.

· ⁰¹brother-in-law에서 law의 -aw[ɔː] 발음, 이젠 자신 있게 할 수 있죠?

· ⁰³buddy의 -dd-는 한 번만 발음하면 되는데, 이따금 약한 [r]로 소리가 바뀌기도 하죠. is about은 한 단어처럼 이어서 약하게 발음되는데, 특히 about의 a-[ə]는 워낙 약하게 발음돼서 들릴락말락한답니다.

· ⁰⁴a big hit는 big과 hit에 각각 강세를 두어 di Da Da 리듬으로 발음합니다.

밑줄 친 표현 덩어리들의 [di Da di di di] 리듬을 살려 다음 이야기를 읽어보세요. 아울러 어떤 단어들이 연음이 되고, 약하게 발음되는지도 주의 깊게 확인해 보세요.

1회 ☐   2회 ☐   3회 ☐   4회 ☐   5회 ☐

I Wish It were My Friend

One day my **broth**er-in-law brought over a **mem**ory card with a buddy movie in it. He said that he got interested in the movie because it was a **rec**ord breaker in terms of earnings. We watched the movie. The movie is about a **ra**dio star and a **bot**tom feeder who makes a living by taking advantage of other people's problems. My **broth**er-in-law is a **win**dow cleaner and spends most of his time looking at a **mir**ror image of himself in windows. "I wish the **mir**ror image and I were friends, just like the friends in the movie that we've just watched," he chuckled softly.

> 창문에 비친 모습과 내가 친구였으면 좋겠어, 내가 본 영화 속의 친구들처럼 말야!

- advantage는 -van-에 강세가 있는 [모나리] 패턴의 단어예요. -tage는 [tidʒ]로 발음되는데, 이따금 -t- 발음이 생략되기도 하죠.
- softly[sɔ́:ftli]의 발음기호를 보니 어떤 부분들을 주의해야 할지 금세 알겠죠? 모음 [ɔ:] 발음과 -ftly의 자음군 발음을 제대로 해야 할 텐데요. 자음군 -ftl-은 우선 [f]를 길게 발음하다가 혀끝이 윗니 뒤쪽 잇몸이 시작하는 곳에 닿게 합니다. 그리고 혀끝을 떨어뜨리면서 바로 [l]을 발음하는 거죠. 이렇게 하면 [t]는 정확하게 들리지 않고 살짝 멈추는 느낌만 나게 되죠.

이렇게 해보세요!

먼저 밑줄 친 부분의 표현 덩어리만 읽어보면서 di Da di di di 리듬 기호(●●●●●)를 표시해본 다음, 본격적인 읽기에 들어가 보세요.

1회 오디오 들어보기

2회 오디오를 들으며 한 문장씩 따라읽기

3회 자신의 목소리를 녹음하면서 혼자 읽어보기

4, 5회 오디오를 들으며 네이티브와 거의 동시에 읽어보기

표현

with a buddy movie in it
it은 앞의 a memory card를 의미

get interested in ~에 관심을 갖게 되다

take advantage of ~을 이용하다

most of one's time ~의 시간 대부분

spend one's time + -ing ~하면서 시간을 보내다

I wish S + were ~가 …라면 좋을 텐데(가정법 과거)

chuckle 소리 내어 웃다

해석

그게 내 친구였으면

어느 날 처남이 버디 무비가 들어 있는 메모리 카드를 들고 왔다. 처남은 그 영화가 올해 흥행 기록을 갱신한 것이라 관심이 생겼다고 했다. 우리는 그 영화를 봤다. 영화는 라디오 스타와 다른 사람의 문제를 이용해서 생활해가는, 밑바닥 인생을 사는 한 사람에 관한 것이었다. 처남은 창문닦이로, 대부분의 시간을 창문에 비친 모습을 보면서 지낸다. "창문에 비친 모습과 내가 친구였으면 좋겠어, 내가 본 영화 속의 친구들처럼 말야." 처남이 조용히 웃었다.

형용사와 명사를 강하게
a **friend**ly look!

〈관사 + 형용사 + 명사〉 패턴의 di Da di Da 리듬입니다. 2음절 형용사의 첫 음절과 명사에 각각 강세를 두고 발음하면 되는 패턴이죠. 우리말에 없는 a(n), the와 같은 관사들은 강세를 두지는 않지만 문법적인 의미를 갖고 있기 때문에 절대 발음을 생략하면 안 됩니다.

[di Da di Da] 패턴의 리듬은 이렇게!

a(n), the와 같은 관사로 시작하는 표현 덩어리는 일단 di의 약한 리듬으로 말을 시작해 관사 뒤에 이어지는 형용사 및 명사에 자연스레 Da의 강한 리듬을 실어주면 되죠. 특히 friendly와 happy 같은 [모너] 형태의 형용사는 각각 friend-와 hap-에 Da 리듬을 싣게 되죠. 자, 그럼 머릿속으로만 생각하지 말고 a friendly look과 a happy face를 di Da di Da 리듬에 맞춰 실제로 소리 내 말해볼까요?

[di Da di Da] 리듬을 살려 다음 표현들을 읽어보세요.

1회 ☐ 2회 ☐ 3회 ☐ 4회 ☐ 5회 ☐

이렇게 해보세요!

1회 오디오 들어보기

2회 오디오 듣고 따라읽기

3회 자신의 목소리를 녹음하면서 혼자 읽어보기

4, 5회 표현을 보지 않고 오디오만 듣고 따라읽기

01 a **friend**ly **look**

02 a **pen**sive **mood**

03 a **scar**y **thought**

04 a **pleas**ant **breeze**

05 a **hap**py **face**

06 a **gloom**y **street**

07 a **heart**y **meal**

08 a **heav**y **bag**

09 a **health**y **food**

10 a **love**ly **bride**

11 a **cock**y **grin**

12 a **sill**y **joke**

13 a **shin**y **car**

14 a **pain**ful **slap**

15 the **fin**al **bid**

16 a **dead**ly **germ**

17 a **fat**al **wound**

18 a **bon**y **hand**

19 a **care**less **act**

20 a **sing**le **bed**

· pensive는 단어 끝에 있는 -e 스펠링 때문에 [으] 소리가 있을 것처럼 보이지만 자음 [v]로만 발음을 맺어요.

· happy의 -a-는 입을 떡 벌리고 말해야 하는 [æ] 발음이에요.

· painful의 [p]와 [f] 발음을 잘 구분해 발음하세요.

· fatal의 -t-는 소리가 부드럽게 변하네요.

해석

01 친근하게 바라봄

02 기분이 우울한

03 무서운 생각

04 상쾌한 산들바람

05 행복한 얼굴

06 우울한 거리

07 든든한 식사

08 무거운 가방

09 몸에 좋은 음식

10 사랑스런 신부

11 자만에 찬 웃음

12 어리석은 농담

13 반짝거리는 차

14 따끔한 손매

15 마지막 가격입찰

16 위험한 병균

17 치명적인 상처

18 뼈가 앙상한 손

19 부주의한 행동

20 1인용 침대

 밑줄 친 표현 덩어리들의 [di Da di Da] 리듬을 살려 다음 문장을 읽어보세요.

1회 ☐　2회 ☐　3회 ☐　4회 ☐　5회 ☐

01 She didn't say a word but gave me a **friend**ly **look**.

02 He is in a **pen**sive **mood** whenever he has a problem.

03 Todd was stunned by a **scar**y **thought**.

04 A **pleas**ant **breeze** drifted through the window and woke me up.

05 My son took a bite of apple cake and displayed a **hap**py **face**.

06 The soup kitchen provided many homeless people with a **heart**y **meal**.

07 My boss started his speech with a **cock**y **grin**.

08 Try not to tell the **sil**ly **joke** to impress a woman during a first date.

09 A **shin**y **car** in the showroom caught my attention.

10 I went to the mall to buy a **sin**gle **bed**.

· ⁰³thought, ⁰⁹caught의 [ɔː] 발음에 주의하세요.
· ⁰⁴woke와 ⁰⁸joke의 -o-는 이중모음 [ou]로 발음합니다.
· ⁰⁶with a는 곧잘 연음되어 발음되죠.
· ⁰⁸first date에서 first의 -t 발음은 date의 d- 발음과 충돌되어 생략되는군요.

표현

be stunned 깜짝 놀라다
drift through ~을 통해 흘러 들어오다
wake up ~를 잠에서 깨우다
display 보여주다
soup kitchen 무료 급식소
homeless people 노숙자들
catch someone's attention ~의 주목을 끌다

해석

01 그녀는 아무 말도 없었지만 날 친근하게 바라봤다.
02 그는 문제가 있을 때마다 기분이 우울하다.
03 토드는 무서운 생각이 들어 얼어버렸다.
04 상쾌한 산들바람이 창문으로 날아와서 나를 깨웠다.
05 아들이 사과 케이크를 한 조각 물더니 즐거운 표정을 지었다.
06 무료 급식소는 많은 노숙자들에게 든든한 식사를 제공한다.
07 상사는 자신감에 찬 웃음을 짓더니 연설을 시작했다.
08 첫 번째 데이트에서 여자의 환심을 사려고 어리석은 농담은 하진 마.
09 전시관의 반짝거리는 차가 내 눈에 들어왔다.
10 1인용 침대를 사려고 쇼핑몰에 갔다.

밑줄 친 표현 덩어리들의 [di Da di Da] 리듬을 살려 다음 이야기를 읽어보세요. 아울러 어떤 단어들이 연음이 되고, 약하게 발음되는지도 주의 깊게 확인해 보세요.

1회☐ 2회☐ 3회☐ 4회☐ 5회☐

이렇게 해보세요!

먼저 밑줄 친 부분의 표현 덩어리만 읽어보면서 di Da di Da 리듬 기호(●●●●)를 표시해본 다음, 본격적인 읽기에 들어가 보세요.

1회 오디오 들어보기
2회 오디오를 들으며 한 문장씩 따라읽기
3회 자신의 목소리를 녹음하면서 혼자 읽어보기
4회 오디오를 들으며 네이티브와 거의 동시에 읽어보기

A Happy Virus

There is a **fa**mous **man** with a **cock**y **grin** in the town where I live. He is a bus driver who always wears a **hap**py **face**. He greets each passenger cheerfully and tells a **sil**ly **joke** every hour. He also sings with a voice drifting like a **pleas**ant **breeze**. So his passengers seated next to each other end up exchanging friendly looks. I seldom find passengers in a **pen**sive **mood** on his bus. Like a **dead**ly **germ**, the bus runs through a **gloom**y **street** and spreads "a happy virus."

표현

where I live 내가 사는 곳
greet 인사하다
passenger 승객
every hour 매 시간마다
drifting like a pleasant breeze 상쾌한 산들바람처럼 흘러다니는
next to each other 서로 옆에 있는
seldom 거의 ~하지 않는
spread 뿌리다

· **There** is a[ðéərizə]를 한 번에 발음할 수 있도록 반복해서 연습합니다.

· **where** I **live**는 where와 live에 강세를 두어 Da di Da 리듬으로 발음하세요.

· next to는 [nekst]로 발음합니다. 이때 [t]는 to에 해당되는 발음으로 혀끝을 윗니 뒤쪽 잇몸이 시작하는 곳에 댔다가 떨어뜨려야 해요.

· on his **bus**는 bus에만 강세를 둬서 di di Da 리듬으로 발음합니다.

해석

행복 바이러스

내가 사는 마을에 자신에 찬 미소를 짓는 남자가 있다. 그는 항상 웃는 얼굴을 한 버스 기사이다. 그는 승객들 한 사람 한 사람에게 기분 좋게 인사하고 매 시간마다 우스꽝스러운 농담을 건넨다. 그는 또한 상쾌한 산들바람 같은 목소리로 노래한다. 그래서 나란히 앉은 승객들은 결국 친근한 얼굴을 서로 나누게 된다. 나는 그의 버스에서 우울한 표정을 띤 승객을 거의 보지 못한다. 마치 치명적인 병균처럼 그 버스는 우울한 거리를 돌아다니며 행복 바이러스를 뿌리고 있다.

명사가 나올 때마다 힘을 줘서
a tokᵉⁿ ᵒᶠ thanks!

자, 이쯤 되니까 웬만한 덩어리 표현은 딱 보면 어디에 Da 리듬을 실어야 할지, 어디에 di 리듬을 실어야 할지 감이 팍팍 오죠? 이번에는 명사와 명사를 이어주는 전치사가 있는 〈관사 + 명사 + 전치사 + (the) + 명사〉 패턴의 표현들입니다. 관사와 전치사는 di 리듬으로, 중간 중간 튀어나오는 명사는 Da 리듬으로 말하면 되겠네요.

[di Da di di Da] 패턴의 리듬은 이렇게!

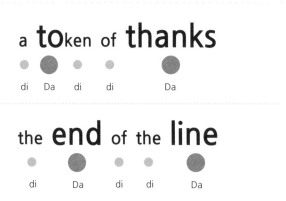

자, 손바닥을 치며 di Da di di Da 리듬이 익숙해질 때까지 반복해서 말해보세요. 그런 다음, 같은 리듬으로 a token of thanks와 the end of the line을 말해보는 거죠. 이때 di Da di di - 부분의 a token of와 the end of the를 한 번에 죽 이어서 발음하는 것이 요령이라면 요령입니다. 리듬에 맞춰 자연스럽게 죽 이어서 발음하다 보면 연음과 생략 등의 발음 현상은 저절로 나타나니까 일부러 연음시켜야지 생략시켜야지 등의 생각을 할 필요는 없어요.

[di Da di di Da] 리듬을 살려 다음 표현들을 읽어보세요.

1회☐ 2회☐ 3회☐ 4회☐ 5회☐

이렇게 해보세요!

1회 오디오 들어보기

2회 오디오 듣고 따라읽기

3회 자신의 목소리를 녹음하면서 혼자 읽어보기

4, 5회 표현을 보지 않고 오디오만 듣고 따라읽기

01 the **joke** of the **year**

02 a **man** of the **world**

03 a **look** of dis**dain**

04 a **to**ken of **thanks**

05 a **ges**ture of **trust**

06 an **i**con of **sports**

07 a **mark** on the **wall**

08 a **hint** of a **smile**

09 a **mat**ter of **pride**

10 in **fear** of your **life**

11 a **bur**den of **debt**

12 the **end** of the **world**

13 a **shake** of the **head**

14 the **foot** of the **bed**

15 the **back** of the **class**

16 the **roof** of the **mouth**

17 the **time** of my **life**

18 the **end** of the **line**

19 a **fork** in the **road**

20 a **ki**lo of **rice**

· gesture[dʒéstʃər]를 우리말 [제스처]로 발음해선 안 돼요. 강세 및 [dʒ], [tʃ] 발음에 신경 써주세요.

· debt의 발음은 [det]로 -b-는 소리값이 없답니다.

· rice[rais]의 [s] 발음을 할 때 [으] 소리를 넣지 않도록 해야죠.

해석

01 올해의 최우수 농담

02 산전수전 다 겪은 사람

03 경멸의 표정

04 감사의 표시

05 신뢰의 몸짓

06 스포츠 우상

07 벽에 있는 표시

08 웃음의 기색

09 자존심의 문제

10 생명에 위협을 느끼는

11 부채의 부담

12 세상의 마지막, 최악의 상황

13 반대의 고갯짓

14 침대 발치

15 교실 뒤쪽

16 입천장

17 가장 행복한 때

18 일이나 상황의 좋지 않은 마지막

19 갈림길

20 쌀 1kg

📝 밑줄 친 표현 덩어리들의 [di Da di di Da] 리듬을 살려 다음 문장을 읽어보세요.

1회☐ 2회☐ 3회☐ 4회☐ 5회☐

01 Let me tell you the **joke** of the **year**.

02 Everybody says that he is a **man** of the **world**.

03 The defendant gave a **look** of dis**dain** to the plaintiff.

04 I bought her some flowers as a **to**ken of **thanks**.

05 He shook my hands firmly as a **ges**ture of **trust**.

06 Babe Ruth is considered an **icon** of **sports**.

07 Breaking up with a girlfriend is painful but it's not the **end** of the **world**.

08 People think that the peace talks have reached the **end** of the **line**.

09 Take a left at the **fork** in the **road**.

10 I had the **time** of my **life** when I was with her.

- ⁰⁴as a token of thanks에서 as a는 [æzə]로 이어서 발음합니다.
- ⁰⁹fork의 발음은 [fɔːrk]입니다. 우리말로는 '포크'라고 하지만, 실제 영어 발음에선 [오]도 [아]도 아닌 [ɔː] 발음이라는 것과 [r] 발음까지 해줘야 한다는 점, 주의하세요.
- ¹⁰had 뒤에 the가 이어지면서 had의 -d 발음은 생략되네요.

이렇게 해보세요!

먼저 밑줄 친 부분의 표현 덩어리만 읽어보면서 di Da di di Da 리듬 기호(●●●●)를 표시해본 다음, 본격적인 읽기에 들어가 보세요.

1회 오디오 들어보기
2회 오디오 듣고 따라읽기
3회 자신의 목소리를 녹음하면서 혼자 읽어보기
4. 5회 문장을 보지 않고 오디오만 듣고 따라읽기

표현

defendant 피고
plaintiff 원고
shake someone's hands ~와 악수하다
break up with ~와 헤어지다
peace talks 평화회담

해석

01 올해 최고의 농담을 말해줄게.
02 모든 사람들이 그가 산전수전 다 겪은 사람이라고 한다.
03 피고는 원고에게 경멸의 표정을 보였다.
04 감사의 표시로 그녀에게 꽃을 사주었어.
05 신뢰의 몸짓으로 그는 내 손을 꼭 쥐고 악수했다.
06 베이브 루스는 스포츠 우상으로 여겨지고 있다.
07 여자친구랑 헤어지는 것은 가슴 아프지만 그렇다고 세상이 끝나는 것은 아냐.
08 사람들은 평화회담이 좋지 않은 결말에 도달했다고 생각한다.
09 갈림길에서 왼쪽 길로 가.
10 나는 그녀와 함께 있을 때 가장 행복했어.

밑줄 친 표현 덩어리들의 [di Da di di Da] 리듬을 살려 다음 이야기를 읽어보세요. 아울러 어떤 단어들이 연음이 되고, 약하게 발음되는지도 주의 깊게 확인해 보세요.

1회☐ 2회☐ 3회☐ 4회☐ 5회☐

A Matter of Pride

My father wanted to have the **time** of his **life** by being an **i**con of **sports** in America in the 1980s. But there was a problem. It was extremely hard to be a sports star as an Asian in America. When he tried out for some sports teams, they gave him a **look** of dis**dain** and answered with a **shake** of the **head**. But even when no one showed him a **hint** of a **smile**, my father didn't think that it was the **end** of the **world**. He never gave up because it was a **mat**ter of **pride** for all Asians to keep working hard. I believe he is a **man** of the **world**.

 이렇게 해보세요!

먼저 밑줄 친 부분의 표현 덩어리만 읽어보면서 di Da di di Da 리듬 기호(●●●●●)를 표시해본 다음, 본격적인 읽기에 들어가 보세요.

1회 오디오 들어보기
2회 오디오를 들으며 한 문장씩 따라하기
3회 자신의 목소리를 녹음하면서 혼자 읽어보기
4, 5회 오디오를 들으며 네이티브와 거의 동시에 읽어보기

표현

in 1980s 1980년대에
extremely 극도로
as an Asian 아시아인으로서
try out for (스포츠 팀 등에) 지원하다
answer with a shake of the head 거절의 고갯짓으로 대답하다
give up 포기하다

해석

자존심 문제

아버지는 80년대에 미국 스포츠계의 우상이 되어 인생 최고의 전성기를 누리고 싶어 했다. 그러나 문제가 있었다. 미국에서 아시아인이 스포츠계의 스타가 되는 것은 극히 어려웠다. 아버지가 몇 스포츠 팀에 지원하면 사람들은 경멸의 표정을 보였고, 고개를 내저으며 거절했다. 그러나 아무도 아버지에게 웃음의 기색을 보이지 않았을 때도 아버지는 그것이 세상의 끝이라고 생각하지 않았다. 열심히 노력하는 것은 미국에 있는 모든 아시아인의 자존심의 문제였기 때문에 아버지는 절대 포기하지 않았다. 나는 아버지가 산전수전을 다 겪었다고 믿는다.

• wanted의 -ed는 [id]로 발음합니다. 이때 -t-는 바로 앞의 -n- 발음에 먹혀 이따금 생략되기도 하죠.

• extremely[ikstrí:mli]는 [모**나**리] 패턴의 단어예요. 가운데 음절에 강세를 넣어 발음해야죠.

• as an Asian에서 as an은 di di 리듬으로 이어서 발음합니다. Asian은 [éiʃən] 또는 [éiʒən]으로, 첫 음절에 강세를 넣어 발음하죠.

• tried out과 gave up은 한 단어처럼 이어서 발음하면 되죠. 동사와 부사/전치사로 이루어진 것을 구동사라고 하는데, 구동사는 보통 뒤에 오는 부사/전치사와 한 단어처럼 이어서 발음합니다.

-ing는 약, 동사와 명사는 강하게 givⁱⁿᵍ me a ride!

〈동사의 -ing형 + 목적어〉에 나타나는 Da di di di Da 패턴입니다. -ing가 아닌 동사의 앞 음절과 목적어로 쓰이는 부분 중 명사에 Da 리듬이 실리는 경우인데요. 구체적인 예를 통해 리듬을 익혀보도록 하죠.

[Da di di di Da] 패턴의 리듬은 이렇게!

givⁱⁿᵍ me a ride
Da   di di di Da

takⁱⁿᵍ his adⱽⁱᶜᵉ
Da   di di di Da

동사의 -ing형이나 -ed형의 경우, -ing/-ed 부분엔 di 리듬이 실려서 소리가 약하게 들리죠.

역시나 문장 리듬의 기본 원리를 벗어나지 않는 패턴입니다. 동사와 명사에 Da 리듬을 실어서 말하면 나머지 부분은 자연스레 di 리듬으로 약하게 발음되죠. giving me a ride는 giving me a를 Da di di di 리듬으로 이어서 발음한 다음, ride를 Da 리듬으로 발음합니다.
taking his advice는 taking his를 한 번에 발음한 다음 advice를 [모나] 리듬으로 발음하면 되죠. his, him, her 같은 대명사의 h- 발음은 종종 생략된다는 것도 알고 있죠?

[Da di di di Da] 리듬을 살려 다음 표현들을 읽어보세요.

1회☐ 2회☐ 3회☐ 4회☐ 5회☐

이렇게 해보세요!
1회 오디오 들어보기
2회 오디오 듣고 따라읽기
3회 자신의 목소리를 녹음하면 서 혼자 읽어보기
4, 5회 표현을 보지 않고 오디 오만 듣고 따라읽기

01 **leav**ing him a**lone**

02 **giv**ing me a **ride**

03 **say**ing it to **me**

04 **pay**ing him a **call**

05 **pay**ing for her **lunch**

06 **keep**ing him a**wake**

07 **mak**ing her a **dress**

08 **set**ting a re**mote**

09 **cut**ting it in **half**

10 **giv**ing him a **meal**

11 **go**ing for a **walk**

12 **go**ing it a**lone**

13 **buy**ing it in **bulk**

14 **break**ing it in **half**

15 **tak**ing his ad**vice**

16 **get**ting a re**ply**

17 **put**ting her in **charge**

18 **call**ing the po**lice**

19 **play**ing it by **ear**

20 **giv**ing her a **tip**

· buying[baiiŋ]은 [i] 발음이 두 번 들어가죠. 자음과 달리 모음은 같은 소리가 두 번 반복되어도 생략되지 않아요.

· police의 -o- 발음이 [ə]인 것에 주의하세요.
· playing[pleiiŋ] 역시 [i]를 연이어 두 번 발음해야 하죠.

해석
01 그를 혼자 내버려두는 것
02 나를 차를 태워주는 것
03 그것을 나에게 말하는 것
04 그를 방문하는 것
05 그녀의 점심 값을 내는 것
06 그를 깨어 있게 하는 것
07 그녀에게 드레스를 만들어주는 것
08 리모컨을 설정하는 것
09 그것을 반으로 자르는 것
10 그에게 식사를 주는 것
11 산책을 하는 것
12 혼자서 일하는 것
13 대량으로 사는 것
14 그것을 반으로 부러뜨리는 것
15 그의 충고를 받아들이는 것
16 답변을 받는 것
17 그녀를 책임자로 앉히는 것
18 경찰을 부르는 것
19 그때그때 즉흥적으로 일을 처리하는 것
20 그녀에게 팁을 주는 것

 밑줄 친 표현 덩어리들의 [Da di di di Da] 리듬을 살려 다음 문장을 읽어보세요.

1회☐ 2회☐ 3회☐ 4회☐ 5회☐

01 Thanks for **giv**ing me a **ride**.

02 He left the house without **say**ing it to **me**.

03 **Keep**ing him a**wake** while studying is a challenge for his tutor.

04 **Set**ting a re**mote** is not as easy as it seems.

05 **Go**ing for a **walk** after lunch is his routine.

06 Many people believe that **buy**ing it in **bulk** saves you a lot of money.

07 What stops you from **tak**ing his ad**vice**?

08 **Get**ting a re**ply** from him is difficult since he's out of the country.

09 I don't think **put**ting her in **charge** is a good idea.

10 **Call**ing the po**lice** is the first thing to do when you have been robbed.

· ⁰¹**Thanks** for에서 Thanks의 Th-[θ]와 -s[s] 발음을 잘 비교해서 듣고 따라해 보세요.

· ⁰³for his **tu**tor는 tutor의 tu-에 강세를 두어 di di Da di 리듬으로 발음합니다.

· ⁰⁴**not** as **eas**y as는 not과 easy의 첫 음절에 강세를 둬서 말하면 돼요.

표현
challenge 어려운 일, 도전
tutor 가정교사
routine 정해져 있는 일, 일상
be out of the country 해외에 있다
be robbed 강도를 당하다

해석
01 차를 태워줘서 고마워.
02 그는 내게 그것을 말하지 않고 집을 나갔다.
03 공부를 하는 동안 그를 깨어 있게 하는 것은 그의 가정교사에게는 꽤 힘든 일이다.
04 리모컨을 설정하는 것은 보는 것만큼 쉽지 않다.
05 점심 이후에 산책을 하는 것은 그의 일상이다.
06 많은 사람들이 그것을 대량으로 사는 것이 돈을 많이 아낀다고 믿는다.
07 무엇 때문에 그의 조언을 안 받아들이는 거야?
08 그가 해외에 있어서 그로부터 답변을 받는 것은 어렵다.
09 내 생각에는 그녀를 책임자로 앉히는 것은 좋지 않아.
10 경찰을 부르는 것은 강도를 당했을 때 첫 번째로 해야 하는 것이다.

밑줄 친 표현 덩어리들의 [Da di di di Da] 리듬을 살려 다음 이야기를 읽어보세요. 아울러 어떤 단어들이 연음이 되고, 약하게 발음되는지도 주의 깊게 확인해 보세요.

1회 ☐   2회 ☐   3회 ☐   4회 ☐   5회 ☐

I'm a Single Mom

I am a single parent and have a five-year-old son named Tom. **Leav**ing him a**lone** at home was not possible so I hired a babysitter. I often remind the babysitter about **giv**ing him a **meal** every 4 hours, breaking his snacks in half and **go**ing for a **walk** after meals. While working at the office, I text her about making a sandwich and **cut**ting it in **half**. **Put**ting her in **charge** of taking care of my son hasn't freed me from worrying. People say that I'm not the only one in the world in this situation so I shouldn't complain about **go**ing it a**lone**.

- alone의 -o-는 이중모음 [ou]로 발음됩니다. -lone 부분에 강세를 넣어 천천히 길게 발음해 주세요.
- in half에서 half의 발음은 [hæf]예요. -l-에 소리 값이 없다는 것과 [æ] 발음에 주의하세요.
- hasn't freed me와 so I shouldn't에서 hasn't과 shouldn't의 -t 발음은 거의 생략되는군요.

이렇게 해보세요!

먼저 밑줄 친 부분의 표현 덩어리만 읽어보면서 Da di di di Da 리듬 기호(●●●●●)를 표시해본 다음, 본격적인 읽기에 들어가 보세요.

1회 오디오 들어보기

2회 오디오를 들으며 한 문장씩 따라읽기

3회 자신의 목소리를 녹음하면서 혼자 읽어보기

4, 5회 오디오를 들으며 네이티브와 거의 동시에 읽어보기

표현

single parent 혼자서 아이를 키우는 어머니나 아버지

named Tom 이름이 탐인

hire 채용하다

text ~에게 문자를 보내다

free A from B A를 B에서 벗어나도록 해주다

complain about ~에 대해서 불평하다

해석

나는 싱글 맘

나는 혼자서 5살 난 아들인 탐을 키우는 여자다. 아들을 집에 혼자 남겨두는 것은 불가능하기 때문에 난 베이비시터를 구했다. 나는 종종 베이비시터에게 4시간마다 먹을 것을 줄 것, 간식을 반으로 잘라 줄 것, 식사 후에 산책을 할 것에 대해 상기시킨다. 사무실에서 일하는 동안 베이비시터에게 샌드위치를 만들어 반으로 잘라주라고 문자를 보낸다. 베이비시터에게 아들을 돌봐달라고 맡긴다고 해서 걱정에서 벗어날 수는 없었다. 사람들은 이런 처지에 있는 사람이 나 혼자가 아니라고 한다. 그러니 나도 혼자서 애 키우는 것에 대해 투정을 부릴 수는 없다.

명사에 강한 리듬을 실어
the bottom of the sea!

동영상을 보며 따라해 보세요

〈명사 + 명사〉의 또 다른 패턴입니다. 첫 번째 명사 앞에 관사가 있고, 두 번째 명사는 전치사와 함께 쓰이는 표현으로 di Da di di di Da 리듬으로 발음합니다. 이때 연이어 약하게 발음하는 - di di di - 리듬에서 연음, 약음, 생략, 변화의 4가지 발음 현상이 나타나게 되죠.

[di Da di di di Da] 패턴의 리듬은 이렇게!

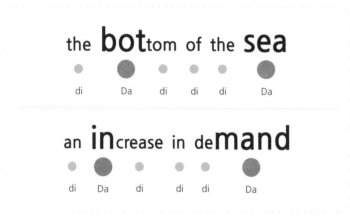

the **bot**tom of the **sea**

di　Da　di　di　di　Da

an **in**crease in de**mand**

di　Da　di　di　di　Da

Tip

드디어 di Da di Da 리듬 훈련, 마지막 시간이네요. 이젠 어떤 덩어리 표현을 봐도 문장 리듬의 원리에 따라 알아서 Da 리듬과 di 리듬을 구별할 수 있겠죠? 이후에 이어질 섀도우 스피킹 훈련에서 실력을 발휘해 보세요.

손바닥을 치며 di Da di di di Da를 소리 내 말해 보는 것도 마지막 시간이네요. di는 약하게 Da는 강하게, 아시죠? 그런 다음 이 리듬에 맞춰 the bottom of the sea를 큰소리로 반복해 말해보세요. di 리듬이 세 번 연속되는 -ttom of the 부분은 약하게 발음되어 자연스레 [rməv]로 연음되는 것을 느낄 수 있을 거예요.

an increase in demand 역시 위에 표시된 di Da 기호에 따라 강약 리듬을 맞춰 소리 내 보면 -crease in de- 부분이 [kriːsindi]처럼 저절로 연음되어 발음된답니다.

[di Da di di di Da] 리듬을 살려 다음 표현들을 읽어보세요.

1회☐　2회☐　3회☐　4회☐　5회☐

01　a **mem**o to the **staff**

02　the **germ** of an i**dea**

03　the **news** about the **war**

04　the **let**ter from his **friend**

05　a **land**mark in the **town**

06　the **win**ner of the **race**

07　the **bot**tom of the **sea**

08　the **air**plane in the **sky**

09　the **let**ter on the **desk**

10　a **dan**ger of the **job**

11　the **lev**el of the **risk**

12　the **cen**ter of the **town**

13　an **in**crease in de**mand**

14　a **de**crease in sup**ply**

15　the **na**ture of a **man**

16　a **tax**i on the **street**

17　the **his**tory of **Rome**

18　the **beau**ty of the **job**

19　the **let**ter of the **law**

20　the **mas**ter of dis**guise**

⏺ 이렇게 해보세요!

1회 오디오 들어보기

2회 오디오 듣고 따라읽기

3회 자신의 목소리를 녹음하면
서 혼자 읽어보기

4, 5회 표현을 보지 않고 오디
오만 듣고 따라읽기

· germ of an이 연음되네요.

· 모음 앞에 있는 the는 [ði]로
발음하세요.

· desk[desk]의 [sk]는 각 자
음의 혀의 위치를 잘 지켜 발
음하세요.

해석

01 직원들에게 보내는 회람

02 생각의 싹틈

03 전쟁의 소식

04 그의 친구한테서 온 편지

05 마을의 랜드마크(멀리서도 잘 보
여서 길을 찾는 데 도움이 되는
건물)

06 경주의 승자

07 바다의 바닥

08 하늘의 비행기

09 책상 위의 편지

10 직업의 위험

11 위험의 수준

12 마을의 중심지

13 수요의 증가

14 공급의 감소

15 사람의 본성

16 거리의 택시

17 로마의 역사

18 그 직업의 매력

19 법조문을 자구대로 해석하는 것

20 변장의 달인

 밑줄 친 표현 덩어리들의 [di Da di di di Da] 리듬을 살려 다음 문장을 읽어보세요.

1회 ☐ 2회 ☐ 3회 ☐ 4회 ☐ 5회 ☐

01 There is a **mem**o to the **staff** on the bulletin board.

02 The director already has a **germ** of an i**dea** for his next film.

03 Have you heard the **news** about the **war**?

04 He was staring at the **let**ter from his **friend**.

05 The statue became a **land**mark in the **town**.

06 The reporter is interviewing the **win**ner of the **race**.

07 The latest submarine can reach the **bot**tom of the **sea**.

08 The white trails were made by an **air**plane in the **sky**.

09 Will you pass me the **let**ter on the **desk**?

10 Inhaling dangerous chemicals is a **dan**ger of the **job**.

· ⁰There is a는 단숨에 죽 이어서 발음하면 되겠죠?

· 다음 표현 덩어리들은 앞서 연습했던 di di Da di di 리듬으로 발음합니다.

  ⁰⁴He was st**ar**ing at   ⁰⁶The rep**or**ter is

· ⁰⁹Will you **pass** me는 di di Da di 리듬으로 발음합니다.

이렇게 해보세요!

먼저 밑줄 친 부분의 표현 덩어리만 읽어보면서 di Da di di di Da 리듬 기호(●●●●●●)를 표시해본 다음, 본격적인 읽기에 들어가 보세요.

1회 오디오 들어보기

2회 오디오 듣고 따라읽기

3회 자신의 목소리를 녹음하면서 혼자 읽어보기

4. 5회 문장을 보지 않고 오디오만 듣고 따라읽기

표현

bulletin board 게시판
director 영화감독
stare at ~을 응시하다
statue 동상
submarine 잠수함
inhale 들이마시다
chemical 화학물질

해석

01 게시판에 직원들에게 전하는 회람이 붙어 있다.

02 그 영화감독은 이미 다음 영화를 위한 새로운 생각을 가지고 있다.

03 전쟁에 관한 소식을 들었니?

04 그는 친구에게서 온 편지를 뚫어지게 보고 있었다.

05 그 동상은 마을의 랜드마크가 되었다.

06 그 리포터는 경주의 우승자를 인터뷰하고 있다.

07 그 최신 잠수함은 해저까지 도달할 수 있다.

08 하얀 자국들은 하늘의 비행기가 만든 것이다.

09 책상에 있는 그 편지를 내게 건네줄래?

10 이 직업은 독성 화학물질을 들이마실 수 있는 위험한 일이다.

📓 밑줄 친 표현 덩어리들의 [di Da di di Da] 리듬을 살려 다음 이야기를 읽어보세요. 아울러 어떤 단어들이 연음이 되고, 약하게 발음되는지도 주의 깊게 확인해 보세요.

1회☐ 2회☐ 3회☐ 4회☐ 5회☐

A Danger of the Job

I am a freelance journalist and write the **news** about the **wars** in the Middle East. I travel a lot and that's the **beau**ty of the **job**: the **air**plane in the **sky** is like a **tax**i on the **street** for me. Sometimes I videotape soldiers during gun battles and this is a **dan**ger of the **job**. To avoid being noticed by local people, I should be a **mas**ter of dis**guise**. One day I got a **let**ter from my **friend** about a new job. The job pays well but the level of the risk is undoubtedly high. A **germ** of an i**dea** sprang to my mind. If I made enough money from this job I could retire.

· freelance journalist는 free-와 jour-에 강세를 넣어 발음하세요.

· in the **Mid**dle **East**는 di di Da di Da 리듬으로 말합니다.

· I **trav**el a **lot**은 di Da di di Da 리듬으로 말하면 되죠.

· about a new job에서 about의 -t는 뒤에 오는 모음 a와 연음되면서 약한 [d] 내지 [r]로 발음되네요.

· undoubtedly에서 -b-는 소리 값이 없답니다.

🗨️ **이렇게 해보세요!**

먼저 밑줄 친 부분의 표현 덩어리만 읽어보면서 di Da di di Da 리듬 기호(●●●●●)를 표시해본 다음, 본격적인 읽기에 들어가 보세요.

1회 오디오 들어보기

2회 오디오를 들으며 한 문장씩 따라읽기

3회 자신의 목소리를 녹음하면서 혼자 읽어보기

4, 5회 오디오를 들으며 네이티브와 거의 동시에 읽어보기

표현

in the Middle East 중동에서
the beauty of the job 이 직업의 매력
videotape 비디오로 녹화하다
gun battle 총격전
local people 현지 사람들
the job pays well 그 일은 보수가 두둑하다
undoubtedly high 믿기 힘들 정도로 높은

해석

직업상 위험

나는 프리랜서 기자인데 중동의 전쟁에 관한 뉴스를 쓰고 있다. 나는 여행을 아주 많이 하는데 이것이 이 직업의 매력이다. 하늘의 비행기는 내게 거리의 택시와 같다. 어떤 때는 병사들의 총격전을 비디오로 녹화하는데 이것은 이 직업에 따르는 위험이다. 현지 사람들의 주의를 끄는 것을 피하려고 나는 변장의 달인이 되어야 한다. 어느 날, 새로운 일거리에 대해 친구로부터 편지를 받았다. 그 일은 보수는 두둑하지만 위험의 정도는 믿기 힘들 정도로 높다. 내 마음에는 이미 새로운 생각이 싹텄다. 이 일을 해서 돈을 많이 벌면 나는 은퇴할 수 있을 것이다.

여자친구의 생일을 깜박한 경우 뒤늦게 사과를 하면 여자친구가 차가운 목소리로 '괜찮아'라고 합니다. 이때 '괜찮아'는 정말 괜찮다는 말이 아니죠. 그런데 글자로만 보면 그 의미를 전혀 알 수 없습니다. 또, 시험공부를 전혀 안 해서 성적이 엉망으로 나온 아들에게 어머니가 성적표를 보고는 '잘~했다'고 하십니다. 이때 '잘~했다'는 말도 정말 '잘했다'는 의미는 아니죠. 이처럼 같은 말이지만 어떤 톤으로 말하느냐에 따라 그 의미가 확 달라지는데요, 이 점은 우리말이나 영어나 마찬가지랍니다.

일반적으로 문장에서 강세를 두는 단어는 명사, 동사, 형용사, 부사, 그리고 의문사입니다. 그러나 특히 강조하고 싶은 의미가 있을 때는 해당하는 단어만 강하게 발음하면 그렇지 않을 때와 사뭇 다른 의미를 갖게 되죠. 아래 문장을 한번 볼까요?

I think my bag was stolen.

위의 문장을 글자 그대로 해석하면 '내 가방을 도둑맞은 것 같아.'입니다. 누가 해석하더라도 같은 의미겠죠. 그런데 이 문장을 각각 다른 단어에 강세를 실어 리듬을 살리면 놀랍게도 5개의 조금씩 다른 뉘앙스의 말이 됩니다. 네이티브의 음성을 듣고 따라하며 뉘앙스가 각각 어떻게 달라지는지 확인해 보세요.

01　A: **I** think my bag was stolen.

　　B: What about you, Matt? What do you think?

02　A: I **think** my bag was stolen.

　　B: You think so, but you are not sure about that, right?

03　A: I think my **bag** was stolen.

　　B: What about other items? Were they stolen as well?

04　A: I think **my** bag was stolen.

　　B: Why don't you check yours as well?

05　A: I think my bag was **stolen**.

　　B: Are you sure? Didn't you lose it?

01　여러 사람이 있는데, 내 가방이 없어졌어요. 이때 I를 강조해서 말하면 나와 의견이 다른 사람이 있을 수 있다는 것을 염두에 두고 하는 말이 돼요. 그래서 B가 모여 있는 다른 사람에게 의견을 물어보게 되는 거죠.
　　A: 나는 내 가방을 도둑맞은 거 같아. / B: 맷, 네 생각은 어때? (얘가 진짜 자기 가방을 도둑맞은 걸까?)

02　think를 강조해서 말하면 도둑맞았다고 생각 또는 추측만 할 뿐 확신할 만한 증거는 없다는 의미가 됩니다. 그래서 상대방은 "그건 네 생각일 뿐이지 확실한 건 아니잖아?"라고 되물을 수 있는 거죠.
　　A: 나는 내 가방을 도둑맞았다고 생각해. / B: 그렇게 생각할 수도 있겠지만, 확실한 건 아니잖아, 그지?

03　bag을 강조해서 말하면 도둑맞은 물건이 가방이라는 걸 강조하는 거죠. 그래서 상대방은 가방 이외의 다른 물건들은 괜찮은지 확인해 보라거나 확인해봤냐고 걱정해주게 됩니다.
　　A: 가방을 도둑맞은 거 같아. / B: 다른 물건들은 어때? 같이 도둑맞은 거 아냐?

04　my를 강조해서 말하면 주변에 있는 사람들에게 '내 가방을 도둑맞았으니 너희들 가방도 확인해봐!'라는 뉘앙스를 주게 됩니다. 그래서 B가 다른 이에게 '네 가방도 확인해보라'고 챙겨주는 거죠.
　　A: 내 가방을 도둑맞은 거 같아. / B: (다른 이에게) 네 것도 확인해봐?

05　stolen을 강조해서 말하면 잃어버린 게 아니고 도둑맞았다는 뉘앙스가 강해집니다. 따라서 이 말을 들은 상대방은 '잃어버린 게 아닌 게 확실하냐?' 또는 '경찰에 얼른 신고해!'라는 식의 반응을 보이게 되죠.
　　A: 가방을 도둑맞은 거 같아. / B: 확실해? 잃어버린 거 아냐?

Part

5

들은 대로 똑같이
말할 수 있다!

섀도우 스피킹 훈련

섀도우 스피킹이란 '스크립트를 보지 않고 들은 내용을 그대로 따라서 말해보는 훈련'을 말합니다. 들은 내용을 제대로 이해하지 않고서는 완전한 섀도우 스피킹이란 불가능하죠. 때문에 오디오 속에서 울려 퍼지는 네이티브의 음성을 스크립트를 보지 않고 듣기만 한 채 리듬까지 그대로 실어 말할 수 있다면, 내가 하고 싶은 이야기도 남이 들려주는 이야기도 상대방에게 자신 있게 전달할 수 있는 유창한 스피킹의 달인이 될 수 있습니다. 지금껏 Part 1~4까지 훈련했던 개별 발음과 리듬을 실전에 적응시킬 수 있는 힘을 기르는 종합적인 훈련이 되겠네요. 자, 그럼 마지막 힘을 짜내서 최종 훈련의 관문으로 들어가 볼까요?

트레이닝 47

섀도우 스피킹 훈련 ❶

요리는 좋아~ 설거지는 싫어!

동영상을 보며 따라해 보세요

이제까지 익혔던 발음과 리듬 패턴에 주의해 한 편의 이야기를 스크립트를 보지 않고도 자신 있게 말할 수 있을 때까지 단계별로 차근차근(step by step) 훈련해 보세요.

Step 01 : 이야기 소리내기

🎧 47-1.mp3

 47.wmv

 이제까지 배웠던 발음과 리듬 패턴에 주의해 다음 이야기를 읽어보세요.

1회 ☐ 2회 ☐ 3회 ☐ 4회 ☐ 5회 ☐

💡 **이렇게 해보세요!**

1회 | 오디오 들어보기

2회 | 오디오를 들으며 한 문장씩 따라읽기

3회 | 자신의 목소리를 녹음하면서 혼자 읽어보기

4, 5회 | 오디오를 들으며 네이티브와 거의 동시에 읽어보기

Cooking and Doing Dishes

I en**joy cook**ing, but I **don**'t **real**ly **like do**ing the **dishes**. Sometimes I **let so many dishes pile** up in the sink that I just **end** up **go**ing out to **din**ner instead. If I **leave cer**tain **dishes** in the **sink too long**, they start to **smell** or **grow** things in them. You'd think that would **motivate** me to **do** them right away, but unfortunately it **doesn't**.

윽!

Step 02 : 빈칸 채우기 　　　　　　　　　 🎧 47-2.mp3

 오디오를 듣고 따라읽으며 빈칸을 채워보세요. (정답은 Step 01의 지문 참조)

I enjoy [____], but I [____] really [____] [____]
the [____]. Sometimes I [____] so many dishes
[____] [____] in the [____] that I just [____] up going out
to [____] instead. If I [____] [____] [____] in
the [____] [____], they start to [____] or
things in them. You'd think that would [____]
me to [____] them right away, but unfortunately it
[____].

 Step 03 : 문장 받아쓰기 　　　　　　　　　 🎧 47-3.mp3

 오디오를 듣고 따라읽으며 들리는 내용을 써보세요.

01 ....

02 ....

03 ....

표현

do the dishes 설거지하다
sometimes 때때로
pile up 쌓이다
in the sink 싱크대에
end up + -ing 결국 ~하게 되다
motivate ~에게 동기를 주다
right away 바로
unfortunately 유감스럽게도

해석

요리하기와 설거지

요리하는 것은 좋아하지만 설거지
는 정말 싫어요. 가끔은 싱크대에
설거지 거리를 가득 쌓아둬요. 그리
고는 결국 밖에서 사먹게 되죠. 싱
크대에 어떤 설거지 거리를 오래 두
면 냄새가 나거나 이상한 게 생겨
요. 제가 이런 것들 때문에 결국은
설거지를 하게 될 것 같지만, 유감스
럽게도 그렇지 않아요.

다음은 Step 03의 정답입니다. 발음 및 di Da 리듬에 주의해 다시 읽어보세요.

1회 ☐　2회 ☐　3회 ☐

🐵 이렇게 해보세요!
1회 오디오를 듣고 따라읽기
2회 혼자 읽어보기
3회 섀도우 스피킹하기

01 but I **don't really like do**ing the **dishes**

・ but I don't / really like / doing the dishes의 세 부분으로 나누어 발음해 보세요.

・ but I에서 but의 끝자음 [t]는 약한 [d] 또는 [r]로 발음되어 [bʌdai] 또는 [bʌrai]로 연음되죠.

・ don't과 같은 부정어는 강세를 두어 발음하며, 끝자음 -t의 발음은 생략됩니다.

02 Sometimes I **let so many dishes pile** up

・ Sometimes / I let so many dishes / pile up 세 부분으로 나누어 발음합니다.

・ so many의 many와 강조의 뜻인 so는 둘 다 강하게 발음해요.

・ pile up은 [pailʌp]으로 자연스럽게 연음됩니다.

03 If I **leave cer**tain **dishes** in the **sink too long**

・ If I는 [ifai]로 자연스럽게 이어서 발음하세요.

・ certain의 -tain은 콧소리로 발음하는 [tn]인 것에 주의하세요.

・ too long은 〈부사 + 형용사〉로 Da Da 리듬입니다.

 이제 전체 이야기를 본격적으로 섀도우 스피킹해보세요.

🐵 이렇게 해보세요!
아직 섀도우 스피킹이 어렵다고 느껴지면 Step 01의 지문을 자신이 생길 때까지 반복해서 읽어보세요.

1회 ☐　　2회 ☐　　3회 ☐

집은 사는 것인가, 사는 곳인가?

이제까지 익혔던 발음과 리듬 패턴에 주의해 한 편의 이야기를 스크립트를 보지 않고도 자신 있게 말할 수 있을 때까지 단계별로 차근차근(step by step) 훈련해 보세요.

Step 01 : 이야기 소리내기

🎧 48-1.mp3　💿 48.wmv

📋 이제까지 배웠던 발음과 리듬 패턴에 주의해 다음 이야기를 읽어보세요.

1회 ☐ 2회 ☐ 3회 ☐ 4회 ☐ 5회 ☐

이렇게 해보세요!

1회 │ 오디오 들어보기

2회 │ 오디오를 들으며 한 문장씩 따라읽기

3회 │ 자신의 목소리를 녹음하면서 혼자 읽어보기

4, 5회 │ 오디오를 들으며 네이티브와 거의 동시에 읽어보기

Rent or Own a House

Given the **choice**, I **think** I'd **ra**ther **own** than **rent**. **Own**ing a **house** is like **sav**ing **mon**ey, but **ren**ting **just feels real**ly inefficient. I **think you** should be **care**ful **not** to **tie** up 'ALL' your **mon**ey in a **house** though. It **wouldn't** be **good** to **run** out of **mon**ey after you **sink** it **all** into your **house**.

저는 렌트보다는 사는 게 더 좋다고 봐요~♥

오디오를 듣고 따라읽으며 빈칸을 채워보세요. (정답은 Step 01의 지문 참조)

☐ the ☐ , I think I'd ☐
☐ than ☐ . ☐ a ☐ is like
☐ ☐ , but ☐ just ☐
really ☐ . I think ☐ should be
☐ ☐ to ☐ ☐ ' ☐ ' your ☐
in a ☐ though. It ☐ be ☐ to
☐ ☐ ☐ after you ☐ it ☐
into your ☐ .

 오디오를 듣고 따라읽으며 들리는 내용을 써보세요.

01 ....

02 ....

03 ....

04 ....

표현

Given the choice 선택하라고 하면

I'd rather A than B 나라면 B 하기보다는 A를 하겠다(A와 B 자리엔 동사원형이 옴)

inefficient 비효율적인

tie up 묶어두다

run out of ~을 다 써버리다

sink + 돈 + into 돈을 ~에 투자하다

해석

임대하거나 내 집을 장만하거나

선택하라고 하면, 저라면 임대보다는 집을 살 것 같아요. 내 집을 장만하는 것은 돈을 아끼는 셈이 되지만, 임대를 하는 건 정말 비효율적인 것만 같거든요. 그래도 돈을 모두 집에만 묶어두지 않도록 주의해야 해요. 돈을 모두 집에 투자하고 나서 돈이 바닥나는 건 좋은 일이 아닐 테니까요.

다음은 Step 03의 정답입니다. 발음 및 di Da 리듬에 주의해 다시 읽어보세요.

1회☐　2회☐　3회☐

01　I think I'd rather own than rent

- I'd의 -d는 단어 끝에 오는 파열음으로 발음해요. 즉, 혀끝을 윗니 뒤쪽에 대면서 [d] 발음을 맺는 거죠.

- rather의 -th-[ð] 발음에 주의하세요.

02　but renting just feels really inefficient

- renting의 -t-는 자음과 모음 사이에 있으므로 [t] 발음이 그대로 살아나요.

- just의 -st는 혀끝을 윗니 뒤쪽에 두고 [s]를 발음하다가 바로 이어서 혀끝을 윗니 뒤쪽 잇몸이 시작하는 곳에 대면서 [t] 발음을 딱 맺으세요.

- inefficient에서 단어 끝 -t는 혀끝을 윗니 뒤쪽에 대면서 [t] 발음을 맺으면 돼요. 이따금 속사포같이 흘러가는 문장 속에서 단어 끝 [t] 발음은 생략되기도 한답니다.

03　not to tie up 'ALL' your money

- not, no, never와 같은 부정어는 강조해서 발음합니다.

- not to의 -t t-는 [t] 발음을 한 번만 해요. 단, 이때 [t]는 혀끝을 윗니 뒤쪽 잇몸이 시작하는 곳에 댔다가 떨어뜨리면서 공기를 내보내는 식으로, 원래의 [t] 발음을 제대로 해주어야 하죠.

- 여기서 ALL은 문맥상 강조해서 표기되었는데요. 말할 때도 역시 강조해서 소리를 내야 어감이 살아납니다.

- your, his, her 같은 인칭대명사는 약하게 발음해요.

04 It **wouldn't** be **good** to **run** out of

- It wouldn't be good / to run out of 의 두 부분으로 나누어 발음해 보세요.

- wouldn't의 -l-은 원래 소리 값이 없고, -t는 발음을 하지 않는 경우가 많죠. couldn't, shouldn't도 마찬가지랍니다.

- good to에서는 -d와 t-를 이어서 발음하는 것에 주의하세요. 혀끝을 윗니 뒤쪽 잇몸이 시작하는 곳에 대면서 -d를 발음하고, 바로 이어서 혀끝을 뒤쪽 잇몸에서 떨어뜨리면서 -t를 발음하는 거죠.

- out of는 [au*d*ə(v)] 또는 [au*r*ə(v)]로 연음해 발음해요. out 뒤에 of가 오면서 -t가 약한 [d] 또는 [r]로 소리가 변형되는 거죠.

Step 05 : 섀도우 스피킹하기 🎧 48-5.mp3

이제 전체 이야기를 본격적으로 섀도우 스피킹해보세요.

🔆이렇게 해보세요!

아직 섀도우 스피킹이 어렵다고 느껴지면 Step 01의 지문을 자신이 생길 때까지 반복해서 읽어보세요.

1회 ☐   2회 ☐   3회 ☐

멕시코 문화가 넘실대는 샌디에이고에 가보세요!

동영상을 보며 따라해 보세요

이제까지 익혔던 발음과 리듬 패턴에 주의해 한 편의 이야기를 스크립트를 보지 않고도 자신 있게 말할 수 있을 때까지 단계별로 차근차근(step by step) 훈련해 보세요.

Step 01 : 이야기 소리내기 ♩ 49-1.mp3

49.wmv

 이제까지 배웠던 발음과 리듬 패턴에 주의해 다음 이야기를 읽어보세요.

1회 ☐ 2회 ☐ 3회 ☐ 4회 ☐ 5회 ☐

이렇게 해보세요!

1회 | 오디오 들어보기

2회 | 오디오를 들으며 한 문장씩 따라읽기

3회 | 자신의 목소리를 녹음하면서 혼자 읽어보기

4. 5회 | 오디오를 들으며 네이티브와 거의 동시에 읽어보기

Favorite City

I **real**ly **like Mex**ican **cul**ture, and San Di**e**go **has** a **lot** of **Mex**ican **cul**ture. **So**, out of **all** the **cit**ies I've **been** to, I **think** it is my **fa**vorite. It's in the **far** **south**ern **cor**ner of the U.**S.** so the **weath**er is **great** and you can **play out**door **sports** **all year round**. It's **al**so a **real**ly **nice place** to **raise** a **fam**ily.

Step 02 : 빈칸 채우기 🎧 49-2.mp3

오디오를 듣고 따라읽으며 빈칸을 채워보세요. (정답은 Step 01의 지문 참조)

I really ☐ ☐ ☐, and San Diego
has ☐ ☐ ☐ ☐. So, out of
☐ the ☐ I've ☐ to, I ☐ it is my
☐. It's in the ☐ ☐ of
the ☐ so the ☐ is ☐ and you
can ☐ ☐ ☐ all ☐ round.
It's ☐ a really ☐ ☐ to ☐ a
☐.

Step 03 : 문장 받아쓰기 🎧 49-3.mp3

오디오를 듣고 따라읽으며 들리는 내용을 써보세요.

01 ....

02 ....

03 ....

04 ....

표현

Mexican culture 멕시코 문화
San Diego 샌디에이고(미국 캘리포니아 주 남부에 있는 도시)
out of all the cities 모든 도시들 중에서
far southern 제일 남쪽의
all year round 일 년 내내
raise a family 가정을 이뤄서 아이를 기르다

해석

좋아하는 도시

나는 정말 멕시코 문화를 좋아하는데, 샌디에이고에는 멕시코 문화가 넘실거려요. 그래서 내가 가 본 도시들 중에 샌디에이고가 제일 마음에 들어요. 샌디에이고는 미국의 제일 남부에 속해요. 그래서 날씨가 너무 좋고, 일 년 내내 야외 스포츠를 즐길 수 있죠. 또한, 아이들을 기르기에도 정말 좋은 곳이에요.

Step 04 : 문장 따라읽기

🎧 49-4.mp3

다음은 Step 03의 정답입니다. 발음 및 di Da 리듬에 주의해 다시 읽어보세요.

1회 ☐ 2회 ☐ 3회 ☐

🔊 **이렇게 해보세요!**

1회 | 오디오를 듣고 따라읽기
2회 | 혼자 읽어보기
3회 | 섀도우 스피킹하기

01 out of **all** the **cit**ies I've **been** to

· out of에서 out의 -t는 뒤의 of와 연음되면서 약한 [d] 또는 [r]로 소리 나요.

· cities의 -t- 역시 종종 약한 [d] 또는 [r]로 발음한답니다.

· I've는 [aiv]로 발음합니다.

· to는 [t] 정도로만 약하게 소리 내면 돼요.

02 I **think** it is my **fa**vorite

· I think / it is my favorite의 두 부분으로 나누어 발음하세요.

· it is는 연음되면서 [idíz] 또는 [iríz]로 발음되죠. it의 -t 발음이 약한 [d] 또는 [r]로 소리가 바뀌는 경우랍니다.

· favorite의 -te는 단어 끝에 오는 파열음 [t]의 발음 요령대로 소리 내면 돼요. -te의 -e는 따로 발음되지 않는다는 사실도 알고 있죠?

03 It's in the **far south**ern **cor**ner of the **U.S.**

· southern[sʌ́ðərn]의 -ou-[ʌ] 발음에 주의하세요.

· of는 스펠링과 달리 [əv]로 발음하는 게 보통이에요. 경우에 따라서는 [ə] 정도로 더욱 약하게 발음되기도 하죠.

· U.S.와 같은 약자는 한 자 한 자 모두 강하게 읽지만, 특히 뒷부분에 제1강세를 넣어 읽죠. 앞에서 TV, TB 나올 때 얘기했던 거, 기억나죠?

04 It's **al**so a **real**ly **nice place** to **raise** a **fam**ily.

· to는 [t] 정도로만 약하게 발음합니다. [tu:]로 발음해서 too나 two로 들리지 않도록 하세요.

· raise a는 [reizə]로 자연스럽게 이어서 발음하면 돼요.

Step 05 : 섀도우 스피킹하기

🎧 49-5 mp3

 이제 전체 이야기를 본격적으로 섀도우 스피킹해보세요.

이렇게 해보세요!

아직 섀도우 스피킹이 어렵다고 느껴지면 Step 01의 지문을 자신이 생길 때까지 반복해서 읽어보세요.

1회 ☐   2회 ☐   3회 ☐

🌐 **한마디더!** ▸ **[맨하탄]도 아닙니다! [맨해튼]도 아니죠!** ••••••••••••••••••••••

미국 뉴욕에 있는 Manhattan을 예전엔 영어 스펠링만 보고 대충 끼워맞춰 '맨하탄'이라고 말했던 시절이 있었지요. 하지만 요즘엔 외국 지명이나 사람이름은 웬만하면 그네들 언어의 발음에 가깝게 표기하려는 추세이죠. 그래서 사전이나 신문기사들에 Manhattan[mænhǽtn]은 '맨해튼'이라고 표기되어 있는 것을 쉽게 찾아볼 수 있습니다. 그런데 말이죠. 우리말엔 강약의 리듬이 없잖아요. 그래서 매번 한 자 한 자 똑같은 톤으로 '맨해튼'이라고 말해봐야 이건 백 날 천날이 지나도 네이티브가 알아듣질 못하는 우리말일 뿐인 거죠.

Manhattan[mænhǽtn]은 Man·hat·tan의 3음절 단어로 두 번째 음절에 강세가 들어갑니다. 따라서 [으**나**르] 리듬을 살려 말해야 하죠. 뿐만 아니라 우리말에 없는 [æ] 발음도 제대로 해야 하고, 콧소리 [tn] 발음까지 살려줘야 미국 뉴욕의 진짜 Manhattan이 되는 거랍니다. 이번 이야기에 나온 Mexican[méksikən]이나 San Diego[sæn diéiɡou]도, 우리말에 익숙해 있어서 그냥 밋밋하게 [멕시컨], [샌디에이고]라고 말해선 영어권 사람들과 의사소통이 안 돼요. 우리말에 없는 자음군의 발음이라든가, 모음의 발음 등, 영어의 개별 발음을 발음 원리에 따라 정확히 하면서 영어의 리듬까지 잘 살려 말해야 네이티브와 의사소통을 하는 데 무리가 없답니다. 잘할 수 있죠?

무상 의료 서비스가 무상이 아니라고?!

이제까지 익혔던 발음과 리듬 패턴에 주의해 한 편의 이야기를 스크립트를 보지 않고도 자신 있게 말할 수 있을 때까지 단계별로 차근차근(step by step) 훈련해 보세요.

 Step 01 : 이야기 소리내기　　　　　🎧 50-1.mp3

 50.wmv

 이제까지 배웠던 발음과 리듬 패턴에 주의해 다음 이야기를 읽어보세요.

1회 ☐　2회 ☐　3회 ☐　4회 ☐　5회 ☐

Free Health Care

I **don't think** it's **pos**sible to **have** 'free' health care. **Some**one al**ways pays** for it. Even if it **seems free**, it has to be **paid** by **some**one. Usually the **rich** or the **mid**dle **class** just **find** a **way** to **pass** the **cost down** to the **poor** anyway. I **think** it's i**ron**ic **too**, that the **rich** are the **ones** who ac**tu**ally de**sign** these **health care plans**.

🌟**이렇게 해보세요!**

1회 | 오디오 들어보기

2회 | 오디오를 들으며 한 문장씩 따라읽기

3회 | 자신의 목소리를 녹음하면서 혼자 읽어보기

4, 5회 | 오디오를 들으며 네이티브와 거의 동시에 읽어보기

오디오를 듣고 따라읽으며 빈칸을 채워보세요. (정답은 Step 01의 지문 참조)

I ☐ think it's ☐ to have '☐'

☐ ☐. Someone always ☐ ☐ ☐.

Even if it ☐ ☐, it has to be ☐ by

☐. Usually the ☐ or the ☐

☐ just ☐ a ☐ to ☐ the

☐ to the ☐ anyway. I ☐ it's

☐, that the ☐ are the ☐ who ☐

☐ these ☐ ☐ ☐.

 오디오를 듣고 따라읽으며 들리는 내용을 써보세요.

01 _____

02 _____

03 _____

04 _____

 표현

pay for ~에 대한 값을 지불하다
the rich 부자들(↔ the poor)
the middle class 중산층
pass ... down to ~ ~에게 …
을 전가하다, 떠넘기다

해석

무상 의료 서비스

무상 의료 서비스가 가능하다고 생
각하지 않아요. 누군가는 항상 지불
해야 하죠. 무료인 것처럼 보여도 누
군가가 지불하는 거죠. 대개 부자나
중산층들은 비용을 가난한 사람들
에게 전가하는 방법을 어떻게든 찾
죠. 사실 이런 의료 서비스 계획을
만드는 사람들이 바로 부자들이라
는 것 또한 아이러니한 것 같아요.

다음은 Step 03의 정답입니다. 발음 및 di Da 리듬에 주의해 다시 읽어보세요.

1회☐ 2회☐ 3회☐

이렇게 해보세요!

1회ㅣ오디오를 듣고 따라읽기
2회ㅣ혼자 읽어보기
3회ㅣ섀도우 스피킹하기

01 I **don't think** it's **pos**sible to **have**

- don't에서 -n- 다음의 -t는 발음을 생략합니다.
- it's의 -t's 발음에 주의하세요. 혀끝을 [t, d, n, l] 위치에서 떨어뜨리면서 [s]를 이어서 발음합니다.
- to는 -o 모음을 생략하고 [t] 정도로만 약하게 발음하죠.

02 Even if it **seems free**

- Even if는 [ivnif]로 자연스럽게 이어서 발음하면 돼요. even에서 -ven의 -e-는 발음을 하지 않습니다.
- free의 fr-을 발음할 때는 [으] 소리를 넣지 않도록 주의하세요.

03 it has to be **paid** by **some**one

- it has to be paid / by someone의 두 부분으로 나누어 발음해 보세요.
- it has to be는 di di di di 리듬으로 네 단어를 모두 약하게 발음하도록 합니다.
- someone[sʌ́mwən]의 [w] 발음에 주의하세요.

04 the **rich** or the **mid**dle **class** just **find** a **way** to

pass the **cost down**

- the rich or the middle class / just find a way / to pass the cost down의 세 부분으로 나눠서 발음합니다.
- just의 -st는 -s와 -t 중간에 [으] 발음을 넣지 않도록 해야 해요.
- cost의 -o-는 [ɔː]로 발음되죠. 자칫 [ou]로 잘못 발음해버리면 coast(해변)가 되니, 주의하세요.

Step 05 : 섀도우 스피킹하기

 🎧 50-5.mp3

이제 전체 이야기를 본격적으로 섀도우 스피킹해보세요.

이렇게 해보세요!

아직 섀도우 스피킹이 어렵다고 느껴지면 Step 01의 지문을 자신이 생길 때까지 반복해서 읽어보세요.

| 1회 | 2회 | 3회 |

한마디더! ▶ 영어 단어의 보편적인 강세 규칙 ●●●●●●●●●●●●●●●●●●●●●●●●●●●●●●●●●●●●●

-tion이나 -sion으로 끝나는 단어는 -tion, -sion 바로 앞에 강세가 있다고 했던 거, 기억나죠? 마찬가지로 -ic으로 끝나는 단어들도 강세는 -ic 바로 앞에 있답니다. 그래서 ironic[airánik]은 -ic 바로 앞의 음절인 -ron-에 강세가 들어가죠. 말 나온 김에 하나 더 되새겨보면, -ee나 -eer로 끝나는 단어들은 보통 -ee나 -eer 에 강세를 둔다고 했어요. employee, engineer처럼 말이죠.

발음 강세와 관련된 모든 규칙을 외울 필요는 없지만, 이 정도의 기본적인 강세 규칙 몇 가지는 알아두면 모르는 단어가 나왔을 때 '모나리자' 리듬 원리를 활용해서 발음을 유추하는 데 아주 유용할 거예요.

내 반쪽은
어디에 있을까?

이제까지 익혔던 발음과 리듬 패턴에 주의해 한 편의 이야기를 스크립트를 보지 않고도 자신 있게 말할 수 있을 때까지 단계별로 차근차근(step by step) 훈련해 보세요.

 Step 01 : 이야기 소리내기 🎧 51-1.mp3   51.wmv

 이제까지 배웠던 발음과 리듬 패턴에 주의해 다음 이야기를 읽어보세요.

1회☐ 2회☐ 3회☐ 4회☐ 5회☐

이렇게 해보세요!

1회 | 오디오 들어보기

2회 | 오디오를 들으며 한 문장씩 따라읽기

3회 | 자신의 목소리를 녹음하면서 혼자 읽어보기

4, 5회 | 오디오를 들으며 네이티브와 거의 동시에 읽어보기

Best Time to Marry

I **feel** like it's **real**ly **late** for me. However, I'd pre**fer** to **wait** for the **right per**son than get mar**ried ear**ly and **find** out that we **just** **rush**ed into it. **Too man**y **peo**ple are **mis**erable in their **mar**riage, or **end** up get**ting** di**vorced** because they **didn't** **wait** for the **right per**son.

Step 02 : 빈칸 채우기　　🎧 51-2.mp3

오디오를 듣고 따라읽으며 빈칸을 채워보세요. (정답은 Step 01의 지문 참조)

I [____] [____] it's really [____] for me. However,
I'd [____] to [____] for the [____] [____]
than get [____] [____] and [____] [____] that
we [____] [____] into it. [____] [____] people
are [____] in [____] [____], or [____]
up [____] [____] because they [____]
[____] for the [____] [____].

Step 03 : 문장 받아쓰기　　🎧 51-3.mp3

오디오를 듣고 따라읽으며 들리는 내용을 써보세요.

01 ....

02 ....

03 ....

표현

prefer to + 동사원형 ~하는 편
이 더 낫다

the right person 자신에게 딱
맞는 이상적인 배우자

get married 결혼하다

find out that S + V ~임을 알
게 되다

rush into 급히 서둘러 ~에 몸
담다

get divorced 이혼하다

해석

결혼 적령기

저는 많이 늦은 듯해요. 하지만, 제
게 맞는 사람을 기다리는 편이 일찍
결혼해서 너무 성급했다고 느끼게
되는 것보다는 좋은 것 같아요. 자
신에게 맞는 상대를 기다리지 않은
탓에 불행한 결혼생활을 하거나 결
국엔 이혼을 해버리는 사람들이 너
무 많은 것 같아요.

Step 04 : 문장 따라읽기

🎧 51-4.mp3

 다음은 Step 03의 정답입니다. 발음 및 di Da 리듬에 주의해 다시 읽어보세요.

1회 ☐ 2회 ☐ 3회 ☐

😊 이렇게 해보세요!

1회 | 오디오를 듣고 따라읽기
2회 | 혼자 읽어보기
3회 | 섀도우 스피킹하기

01 I **feel** like it's **real**ly **late** for me.

· I feel like / it's really late for me의 두 부분으로 나눠서 발음합니다.
· late의 -te [t]를 [트]로 발음하지 않도록 주의하세요.
· 전치사 for는 강세를 두지 않으므로 [fər]로 약하게 소리 내요.

02 I'd pre**fer** to **wait** for the **right per**son

· I'd는 윗니 뒤쪽 잇몸이 시작하는 곳에 혀끝을 댄 채 발음을 끝내면 돼요.
· 기능어인 to와 for는 약하게 발음하면 되겠죠?
· right의 -t 역시 윗니 뒤쪽 잇몸이 시작하는 곳에 혀끝을 댄 채 발음을 끝내세요.

03 **find** out that we **just rush**ed into it

· find out that / we just / rushed into it의 세 부분으로 나눠서 발음합니다.
· find out은 [faindaut]으로 자연스럽게 이어서 발음하세요.
· rushed처럼 [ʃ]로 끝나는 동사의 -ed는 [t]로 발음해요.

Step 05 : 섀도우 스피킹하기

🎧 51-5.mp3

 이제 전체 이야기를 본격적으로 섀도우 스피킹해보세요.

😊 이렇게 해보세요!

아직 섀도우 스피킹이 어렵다고 느껴지면 Step 01의 지문을 자신이 생길 때까지 반복해서 읽어주세요.

1회 ☐   2회 ☐   3회 ☐

나의 건강 비결은 자전거 타기!

이제까지 익혔던 발음과 리듬 패턴에 주의해 한 편의 이야기를 스크립트를 보지 않고도 자신 있게 말할 수 있을 때까지 단계별로 차근차근(step by step) 훈련해 보세요.

 Step 01 | 이야기 소리내기 🎧 52-1.mp3 52.wmv

 이제까지 배웠던 발음과 리듬 패턴에 주의해 다음 이야기를 읽어보세요.

1회 ☐ 2회 ☐ 3회 ☐ 4회 ☐ 5회 ☐

🐸 **이렇게 해보세요!**

1회 | 오디오 들어보기

2회 | 오디오를 들으며 한 문장씩 따라읽기

3회 | 자신의 목소리를 녹음하면서 혼자 읽어보기

4, 5회 | 오디오를 들으며 네이티브와 거의 동시에 읽어보기

Staying in Shape

I **have** a **bi**cycle. I **like** to **ride** my **bi**cycle to get a**round** on **week**ends. I also **like** to **ride** my **bi**cycle to **work**. **Walk**ing is some**thing** I **real**ly en**joy** do**ing** as **well**. Since I've **never** owned a **car**, I **don't have too** many **choices** but to **walk**, **ride** my **bike** or **take** pub**lic** transpor**ta**tion.

타거나!

걷거나!

오디오를 듣고 따라읽으며 빈칸을 채워보세요. (정답은 Step 01의 지문 참조)

I [　　] a [　　　　]. I [　　] to [　　] my [　　　]
to [　　　　] [　　　] on [　　　　]. I also [　　] [　]
[　　] my bicycle to [　　　]. [　　　　] is something
I really [　　　] [　　　] [　　　]. Since I've
[　　　　] a [　], I [　　　　] too many
[　　　　] but [　　] [　], my [　　] or [　　]
public [　　　　　].

오디오를 듣고 따라읽으며 들리는 내용을 써보세요.

01 _____

02 _____

03 _____

표현

on weekends 주말이면, 주말
마다(= every weekend)

ride one's bicycle to work
자전거로 출근하다

as well ~도 역시

I don't have too many
choices but to + 동사원형
~하는 것 외에 선택의 여지가 별로
없다

public transportation 대중
교통

해석

건강 유지하기

저는 자전거가 있어요. 주말이면 자
전거를 타고 돌아다니기를 좋아하
죠. 출근도 자전거로 하는 걸 좋아
해요. 전 걷기도 정말 즐겨요. 지금
껏 차를 가져본 적이 없기 때문에
걷거나 자전거를 타거나 대중교통을
이용하는 것 외에 선택의 여지가 별
로 없어요.

다음은 Step 03의 정답입니다. 발음 및 di Da 리듬에 주의해 다시 읽어보세요.

1회 ☐　2회 ☐　3회 ☐

🗣 **이렇게 해보세요!**

1회 | 오디오를 듣고 따라읽기
2회 | 혼자 읽어보기
3회 | 섀도우 스피킹하기

01 I also **like** to **ride** my **bi**cycle to **work**.

· I also like to / ride my bicycle / to work의 세 부분으로 나눠서 발음합니다.

· like의 -ke[k]를 발음할 때 있지도 않은 [으] 발음을 넣지 않도록 주의하세요.

· bicycle은 [모나리] 패턴의 단어로, -cycle[sikl]의 발음에 주의합니다.

02 **Walk**ing is **some**thing I **real**ly en**joy**

· Walking is something / I really enjoy의 두 부분으로 나눠서 발음하세요.

· Walking의 -l-은 발음되지 않아요.

· really는 [ríːəli] 또는 [ríli]로 발음합니다.

03 I **don't have too man**y **choices** but to **walk**

· don't의 단어 끝 -t 발음은 생략합니다.

· have의 -ve[v] 발음을 신경 써서 정확히 할 수 있죠?

· too는 길게 강조하며 [tuː]라고 말해요.

이제 전체 이야기를 본격적으로 섀도우 스피킹해보세요.

1회 ☐　　2회 ☐　　3회 ☐

🗣 **이렇게 해보세요!**

아직 섀도우 스피킹이 어렵다고 느껴지면 Step 01의 지문을 자신이 생길 때까지 반복해서 읽어보세요.

훌륭한 리더가 가져야 할 한 가지!

이제까지 익혔던 발음과 리듬 패턴에 주의해 한 편의 이야기를 스크립트를 보지 않고도 자신 있게 말할 수 있을 때까지 단계별로 차근차근(step by step) 훈련해 보세요.

Step 01 : 이야기 소리내기

🎧 53-1.mp3

 53.wmv

 이제까지 배웠던 발음과 리듬 패턴에 주의해 다음 이야기를 읽어보세요.

1회☐ 2회☐ 3회☐ 4회☐ 5회☐

이렇게 해보세요!

1회│오디오 들어보기

2회│오디오를 들으며 한 문장씩 따라읽기

3회│자신의 목소리를 녹음하면서 혼자 읽어보기

4, 5회│오디오를 들으며 네이티브와 거의 동시에 읽어보기

Leadership

What I **learn**ed about **be**ing a **good lead**er is that you **need** to **have** the cha**ris**ma to **win** people's **trust**. You **need** to **show** ev**ery**one that you are re**spon**sible and will **help** when **need**ed. I also **think** it's im**por**tant to comm**u**nicate your **vi**sion **well**. If **peo**ple **know** and under**stand** what you **want** to be **done**, you can **step** away for a **while**, and they can con**tin**ue your **work** with**out you**.

JOBS

리더십은
흉내만
내서는~

Step 02 : 빈칸 채우기 🎧 53-2.mp3

오디오를 듣고 따라읽으며 빈칸을 채워보세요. (정답은 Step 01의 지문 참조)

What I [____] about being a [____] [____]
is that you [____] to [____] the [____] to
[____] people's [____]. You [____] to [____]
[____] that you are [____] and will [____]
when [____]. I also [____] it's
to [____] your [____] well. If people
[____] and [____] [____] you [____] to be
[____], you can [____] [____] for a [____], and they
can [____] your [____] [____] [____].

Step 03 : 문장 받아쓰기 🎧 53-3.mp3

오디오를 듣고 따라읽으며 들리는 내용을 써보세요.

01 _____

02 _____

03 _____

04 _____

다음은 Step 03의 정답입니다. 발음 및 di Da 리듬에 주의해 다시 읽어보세요.

1회 ☐　2회 ☐　3회 ☐

이렇게 해보세요!

1회 | 오디오를 듣고 따라읽기
2회 | 혼자 읽어보기
3회 | 섀도우 스피킹하기

01　What I **learn**ed about **be**ing a **good lead**er is

- What I는 연음되면서 What의 -t가 약한 [d] 또는 [r]로 발음돼요.
- learned about은 learned의 -ed가 about과 자연스럽게 이어지도록 발음합니다.
- being[bíːiŋ]은 [i]를 두 번 발음하는 것에 주의하세요.

02　You **need** to **show ev**eryone that

- need to는 -d와 t-를 연속해서 발음합니다. 우선 혀끝을 윗니 뒤쪽 잇몸이 시작하는 곳에 닿으면서 [d]를 발음한 다음, 혀끝을 떨어뜨리면서 바람을 내보내면 [t] 발음이 나오죠. 이때 to는 모음 -o의 발음을 생략하고 [t]로만 약하게 소리 내요.
- 접속사 that은 약하게 발음합니다.

03　I also **think** it's im**por**tant to

- I also think / it's important to로 나누어 발음합니다.
- important에서 -nt의 -t는 발음을 생략하죠.
- think의 th[θ] 발음, 이제 정확하게 할 수 있죠?

04　you can **step** away for a **while**

- can은 [k(ə)n] 정도로 약하게 발음해요.
- step away는 자연스럽게 이어서 발음하도록 합니다.
- for a 역시 자연스럽게 이어서 발음하면 돼요.
- while을 발음할 때는 -le[l] 발음을 정확히 해서 마무리하세요.

Step 05 : 섀도우 스피킹하기

 🎧 53-5.mp3

이제 전체 이야기를 본격적으로 섀도우 스피킹해보세요.

이렇게 해보세요!
아직 섀도우 스피킹이 어렵다고 느껴지면 Step 01의 지문을 자신이 생길 때까지 반복해서 읽어보세요.

1회 □   2회 □   3회 □

한마디더! 영어를 할 땐 당당하게 영어식 발음으로! ....

우리나라에 10년 째 살고 있는 마이클에게 You have the 카리스마 to win people's trust.(넌 사람들의 신뢰를 얻을 수 있는 카리스마가 있어.)라고 말하면 무슨 말인지 충분히 알아듣죠. 하지만, 미국의 낯선 땅에 가서 이렇게 말하면 무슨 말인지 못 알아들어요. 우리가 평소 '카리스마, 칼있으마'하던 charisma의 본토 발음은 [kərízmə]거든요.

지금까지 발음 훈련을 죽 하면서 연습했던 leisure[líːʒər], veranda[vərǽndə], aroma[əróumə], elevator[éləvèitər] 등과 같이 이미 우리말로 굳어진 외래어가 되어버린 단어들은 영어로 의사소통을 할 때 각별히 신경 써야 합니다. 습관적으로 우리말식 발음이 툭툭 튀어나오기도 하고, 영어식으로 발음을 굴리는 게 왠지 쑥스럽기도 해서 자꾸 [카리스마], [레저], [베란다], [아로마], [엘리베이터]라고 잘못 발음하게 되거든요. 우리말을 할 땐 당당하게 우리말식으로, 영어를 할 땐 당당하게 영어식으로 발음하는 습관을 기르자구요!

휴대용 게임기로 둔갑한 전자사전!

동영상을 보며
따라해 보세요

이제까지 익혔던 발음과 리듬 패턴에 주의해 한 편의 이야기를 스크립트를 보지 않고도 자신 있게 말할 수 있을 때까지 단계별로 차근차근(step by step) 훈련해 보세요.

 Step 01 : 이야기 소리내기

🎧 54-1.mp3   54.wmv

 이제까지 배웠던 발음과 리듬 패턴에 주의해 다음 이야기를 읽어보세요.

1회 ☐ 2회 ☐ 3회 ☐ 4회 ☐ 5회 ☐

Favorite Gadget

My **fa**vorite elect**ron**ic de**vice** is a **por**table **gam**ing **sys**tem that I just **got**. I **didn't buy** it for the **games** though. I **bought** it for the elect**ron**ic **dic**tionary you can in**stall**. **What**'s **real**ly **cool** about it is that it has a **sty**lus so you can **look** up **words** by **writ**ing on the **screen**. **Do**ing it **that way makes** it a **lot more fun**.

이렇게 해보세요!

1회 | 오디오 들어보기

2회 | 오디오를 들으며 한 문장씩 따라읽기

3회 | 자신의 목소리를 녹음하면서 혼자 읽어보기

4. 5회 | 오디오를 들으며 네이티브와 거의 동시에 읽어보기

열쇠어댑터

오디오를 듣고 따라읽으며 빈칸을 채워보세요. (정답은 Step 01의 지문 참조)

My ☐ ☐ ☐ is a ☐
☐ ☐ that I just ☐. I ☐
☐ it for the ☐ though. I ☐ ☐ for
the ☐ ☐ you can ☐.
☐ really ☐ ☐ is that it has
a ☐ so you can ☐ ☐ ☐ by
☐ on the ☐. Doing it ☐ ☐
☐ ☐ a ☐ ☐ ☐.

오디오를 듣고 따라읽으며 들리는 내용을 써보세요.

01 ....

02 ....

03 ....

표현

gadget 스마트폰, 아이패드 등과 같은 '최첨단 소형 전자기기'를 통칭하는 용어

electronic device 전자 장비

portable gaming system 휴대용 게임기

What's really cool about it is ~ 그것이 정말 멋진 것은 ~ 이다

stylus 스타일러스(스마트폰 등의 스크린 등에 사용하는 펜 모양의 기구)

look up (사전, 책 등에서) ~을 찾아보다

해석

제일 좋아하는 전자기기

제가 제일 좋아하는 전자기기는 바로 얼마 전에 산 휴대용 게임기예요. 게임하려고 산 것은 아니지만요. 전자사전용으로 설치하려고 산 거예요. 정말 멋진 것은 스타일러스가 있어서 스크린 위에 단어를 직접 써서 찾을 수 있다는 거죠. 그렇게 단어를 찾으니까 훨씬 더 재미있어요.

Step 04 : 문장 따라읽기

🎧 54-4.mp3

 다음은 Step 03의 정답입니다. 발음 및 di Da 리듬에 주의해 다시 읽어보세요.

1회 ☐ 2회 ☐ 3회 ☐

이렇게 해보세요!
1회 | 오디오를 듣고 따라읽기
2회 | 혼자 읽어보기
3회 | 섀도우 스피킹하기

01 My favorite elec**tron**ic de**vice** is

- favorite의 f-, -v- 발음과 단어 끝 파열음 -te[t] 발음에 신경 써서 [**모**나리] 리듬으로 정확히 발음해 보세요.
- electronic은 [모나**리**자] 리듬으로 -ro-에 강세를 두어 발음하세요.
- device is는 -ce[s]와 is를 자연스럽게 이어 [-siz]로 발음합니다.

02 so you can look up **words**

- look up은 자연스럽게 연결돼 [lúkʌp]으로 한 단어처럼 소리 나요.
- can은 [k(ə)n] 정도로 약하게 발음합니다.
- words의 -ds는 -d를 생략하고 -s[z]로만 발음하죠.

03 Doing it **that way makes** it a **lot more fun**.

- Doing it that way / makes it / a lot more fun의 세 부분으로 나눠서 발음합니다.
- makes it은 연음되어 한 단어처럼 소리 나죠.
- a lot 역시 한 단어처럼 이어서 발음합니다.

Step 05 : 섀도우 스피킹하기

🎧 54-5.mp3

이제 전체 이야기를 본격적으로 섀도우 스피킹해보세요.

이렇게 해보세요!
아직 섀도우 스피킹이 어렵다고 느껴지면 Step 01의 지문을 자신이 생길 때까지 반복해서 읽어보세요.

1회 ☐   2회 ☐   3회 ☐

동영상을 보며 따라해 보세요.

열심히 공부한 당신, 빈손으로 오라!

이제까지 익혔던 발음과 리듬 패턴에 주의해 한 편의 이야기를 스크립트를 보지 않고도 자신 있게 말할 수 있을 때까지 단계별로 차근차근(step by step) 훈련해 보세요.

Step 01 : 이야기 소리내기

🎧 55-1.mp3

DVD 55.wmv

이제까지 배웠던 발음과 리듬 패턴에 주의해 다음 이야기를 읽어보세요.

1회 ☐ 2회 ☐ 3회 ☐ 4회 ☐ 5회 ☐

이렇게 해보세요!

1회 | 오디오 들어보기

2회 | 오디오를 들으며 한 문장씩 따라읽기

3회 | 자신의 목소리를 녹음하면서 혼자 읽어보기

4, 5회 | 오디오를 들으며 네이티브와 거의 동시에 읽어보기

Free Education

I **think col**lege should be **free** if **some**one has **work**ed **hard** for it. If **some**one has **work**ed **hard** as a **child** to **prove** that they are **se**rious about edu**ca**tion and have **high goals**, then I **think** it should be **free**. The **mon**ey for a **hardwork**ing **stu**dent's **free** edu**ca**tion, though, should **on**ly **come** from **those** who are **will**ing to **do**nate it.

오디오를 듣고 따라읽으며 빈칸을 채워보세요. (정답은 Step 01의 지문 참조)

I think ⬚ should be ⬚ if ⬚ has
⬚ ⬚ for it. If ⬚ has ⬚
⬚ as a ⬚ to ⬚ that they are
⬚ about ⬚ and have ⬚
⬚ , then I think it ⬚ be free. The
⬚ for a ⬚ student's ⬚
⬚ , though, should only ⬚ from those
who are ⬚ to ⬚ ⬚ .

오디오를 듣고 따라읽으며 들리는 내용을 써보세요.

01 ....

02 ....

03 ....

표현

free education 무상 교육
work hard 열심히 공부하다
prove ~ 사실을 증명하다, ~가
사실이라는 것을 보여주다
hardworking 열심히 공부하는
those who ~ ~하는 사람들
be willing to + 동사원형 기꺼
이 ~을 하다
donate 기부하다

해석

무상 교육

저는 대학 교육은 무상이어야 한다
고 생각해요. 열심히 공부를 한 사
람들에게 말이죠. 어린 학생이 열심
히 공부해서 교육에 대해 진지함과
높은 목표를 가지고 있다는 것을 보
였다면, 대학 교육은 무상이어야 한
다는 거죠. 그래도, 열심히 공부하
는 학생들의 무상 교육에 필요한 돈
은 오직 기꺼이 기부를 하고 싶어
하는 사람들에게서만 받아야 해요.

Step 04 : 문장 따라읽기

∩ 55-4.mp3

다음은 Step 03의 정답입니다. 발음 및 di Da 리듬에 주의해 다시 읽어보세요.

1회 ☐ 2회 ☐ 3회 ☐

이렇게 해보세요!

1회 | 오디오를 듣고 따라읽기
2회 | 혼자 읽어보기
3회 | 섀도우 스피킹하기

01 If **some**one has **work**ed **hard** as a **child**

- has worked처럼 완료 시제를 나타내는 have 동사에는 강세를 두지 않죠.
- worked의 -ked[kt]를 발음할 때 [으] 소리를 넣지 않도록 주의하세요.
- as a는 자연스럽게 이어 [æzə]로 발음하세요.

02 then I **think** it should be **free**

- then I think / it should be free로 나눠서 발음합니다.
- then I는 [ðenai]로 이어서 발음하죠.
- should의 단어 끝 -d는 소리가 나지 않아요.
- free를 발음할 때는 fr-에 [으] 소리를 넣지 않도록 주의해야 해요.

03 **those** who are **will**ing to **do**nate it

- donate의 -te[t] 발음은 뒤에 it과 이어지면서 약한 [d] 또는 [r]로 소리가 살짝 바뀐답니다.

Step 05 : 섀도우 스피킹하기

∩ 55-5.mp3

이제 전체 이야기를 본격적으로 섀도우 스피킹해보세요.

이렇게 해보세요!

아직 섀도우 스피킹이 어렵다고 느껴지면 Step 01의 지문을 자신이 생길 때까지 반복해서 읽어보세요.

1회 ☐   2회 ☐   3회 ☐

여행보다 기대되는 기내식!

이제까지 익혔던 발음과 리듬 패턴에 주의해 한 편의 이야기를 스크립트를 보지 않고도 자신 있게 말할 수 있을 때까지 단계별로 차근차근(step by step) 훈련해 보세요.

Step 01 : 이야기 소리내기

🎧 56-1.mp3

 56.wmv

 이제까지 배웠던 발음과 리듬 패턴에 주의해 다음 이야기를 읽어보세요.

1회 ☐ 2회 ☐ 3회 ☐ 4회 ☐ 5회 ☐

이렇게 해보세요!

1회|오디오 들어보기

2회|오디오를 들으며 한 문장씩 따라읽기

3회|자신의 목소리를 녹음하면서 혼자 읽어보기

4, 5회|오디오를 들으며 네이티브와 거의 동시에 읽어보기

In Flight

I **real**ly en**joy fly**ing, but I **get too** ex**cit**ed to **con**centrate on a **mov**ie or a **book**, so I **u**sually **get** my **friends** to **play** some **games** with me. I **real**ly **like** to **play cards** or the **trav**el **ver**sion of **chess** or **back**gammon. **Food calms** me **down** when I **get** ex**cit**ed, so I will **eat all** the compli**men**tary **food** or **drinks** they **serve**. I **real**ly **like** the **air**plane **pea**nuts.

오디오를 듣고 따라읽으며 빈칸을 채워보세요. (정답은 Step 01의 지문 참조)

I really enjoy ⬚, but I get too ⬚ to ⬚ a ⬚ or a ⬚, so I usually ⬚ my ⬚ to ⬚ some ⬚ with me. I really like to ⬚ ⬚ or the ⬚ ⬚ of chess or backgammon. ⬚ ⬚ me ⬚ when I ⬚ ⬚, so I will ⬚ ⬚ the ⬚ ⬚ or ⬚ they ⬚. I really like the ⬚ ⬚.

Step 03 : 문장 받아쓰기　　　　　　　♪ 56-3.mp3

오디오를 듣고 따라읽으며 들리는 내용을 써보세요.

01 ....

02 ....

03 ....

표현

too excited to concentrate on 너무 신나서 ~에 집중하지 못하는

travel version of chess 여행용 체스 게임

backgammon 백개먼(주사위로 하는 보드게임의 일종)

calm down ~를 진정시키다

complime ntary food 무료로 제공되는 음식

the airplane peanuts 기내에서 제공되는 땅콩

해석

비행기 안에서

난 비행기 타는 걸 너무 좋아해요. 너무 신나서 기내 영화나 책에 집중하질 못하죠. 그래서 보통 친구들과 게임을 해요. 카드 게임이나 여행용 체스나 백개먼 게임을 정말 좋아해요. 신나서 들뜰 때는 음식을 먹으면 진정이 돼요. 그래서 기내에서 제공되는 무료음식이나 음료는 다 먹을 거예요. 기내에서 주는 땅콩은 너무 좋아요.

Step 04 : 문장 따라읽기
🎧 56-4.mp3

 다음은 Step 03의 정답입니다. 발음 및 di Da 리듬에 주의해 다시 읽어보세요.

1회 ☐ 2회 ☐ 3회 ☐

🔊 이렇게 해보세요!

1회 | 오디오를 듣고 따라읽기
2회 | 혼자 읽어보기
3회 | 섀도우 스피킹하기

01 **I** **get too** ex**cit**ed to **con**centrate on

- too는 강하게 [tuː]로, to는 약하게 [t] 정도로 발음해요.
- excited의 -t-는 약한 [d] 또는 [r]로 소리가 변형되죠.

02 so **I** **u**sually **get** my **friends** to **play**

- so I usually / get my friends / to play의 세 덩어리로 나누어 발음해 보세요.
- 반모음 [j]와 우리말에 없는 발음 [ʒ]에 신경 써서 usually[júːʒ-]를 발음해 보세요.
- friends에서 -ds의 -d는 생략해서 -s[z]로만 발음합니다.

03 so **I** will **eat all** the compli**men**tary **food**

- eat 뒤에 all이 오면서 eat의 -t는 약한 [d] 또는 [r]로 소리가 자연스럽게 바뀝니다. 물론, eat 뒤에 모음이 이어지지 않으면 단어 끝 파열음 요령으로 발음을 맺으면 되죠.
- all은 턱을 떨어뜨려 발음하는 a-[ɔː] 발음에 주의하세요.

Step 05 : 섀도우 스피킹하기
🎧 56-5.mp3

📓 이제 전체 이야기를 본격적으로 섀도우 스피킹해보세요.

🔊 이렇게 해보세요!

아직 섀도우 스피킹이 어렵다고 느껴지면 Step 01의 지문을 자신이 생길 때까지 반복해서 읽어보세요.

1회 ☐   2회 ☐   3회 ☐

트레이닝 **57** 섀도우 스피킹 훈련 ⑪

멀리 떨어져 있어도
우리는 한 가족!

이제까지 익혔던 발음과 리듬 패턴에 주의해 한 편의 이야기를 스크립트를 보지 않고도 자신 있게 말할 수 있을 때까지 단계별로 차근차근(step by step) 훈련해 보세요.

Step 01 : 이야기 소리내기   🎧 57-1.mp3   57.wmv

 이제까지 배웠던 발음과 리듬 패턴에 주의해 다음 이야기를 읽어보세요.

1회☐ 2회☐ 3회☐ 4회☐ 5회☐

이렇게 해보세요!

1회|오디오 들어보기

2회|오디오를 들으며 한 문장씩 따라읽기

3회|자신의 목소리를 녹음하면서 혼자 읽어보기

4, 5회|오디오를 들으며 네이티브와 거의 동시에 읽어보기

Family Size

I **have five peo**ple in my im**me**diate **fam**ily: my
father, my **moth**er, my **two** younger **sis**ters, and
my**self**. But my **sis**ters and I **moved out** a long time
ago. We **all live** in **dif**ferent **states**, and we have
even **lived far away** in **dif**ferent **coun**tries like
Ko**re**a or **Ec**uador.
I **have** a **one**-year-
old **neph**ew and
an**oth**er on the **way**.

오디오를 듣고 따라읽으며 빈칸을 채워보세요. (정답은 Step 01의 지문 참조)

I ⬜ ⬜ people in my ⬜
⬜ : my father, my mother, my ⬜
⬜ , and ⬜ . But my sisters ⬜
⬜ ⬜ a long time ⬜ . We all ⬜
⬜ ⬜ , and we ⬜ even ⬜
far away ⬜ ⬜ ⬜ like Korea or
Ecuador. I ⬜ a ⬜ ⬜ and
⬜ on the ⬜ .

Step 03 : 문장 받아쓰기 🎧 57-3.mp3

오디오를 듣고 따라읽으며 들리는 내용을 써보세요.

01 ....

02 ....

03 ....

04 ....

표현

immediate family 직계가족
move out 이사 나가다
far away 멀리 떨어져
nephew 조카
on the way 오는 중인. 여기서는
'아이가 태어날 예정인'이란 의미

해석

가족 수

우리 직계 가족은 아버지, 어머니,
여동생 두 명과, 저, 이렇게 다섯 명
이에요. 하지만 저와 여동생늘은
오래 전에 집을 나와서 따로 살아
요. 우리는 모두 다른 주에서 사는
데, 심지어는 한국이나 에콰도르처
럼 다른 나라에서 살았던 적도 있답
니다. 저에게는 한 살짜리 조카가 있
고요, 곧 한 녀석이 더 태어날 예정
이에요.

Step 04 : 문장 따라읽기　　　　　　　　　　　🎧 57-4.mp3

다음은 Step 03의 정답입니다. 발음 및 di Da 리듬에 주의해 다시 읽어보세요.

1회 ☐ 2회 ☐ 3회 ☐

👫**이렇게 해보세요!**

1회 | 오디오를 듣고 따라읽기
2회 | 혼자 읽어보기
3회 | 섀도우 스피킹하기

01 But my **sis**ters and I **mov**ed **out**

- and I에서 and의 -d는 종종 생략해서 [ænai]로 발음합니다.
- moved out의 -ed와 out을 자연스럽게 이어서 발음해 보세요.

02 We **all live** in **dif**ferent **states**

- live in은 [livin]으로 이어서 한 단어처럼 말해보세요.
- different의 -nt는 [t] 발음이 종종 생략돼요. [n]과 [t]는 발음할 때 혀의 위치가 비슷해서 윗니 뒤 잇몸에 혀끝이 닿은 채 [n]을 발음하고 혀를 떼면서 [t]를 발음하면 되는데요, 이 문장에서처럼 뒤에 자음으로 시작하는 단어가 오면 [t]까지 발음을 잇지 못하고 바로 다음 단어를 말하게 되는 거죠.

03 we have **e**ven **liv**ed **far a**way in **dif**ferent **coun**tries

- even에서 -ven의 -e-는 발음을 하지 않습니다.
- far away는 한 단어처럼 이어서 말해보세요.
- countries의 -tr-은 [t]와 [r] 발음의 혀 위치를 그려보며, 빠르게 [t] [r]을 연속해서 발음해 보세요. 그러면 '컨트리-'도 아닌 것이 '컨츄리-'도 아닌 제대로 된 countries의 발음이 나올 거예요.

04 I **have** a **one**-year-old **neph**ew

- have a는 [hævə]로 이어서 발음합니다.
- nephew의 -phew[fjuː] 발음에 주의하세요. ph 스펠링은 shepherd를 제외하곤 [f]로 발음된다고 했던 거, 기억나죠?

Step 05 : 섀도우 스피킹하기

 이제 전체 이야기를 본격적으로 섀도우 스피킹해보세요.

🎧 57-5.mp3

이렇게 해보세요!
아직 섀도우 스피킹이 어렵다고 느껴지면 Step 01의 지문을 자신이 생길 때까지 반복해서 읽어보세요.

1회 ☐   2회 ☐   3회 ☐

한마디더! *힘의 원리에 따라 움직이는 모음 발음* ••••••••••••••••••••••••••••••••

우리말로 걸핏하면 '패밀리'라고 하는 family의 실제 영어 발음은 [fǽməli]이죠. [**모**나리] 패턴의 리듬을 가진 family는 강세가 들어간 첫 음절의 모음 -a-는 [æ]로 제소리를 내지만, 이어지는 두 번째 음절은 상대적으로 약화되어 모음 -i-가 [ə]로 발음이 약해져요. 심지어 이 약해빠진 [ə] 발음은 아예 존재감을 잃어 사라져버리기도 한답니다. [fǽmli]처럼 말예요.

자음은 각각의 발음요령만 알고 있으면 특별히 어려운 것이 없는 반면, 모음은 이처럼 강세의 위치에 따라 발음이 변하기 때문에 강세의 위치에 따라 강하게 혹은 약하게 발음하는 감각을 훈련해야 합니다. 문장에서 연음, 약음 등의 발음 현상들도 대부분 강세의 위치에 따른 모음의 변화로 일어나는 것들이 많죠. 하지만 이젠 걱정 없죠? 지금까지 했던 단어 리듬, 문장 리듬 훈련을 통해 우린 이런 감각을 충분히 체득했으니까요!!

하루에 TV를 얼마나 보세요?

이제까지 익혔던 발음과 리듬 패턴에 주의해 한 편의 이야기를 스크립트를 보지 않고도 자신 있게 말할 수 있을 때까지 단계별로 차근차근(step by step) 훈련해 보세요.

Step 01 : 이야기 소리내기

🎧 58-1.mp3　　💿 58.wmv

 이제까지 배웠던 발음과 리듬 패턴에 주의해 다음 이야기를 읽어보세요.

1회 ☐ 2회 ☐ 3회 ☐ 4회 ☐ 5회 ☐

이렇게 해보세요!

1회 | 오디오 들어보기

2회 | 오디오를 들으며 한 문장씩 따라읽기

3회 | 자신의 목소리를 녹음하면서 혼자 읽어보기

4, 5회 | 오디오를 들으며 네이티브와 거의 동시에 읽어보기

Watching TV

Actually, I **don't real**ly **watch** TV. If I **like** a **TV show**, I'll **down**load it or **buy** the DV**D**. I **on**ly **use** my **TV** for enter**tain**ing **guests**. I en**joy play**ing **games** or **watch**ing a **mov**ie with my **friends**, but **TV** and **games** are ex**treme**ly ad**dic**tive and a **waste** of **time**. I**ron**ically, one of my **ma**jors was com**put**er ani**ma**tion. I **real**ly **want**ed to **make** **TV shows** and com**put**er **games** my**self**.

Step 02 : 빈칸 채우기　　　　　　　　　　🎧 58-2.mp3

 오디오를 듣고 따라읽으며 빈칸을 채워보세요. (정답은 Step 01의 지문 참조)

Actually, I ☐ really ☐ . If I like a ☐
☐ , I'll ☐ or ☐ the ☐ . I
☐ ☐ my TV for ☐ ☐ . I enjoy
☐ ☐ or ☐ a ☐ with
my ☐ , but ☐ and ☐ are ☐
☐ and a ☐ of ☐ . Ironically, ☐
of my ☐ was ☐ ☐ . I really
☐ ☐ ☐ TV ☐ and computer
☐ ☐ .

Step 03 : 문장 받아쓰기　　　　　　　　　　🎧 58-3.mp3

 오디오를 듣고 따라읽으며 들리는 내용을 써보세요.

01 ....

02 ....

03 ....

표현

TV show (드라마, 쇼 프로 등의)
TV 프로그램

for entertaining guests 손
님들을 즐겁게 하려고

extremely 엄청나게

addictive 중독성이 있는

ironically 아이러니하게도

major 전공

해석

TV 보기

사실 TV는 거의 안 봐요. 좋아하는
TV 프로는 다운로드 받거나 DVD를
사죠. TV는 손님들 오락용으로만 사
용해요. 전 친구들과 게임을 하거나
영화를 보는 것을 즐겨하죠. 하지만
TV나 게임은 엄청나게 중독성이 강
하면서 시간 낭비예요. 아이러니하
게도 제 전공 중 하나는 컴퓨터 애
니메이션이었어요. 전 정말 TV 프로
나 컴퓨터 게임을 직접 만들고 싶어
했답니다.

다음은 Step 03의 정답입니다. 발음 및 di Da 리듬에 주의해 다시 읽어보세요.

1회☐ 2회☐ 3회☐

이렇게 해보세요!

1회!오디오를 듣고 따라읽기
2회!혼자 읽어보기
3회!섀도우 스피킹하기

01 If I **like** a **TV show**, I'll **down**load it

· if I like a TV show / I'll download it의 의미 덩어리로 나눠서 말해보세요.

· TV같은 줄임말은 마지막에 강세를 두죠.
　ex. CIA, FBI, CEO, MBA, MBC, KBS, SBS

· will이 축약되어 쓰인 I'll의 발음에 유의하세요. will일 때보다 소리가 훨씬 약해진답니다.

02 and a **waste** of **time**

· and a는 한 단어처럼 이어서 [ændə]로 발음해 보세요.

· waste of 역시 연음되어 [weistəv]로 한 단어처럼 발음하죠.

03 I **real**ly **want**ed to **make**

· I really / wanted to make로 나눠서 발음해 보세요.

· wanted는 -t-가 바로 앞의 -n- 소리에 먹혀, 있는 듯 없는 듯 발음이 종종 사라지기도 하죠. 또, 뒤에 to가 이어지면서 wanted의 -d 발음은 생략되네요.

Step 05 : 섀도우 스피킹하기　　　　🎧 58-5.mp3

이제 전체 이야기를 본격적으로 섀도우 스피킹해보세요.

이렇게 해보세요!

아직 섀도우 스피킹이 어렵다고 느껴지면 Step 01의 지문을 자신이 생길 때까지 반복해서 읽어보세요.

1회 ☐　　2회 ☐　　3회 ☐

돈 걱정 없는 세상에서 살고파~

이제까지 익혔던 발음과 리듬 패턴에 주의해 한 편의 이야기를 스크립트를 보지 않고도 자신 있게 말할 수 있을 때까지 단계별로 차근차근(step by step) 훈련해 보세요.

 Step 01 : 이야기 소리내기   🎧 59-1.mp3

 59.wmv

 이제까지 배웠던 발음과 리듬 패턴에 주의해 다음 이야기를 읽어보세요.

1회☐ 2회☐ 3회☐ 4회☐ 5회☐

이렇게 해보세요!

1회 | 오디오 들어보기

2회 | 오디오를 들으며 한 문장씩 따라읽기

3회 | 자신의 목소리를 녹음하면서 혼자 읽어보기

4, 5회 | 오디오를 들으며 네이티브와 거의 동시에 읽어보기

Things to Worry

What is **some**thing that I **wor**ry about these days? Well, I **don't think** I am un**u**sual when I **say** that I **wor**ry a **lot** about **mon**ey. I think **ev**eryone **does**, **right**? I **hate** that I **have** to **al**ways make **sure** I **have** e**nough** for what I **need**. I'm **tired** of **liv**ing from **pay**check to **pay**check, and I'd **real**ly **like** to **save more** or in**vest** in my **fu**ture.

돈이 뭔지…

money...

오디오를 듣고 따라읽으며 빈칸을 채워보세요. (정답은 Step 01의 지문 참조)

[____] is [_____] that I [____] about these days? Well, I [____] [____] I am [____] when I [____] that I [____] a lot about [____]. I think [_____] [____], right? I [____] that I [____] [____] always [_____] I have [____] for what I [____]. I'm [____] of [____] from [____] to [_____], and I'd [____] to [____] more or [____] in my [____].

Step 03 : 문장 받아쓰기

🎧 59-3.mp3

오디오를 듣고 따라읽으며 들리는 내용을 써보세요.

01 ....

02 ....

03 ....

04 ....

표현

worry (a lot) about ~에 대해 (많이) 걱정하다

these days 요즘에

I don't think I am unusual 내가 특이하다고 생각하지 않는다

make sure (that) S + V ~인지 확인하다

be tired of ~에 신물이 나다

live from paycheck to paycheck 급여를 받아 겨우 먹고 살다(paycheck은 급여 지급 수표)

invest in ~에 투자하다

해석

걱정거리

요즘 제가 걱정하는 것이 뭐냐고요? 글쎄요, 돈에 대해서 걱정을 많이 한다고 해서 제가 별나다고는 생각하지 않아요. 모두들 그러지 않나요? 항상 필요한 것을 사기 위해 돈을 충분히 가지고 있는지 확인해야 하는 것이 싫어요. 한 달 일해 한 달 사는 데 진저리가 나네요. 정말이지 저축을 좀 더 하거나 내 미래에 투자하고 싶어요.

다음은 Step 03의 정답입니다. 발음 및 di Da 리듬에 주의해 다시 읽어보세요.

1회 ☐ 2회 ☐ 3회 ☐

이렇게 해보세요!

1회 | 오디오를 듣고 따라읽기
2회 | 혼자 읽어보기
3회 | 섀도우 스피킹하기

01   **What** is **some**thing that I **wor**ry about

- What is가 연음되면서 What의 -t는 약한 [d] 또는 [r]로 부드럽게 발음되죠.
- something의 -th-[θ] 발음, 이젠 자신 있죠?
- that I 역시 연음되면서 that의 끝자음 -t가 약한 [d] 또는 [r]로 소리 나네요.

02   I **don't think** I am un**u**sual when I **say**

- don't에서 마지막 -t 발음은 거의 생략된답니다.
- think의 th-[θ] 발음을 정확하게 해야겠죠?
- when I는 [wenai]로 자연스럽게 이어서 발음하세요.

03   I **have** en**ough** for what I **need**

- enough의 -ou-는 [ʌ] 발음으로, 우리말 [어] 정도로 소리 내면 돼요.
- what I는 [wadai] 또는 [warai] 정도로 한 단어처럼 말해보세요. what의 -t 소리가 약한 [d] 또는 [r]로 변형되는 경우이죠.

04   I'm **tired** of **liv**ing from **pay**check to **pay**check

- tired of는 [taiərdəv]로 한 단어처럼 이어서 발음합니다.
- paycheck은 명사 2개로 만들어진 단어로, pay에 제 1강세가 있어요.
- to는 [t]로만 발음하면 돼요. 단어 끝에 [t]가 와 파열음으로 소리 나는 경우와 어떻게 다른지 비교 한번 해두세요.

Step 05 : 섀도우 스피킹하기

🎧 59-5.mp3

 이제 전체 이야기를 본격적으로 섀도우 스피킹해보세요.

이렇게 해보세요!

아직 섀도우 스피킹이 어렵다고 느껴지면 Step 01의 지문을 자신이 생길 때까지 반복해서 읽어보세요.

1회 ☐   2회 ☐   3회 ☐

한마디더! ▷ 영어의 리듬에 몸을 맡겨라! ●●●●●●●●●●●●●●●●●●●●●●●●●●●●●●●●●●●●●●

don't라는 단어 하나만 따로 떼서 발음하면 단어 끝 -t 발음은 충분히 살려줄 수 있어요. 하지만 I don't think ~처럼 don't가 문장의 일부가 되어버리면 대부분 마지막 -t 발음은 생략되죠. 대신 don't을 강하게 읽어주는 것으로 부정의 역할을 다한답니다. isn't, didn't, can't, couldn't, shouldn't, wouldn't 등의 [nt] 발음으로 끝나는 부정어들은 모두 마찬가지이죠.

단어와 단어가 모여 문장이 되고, 의사소통이란 이 문장을 통해 이루어지는 거잖아요. 그래서 단어의 발음과 리듬을 기본으로, 이것이 문장 속에서 어떤 리듬을 타며 어떻게 변하는지의 감각까지 우리의 입과 혀, 귀에 배여 있을 때 비로소 영어 발음을 정복했다고 할 수 있어요. 어떠세요? 이제 《영어발음&리듬 훈련노트》의 훈련도 한 차례밖에 남지 않았는데요. 영어 발음과 영어 리듬에 충분히 녹아든 자신을 발견했나요?

영어를 잘할 수 있는 최고의 방법은?

이제까지 익혔던 발음과 리듬 패턴에 주의해 한 편의 이야기를 스크립트를 보지 않고도 자신 있게 말할 수 있을 때까지 단계별로 차근차근(step by step) 훈련해 보세요.

Step 01 : 이야기 소리내기 　🎧 60-1.mp3　　📀 60.wmv

이제까지 배웠던 발음과 리듬 패턴에 주의해 다음 이야기를 읽어보세요.

1회 ☐ 2회 ☐ 3회 ☐ 4회 ☐ 5회 ☐

🗣 이렇게 해보세요!

1회 | 오디오 들어보기

2회 | 오디오를 들으며 한 문장씩 따라읽기

3회 | 자신의 목소리를 녹음하면서 혼자 읽어보기

4, 5회 | 오디오를 들으며 네이티브와 거의 동시에 읽어보기

The Best Way to Master English

I **think** that the im**por**tance of **gram**mar **rules** is **def**initely over**rated**. Let's **say** you **mem**orized the **rules** of a **chess** game in a **day**. Does it **mean** you are al**read**y a **mas**ter of the **game**? **No**, **cer**tainly **not**. **Mas**tering **chess** re**quires** far **more** than **mem**orizing **rules**. To become **good** at **chess**, you **need** to **play** it. The **more** you **play**, the **bet**ter you be**come**. The **same prin**ciple can be ap**plied** to **learn**ing **En**glish. **Mem**orizing **gram**mar **rules** is **help**ful, **but** it is **not ev**erything. To be **good** at **En**glish, you **need** to–**lis**ten to it and **speak** it– com**mu**nicate in **En**glish.

오디오를 듣고 따라읽으며 빈칸을 채워보세요. (정답은 Step 01의 지문 참조)

I _____ that the _____ of _____ is
_____ _____ . Let's _____ you _____ the
_____ of a _____ game in a _____ . Does it
you are _____ a _____ of the game? _____ ,
_____ _____ . _____ _____ far
_____ than _____ _____ . To become _____
at _____ , you _____ to _____ it. The _____ you
_____ , the _____ you _____ . The _____
_____ can be _____ to _____ _____ .
_____ _____ _____ is _____ , _____ it
is _____ _____ . To be _____ at _____ , you
_____ to– _____ to it and _____ it–_____
in English.

오디오를 듣고 따라읽으며 들리는 내용을 써보세요.

01 ....

02 ....

03 ....

04 ....

표현

overrated 과대평가된
(↔ underrated)

Let's say ~라고 해보자

become good at ~에 능숙하
게 되다

the more ~ the better ...
더 많이 ~할수록 ...하는 게 더 좋
아지다

principle 원칙

be applied to ~에 적용되다

해석

영어를 마스터하는 최고의 방법

제 생각엔 문법의 중요성이 너무나
과대평가된 것 같아요. 하루 만에
체스 게임 규칙을 다 암기했다고 해
보죠. 그렇다고 바로 게임의 달인이
되었다고 할 수 있을까요? 아니죠.
절대 아니에요. 체스를 마스터하는
데는 규칙을 암기하는 것보다 더 많
은 것이 필요하죠. 체스를 잘하려면,
체스를 해봐야죠. 더 많이 할수록
더 능숙해집니다. 이 원칙은 영어를
배우는 데도 적용할 수 있어요. 문
법 규칙을 암기하는 것은 도움이 되
지만, 그게 전부는 아니에요. 영어를
잘하려면 영어로 의사소통을 해야
죠. 즉, 영어를 듣고 말해봐야 한단
거죠.

다음은 Step 03의 정답입니다. 발음 및 di Da 리듬에 주의해 다시 읽어보세요.

1회 ☐ 2회 ☐ 3회 ☐

이렇게 해보세요!

1회 | 오디오를 듣고 따라읽기
2회 | 혼자 읽어보기
3회 | 섀도우 스피킹하기

01 the im**por**tance of **gram**mar **rules** is **def**initely
over**rated**

- importance 앞의 정관사 the는 [ði:]로 발음해야겠죠?
- grammar의 -mm-처럼 같은 자음이 연속되면 한 번만 발음합니다.
- overrated 역시 같은 자음이 연속된 -rr-은 한 번만 발음하면 되죠.
  또, 강모음과 약모음 사이에 있는 -t-는 약한 [d] 또는 [r]로 발음해
  보세요. 말하기가 훨씬 수월해질 거예요.

02 **No**, **cer**tainly **not**.

- certainly의 -tain-은 스펠링과 달리 콧소리가 나는 [tn]으로 발음해
  야 해요.
- not의 단어 끝 -t는 혀끝을 윗니 뒤쪽 잇몸이 시작하는 곳에 댄 채 발
  음을 맺으면 되겠죠?

03 The **more** you **play**, the **bet**ter you be**come**.

- The more you play / the better you become의 의미 덩어리로
  나눠서 발음합니다.
- better의 -tt-는 약한 [d] 또는 [r]로 기름칠해서 발음해 보세요.

04 **but** it is **not** **ev**erything

- it is는 자연스럽게 연음되면서 it의 -t가 약한 [d] 또는 [r]로 소리가
  변하네요.
- everything의 -th-[θ]를 [s]로 발음하지 않도록 주의하세요.

이제 전체 이야기를 본격적으로 섀도우 스피킹해보세요.

이렇게 해보세요!

아직 섀도우 스피킹이 어렵다고
느껴지면 Step 01의 지문을 자
신이 생길 때까지 반복해서 읽
어보세요.

1회 ☐　　2회 ☐　　3회 ☐

어학연수 현지회화
무작정 따라하기

여권 없이 떠나는 미국 어학연수!

미국 20대들의 대화를 그대로 옮긴 대화문으로 **생생한 표현**을 익히고,
200여 컷의 현지 사진으로 **미국의 다양한 모습과 문화**를 체험한다!

난이도	첫걸음 │ 초 급 **중 급** 고 급	기간	51일
대상	기본기를 바탕으로 중급 수준으로 도약하고 싶은 독자	목표	미국 20대가 쓰는 표현으로 원어민처럼 자연스럽게 말하기